CS 比较译丛 42

比 较 出 思 想

长期危机
重塑全球经济之路
PERMACRISIS
A PLAN TO FIX A FRACTURED WORLD

[英]戈登·布朗　　[美]穆罕默德·埃尔-埃里安
Gordon Brown　　　Mohamed A. El-Erian

[美]迈克尔·斯宾塞　[美]里德·利多
Michael Spence　　　Reid Lidow

—— 著 ——

余江　傅雨樵　蒋琢
—— 译 ——

中信出版集团｜北京

图书在版编目（CIP）数据

长期危机 /（英）戈登·布朗等著；余江，傅雨樵，蒋琢译 . -- 北京：中信出版社，2024.6
书名原文：Permacrisis: A Plan to Fix a Fractured World
ISBN 978-7-5217-6443-7

Ⅰ.①长… Ⅱ.①戈…②余…③傅…④蒋… Ⅲ.①世界经济－研究 Ⅳ.① F11

中国国家版本馆 CIP 数据核字（2024）第 054725 号

Permacrisis: A Plan to Fix a Fractured World
Copyright © Gordon Brown, Mohamed A. El-Erian, Michael Spence and Reid Lidow, 2023
Simplified Chinese translation copyright © 2024 by CITIC Press Corporation
ALL RIGHTS RESERVED
本书仅限中国大陆地区发行销售

长期危机
著者：　　［英］戈登·布朗　等
译者：　　余　江　傅雨樵　蒋　琢
出版发行：中信出版集团股份有限公司
　　　　　（北京市朝阳区东三环北路 27 号嘉铭中心　邮编　100020）
承印者：　嘉业印刷（天津）有限公司

开本：787mm×1092mm　1/16　　印张：19.75　　字数：260 千字
版次：2024 年 6 月第 1 版　　　　印次：2024 年 6 月第 1 次印刷
京权图字：01-2024-2140　　　　　书号：ISBN 978-7-5217-6443-7
定价：78.00 元

版权所有·侵权必究
如有印刷、装订问题，本公司负责调换。
服务热线：400-600-8099
投稿邮箱：author@citicpub.com

献给我们各自的家人

目 录

"比较译丛"序 III

中文版序 VII

英文版序 XIII

引　　言　长期危机——2022年年度词汇 001

第一篇　增长

第 1 章　增长的顺风 021

第 2 章　增长的阻力 038

第 3 章　可持续性与安全 061

第 4 章　生产率与增长 077

第 5 章　改变增长方程式 088

第二篇　经济管理

第 6 章　世界变化之快 105

第 7 章　经济管理的出色表现 114

第 8 章　糟糕和丑陋的经济管理 124

第 9 章　改善经济管理的三个步骤 135

第10章　更好的出路 150

第三篇 全球秩序

第 11 章　新异态　167

第 12 章　轻度全球化：美味而减量　191

第 13 章　国际组织的重生　206

第 14 章　给未来筹资　221

第 15 章　实现我们的全球目标　239

结　　语　251

致　　谢　267

注　　释　270

"比较译丛"序

2002年，我为中信出版社刚刚成立的《比较》编辑室推荐了当时在国际经济学界产生了广泛影响的几本著作，其中包括《枪炮、病菌与钢铁》、《从资本家手中拯救资本主义》、《再造市场》（有一版中文书名为《市场演进的故事》）。其时，通过20世纪90年代的改革，中国经济的改革开放取得了阶段性成果，突出标志是初步建立了市场经济体制的基本框架和加入世贸组织。当时我推荐这些著作的一个目的是，通过比较分析世界上不同国家的经济体制转型和经济发展经验，启发我们在新的阶段，多角度、全方位地思考中国的体制转型和经济发展机制。由此便开启了"比较译丛"的翻译和出版。从那时起至今，"比较译丛"引介了数十种译著，内容涵盖经济学前沿理论、转轨经济、比较制度分析、经济史、经济增长和发展等诸多方面。

时至2015年，中国已经成为世界第二大经济体，跻身中等收入国家行列，并开始向高收入国家转型。中国经济的增速虽有所放缓，但依然保持在中高速的水平上。与此同时，曾经引领世界经济发展的欧美等发达经济体，却陷入了由次贷危机引爆的全球金融危机，至今仍未走出衰退的阴影。这种对比自然地引发出有关制度比较和发展模式比较的讨论。在这种形势下，我认为更有必要以开放的心态，更多、更深入地学习各国的发展经验和教训，从中汲取智慧，这对思考中国的深层次问题极具价值。正如美国著名政治学家和社会学家李普塞特（Seymour Martin Lipset）说过的一句名言："只懂得一个国家的人，他实际上什么国家都不懂。"（Those who only know one country know no country.）这是因为只有越过自己的国家，才能知道什么是真正的共同规律，什么是真正的特殊情况。如果没有比较分析的视野，既不利于深刻地认识中国，也不利于明智地认识世界。

相比于人们眼中的既得利益，人的思想观念更应受到重视。就像技术创新可以放宽资源约束一样，思想观念的创新可以放宽政策选择面临的政治约束。无论是我们国家在 20 世纪八九十年代的改革，还是过去和当下世界其他国家的一些重大变革，都表明"重要的改变并不是权力和利益结构的变化，而是当权者将新的思想观念付诸实施。改革不是发生在既得利益者受挫的时候，而是发生在他们运用不同策略追求利益的时候，或者他们的利益被重新界定的时候"[*]。可以说，利益和思想观念是改革的一体两面。囿于利益而不敢在思想观念上有所突破，改革就不可能破冰前行。正是在这个意义上，当今中国仍然处于一个需要思想创

---

[*] Dani Rodrik, "When Ideas Trump Interests: Preferences, Worldviews, and Policy Innovations," NBER Working Paper 19631, 2003.

新、观念突破的时代。而比较分析可以激发好奇心、开拓新视野、启发独立思考、加深对世界的理解，因此是催生思想观念创新的重要机制。衷心希望"比较译丛"能够成为这个过程中的一部分。

钱颖一

2015年7月5日

中文版序

非常高兴本书与中国读者见面。《长期危机》一书面向全球读者，探讨经济冲击、金融紊乱、结构性变化和治理挑战等全球性问题。从一开始，我们的目标就是，针对如何适应复杂而快速变化的世界促进建设性讨论，而中国民众的参与则是取得成功的关键所在。这些讨论和对话的迫切性与日俱增。

如果有人在一年前提出，俄乌冲突之外还会爆发一场地区性战争，例如眼下在中东地区的战争，以及它造成的城市损坏、人员伤亡、民众流离失所、生计被严重破坏，很少人会信以为真。如果有人提出，地缘政治冲击，例如红海的冲突，将导致全球海运费率重新飙升至新冠疫情高峰期的水平，多半也会遭到质疑。此外，人工智能引领的第四次工业革命也正在挑战着我们集体想象力的极限。

本书出版不到一年，世界面貌已然改变。这些对太多人来说无法预知的新事件尽管影响重大，却没有从根本上动摇本书的观点，事实上还为本书提供了佐证。全球正在遭受频繁而激烈的冲击（不用说还有极端化的力量），这种长期危机的理念看来是立得住的。

随着以色列与哈马斯的冲突催生了中东乃至其他地区的更多暴力事件，危机正在相互碰撞。与此同时，我们听到了关于低增长世界的新说法，因为人们依旧担心通缩阴云不散、气候变化峰会未能推动防止生态灾难所需的投资，还有全球制度结构的陈旧落后日益凸显。过去每逢动荡时刻，全世界总是希望美国发挥稳定锚的作用，但今天的美国日益转向国内，与自身的恶魔和分裂做斗争，在最需要美国显示领导力的时候它却游离于外。2024年，全球近一半的国家将迎来选举，暴力极端主义和民族主义可能大行其道。

问题正在累积，这正是长期危机中的情形。我们很容易被战争、创新和经济冲击等日常新闻事件分散自己对长期趋势的关注，但之前十年积累的压力正在通过三个根本性变化释放出来。

首先，我们正在从单极世界走向多极世界，这将颠覆传统的地缘政治戏码。世界各国越来越多地利用资源、地理位置或者与中国和美国的外交结盟等谈判资本来对冲风险，维护自身利益。其次，在经济管理方面，由于研究、执行、沟通或问责的不力，部分中央银行无意中从"消防员"变成了"纵火犯"，在如今抗击通胀的最后也是最危险的阶段可能带来破坏性影响。再次，各国和全球的增长趋势在放缓，结构也在改变，因为供应链正在以很高的代价重新布局，以支持友岸外包、近岸外包和产业回流；与此同时，各种长期供给约束正在掣肘抗击通胀的斗争。

总的来说，随着我们从单极走向多极，从新自由主义走向新民族主义，从超级全球化走向分割化，一个新的全球格局已经形成。这些结构性变化冲击着一切事物：从低收入经济体面临的诸多困难，到中国围绕全球体系的传统核心修建基础设施的计划等。

二战以后建立的原有世界秩序正在瓦解，不再适应新形势。完全基于效率最大化和比较优势构建的全球经济如今无法继续运转。像美国和中国这样具有系统重要性的国家需要认真看待这些变化，并合作建设一套更为成熟的新版全球相互依存体系，尽可能保持开放和包容，并考虑技术服务于不同用途及国家安全的现实情况。我们希望《长期危机》一书能为这一重要目标的建设性对话与讨论做出贡献。

不作为，即不对新的现实做出响应，可能导致长期危机的持续。如果出现这种情况，我们或许会丧失解决气候危机乃至管控其影响的一切机会。增长将陷于停滞，经济形势将变得更不稳定，贫困人群将遭受最大的损失，我们拥有的任何全球秩序将退化为无秩序；政治矛盾将激化，排外民族主义将在零和博弈的世界中泛滥；包括现有多边组织在内的制度框架将步履蹒跚；破坏将延续数代人之久，而且影响难以逆转。

不过，把我们推到悬崖边上的这三种力量，也能够把我们再拉回来。灾难正在来临，机遇同样近在眼前。

从经济管理的角度看，各国中央银行正在把自己的信誉押注于僵化过时的2%的通胀目标，这有可能导致如下困境：虽然赢得控制通胀之战，却因为拖累经济而有失大局。如果我们的经济管理架构鼓励更多元化的声音，实现更强有力的问责，我们将更有希望在控制通胀的同时维持经济稳定，并为抵御未来冲击创造财务基础。

从全球秩序的角度看，新的世界格局尚在形成之中，在其固化之前，我们有能力在这个数十年一遇的时刻促进改变。从中国和美国对世界银行与国际货币基金组织进行深入改造，使它们不仅更具代表性，还能在提供救助和全球公共品（两个大国的共同目标）方面改进效率，到承认全球化带来开放但不够包容的经济，都表明二战之后的制度框架必须顺应当今世界的现实做出重新调整。

从经济增长的角度看，科学技术革命，尤其是当前的人工智能突破，以及绿色技术和生命科学的进步，有助于放松供给约束，并更清晰地界定"可持续"增长与投资的含义。这不仅意味着可以降低未来的成本，而且让增长助力所有类型的国家、企业和民众实现繁荣。然而，这样的未来要求各国政府看清楚面前的机遇，并能够为带来转型的变革投入资源。

人工智能尤其值得关注。在本书写作之时，生成式人工智能向世界发布不过数月光景。此后，人们对它产生的浓厚兴趣与日俱增。2022年11月发布的ChatGPT在两个月时间里吸引了1亿多用户。而随着谷歌公司的Gemini和OpenAI的Sora的出现，人工智能的进步不断加速，新的应用程序（App）生态系统中无疑还将迎来更多成员。这些技术有实力和潜力改变受供应约束的全球缓慢增长的态势，但前提必须是负责任和明智地投入应用。任何产业部门或者科技领域，都很难不受人工智能的影响。

中国在人工智能数字转型领域是关键组成部分。中国的科学家和技术人员在许多方面已居于世界领先水平，他们将带头改善包容和可持续的增长，这些突破将服务于中国的利益。

在全球经济中很多部分的增长已从需求侧约束转向供给侧约束的时候，中国在目前以及不久的将来仍属例外。由于众所周知的失衡问题（目前正在解决），中国的增长主要受总需求不足的制约。

从更长的时期看，经过几年的结构性调整，在价值巨大的人力资本以及技术、科学和商业的无形资产支持下，中国的增长可以充分恢复潜力。当然，在中国等待这一潜力爆发的时候，人工智能技术革命能够发挥有力的推动作用。

人们迫切需要解决方案。当开始撰写本书的时候，我们就有这样的直觉，并且在 2023 年底到世界各地参加《长期危机》新书发布活动的时候，该信念也得到了印证。我们回答的那些问题反映了长远眼光，其中有许多问题来自急切地想要参与应对的年轻人。听众和读者不满足于以牺牲明天来应付今天的权宜之策，他们极其渴望有细节和微调支持的宏大政治愿景，而非作为权宜之计的托词。总的来说，我们接触到的民众想要了解能够为子孙后代的持续改善做些什么。

这正是本书希望提供的内容。我们设想了一个更公正、更平等和环境更好且得到妥善管理的世界，并且与更基本的要素密切结合，包括共同的价值观、合作与信任的重建。建设那样的世界要求我们超越当前吸引眼球的诸多热点话题，并采取行动去影响那些冲击、塑造和改变世界的深层力量。

宏大梦想总会招致批评，但也会吸引人们翻开《长期危机》这样的书籍。质疑政治合作的可行性，大声反对经济改革，宣称我们的世界注定将重蹈覆辙；即便在愈发靠近无可挽回的生态临界点的时刻，我们依然怀疑人类实现基础广泛、可持续和包容性增长的能力；宣泄此类愤世嫉俗的情绪很容易，但帮助不大。事实上，我们始终奉行的是一条老调重弹的箴言：不能太乐观，但要抱有希望。

总之，我们相信是时候反思世界的运行方式并重新构想未来了。时间或许解决不了我们的问题，但可以寄望于国内和国际的现实行动。我们能够也必须从当前开始做起，也希望你加入这项共同事业。

英文版序

本书并非旨在催眠大家。恰恰相反，是世界形势让我们彻夜难眠，由此展开一系列讨论并得出结论，才促成了本书的问世。

早在新冠疫情前很久，我们几人就已互相熟识。疫情期间我们大大增加了在视频会议上碰面的频率，以讨论那些频繁占据新闻头条的重大全球性挑战。

我们越深入讨论这些当前和未来的挑战，就越意识到自己正在探索并发现：如何能让各国政府以切实可行的方式带来改变，如何能让国际组织担当起推动集体行动的历史性角色，以及如何能通过整合民间社会、私人部门和公共部门并让它们参与进来，共同取得突破。

我们的讨论通常聚焦于那些日益加剧的重大问题。除了让人担心全球经济的发展道路，它们更让我们意识到：在当前的经济、金融和社会话语中表现出的那些"悲观确定性"并非真正注定或不可避免。根据各自的经验，我们几位作者提出了不同角度的见解，但仍瞄准同一目标：找到可行的解决方案。因此，我们让想法跃然纸上，使这本书应运而生。

穆罕默德·埃尔－埃里安数十年来在经济学与金融学的前沿执业，给我们的讨论带来了大量私人经济部门的经验和窍门，也包括他在国际货币基金组织工作的经历。目前他担任剑桥大学王后学院院长，并兼任安联集团首席经济顾问（该集团为埃里安曾担任首席执行官兼联席首席投资官的太平洋投资管理公司的母公司）。埃里安目前还担任《彭博新闻》的专栏作家和《金融时报》的特约编辑，以及宾夕法尼亚大学沃顿商学院实践教授、Gramercy基金管理公司主席，并在巴克莱银行、安德玛公司和美国国民经济研究局（NBER）担任董事。他此前还担任过奥巴马总统的全球发展委员会主席以及哈佛管理公司总裁。

迈克尔·斯宾塞拥有非常丰富的经历，从担任斯坦福大学商学院院长，到给世界顶尖公司与政府提供咨询。他目前同时担任胡佛研究所高级研究员和斯坦福大学商学院菲利普·奈特荣休教授。斯宾塞还曾担任关注发展中国家经济增长和减贫的独立的增长与发展委员会主席。2001年，他因对信息不对称市场分析的贡献被授予诺贝尔经济学奖。他还曾荣获由美国经济学会评选的、授予40岁以下经济学家的约翰·贝茨·克拉克奖。斯宾塞关于经济增长和竞争的理论改变了世界范围内的商业经营模式，他还曾供职于多家上市或非上市公司的董事会。

戈登·布朗毕生都在从事公共服务事业。他曾担任英国财政大臣十余年，而后出任首相。他曾负责推进英格兰银行的独立性、公共服务和扶贫计划的再融资、伊拉克撤军行动以及推出世界最早的气候变化应对法案。布朗因为在2009年的二十国集团（G20）伦敦峰会上动员全球领导人将世界从金融危机的边缘拉回来，以杰出领导力阻止第二次大萧条的发生而广受赞誉。如今，他作为联合国全球教育特使全身心投入国际发展工作，带头为全世界儿童提供高质量的包容性教育，并同时担任世界卫生组织全球卫生筹资大使。

真正的意见碰撞不应理解为对他人观点的盲从，而是能够挑战假设、改变想法和引导观点演进的激烈对话。此等情形在我们的交流中一次又一次发生。尽管我们几人的个人与职业经历存在天然的接触点，然而就像任何优秀的公司合并案例一样，我们之间极少有重叠和冗余。

斯宾塞经常刚刚结束一场与面临供应链中断或其他问题的《财富》世界500强企业的会谈，然后立即加入我们的视频会议，分享他对许多国家越来越过度依赖经济纽带中最脆弱环节的忧虑。他会分析疫情封控或生产设备失火之类的发生在遥远地区的突然中断事件会如何冲击整个经济运行。他会分析如果领导人下决心关注长期利益而非短期政治胜利，忽略一时成就而放眼未来，他们又如何能够促进经济增长，同时减少对外国的过度依赖，并降低获得发展机遇的门槛。

埃里安作为CNBC（美国消费者新闻与商业频道）《财经论坛》和彭博社 *The Open* 节目的常客，懂得如何将"美联储式"含糊不清的表态转换成通俗易懂的语言，以解释：美联储和其他央行落后于通胀曲线的行动如何导致越来越多的人入不敷出，在食品救济机构前大排长龙；我们是如何落到过度依赖央行作为重要政策主体提供远超其能力范围的解决方案这一地步的；以及政策协调如何变成推卸责任的游戏。

布朗则会在结束同某个国家的政府领导人通话后，向我们哀叹未能成功应对和驾驭挑战，让英国、欧洲和美国把更多新冠疫苗储备拨付给发展中国家，很快让我们意识到正在讨论疫苗民族主义的问题。他还指出，公私伙伴关系可以在破纪录的时间内将疫苗引入市场，但为何仅能做到这一步，最终仍陷入僵局；以及这为什么是一个需要全球性合作的全球性问题。

我们在交流中分享了各自的担忧和恐惧，同时也分享了希望。我们都为人父，都对这个将留给孩子们的世界感到忧心。我们会给下一代留下什么样的礼物呢？如今的世界形势可不是我们任何一个人在未来会引以为豪的。

你并不需要预知解决方案的每个部分，如果你开始采取行动并保持开放心态，答案很可能会逐渐呈现。本书旨在"开始"构建有望带来答案和长期解决方案的对话框架。在电话和视频会议中的某个时刻，我们做出了动笔写作的决定，这一结果显而易见且自然而然。

在写作过程中，我们衷心希望本书不要成为催眠药，争取摆脱枯燥乏味，且能够激发读者思考甚至让人夜不能寐。当前有太多探索世界形势的书籍长篇累牍地谈论问题，在远见和细节上则略显不足，并明显回避细微差别和复杂性。本书绝非那样的风格。

我们还尝试维持穿针引线式的平衡。本书中会有某些篇幅比其他的更易阅读，某些概念比其他的更简单明了，某些观察现象和例子似乎会比其他的更贴近读者的生活。为了加速前行，我们必须在转弯时慢下来，因此请读者们也保持耐心。下面请系好安全带，希望你能享受这段阅读之旅。

引言
长期危机——2022年年度词汇

长期危机（Permacrisis）：名词，复数

英文音标：ˈpɜːmˌkraɪsɪs

定义：延续的不稳定和不安全时期，尤其是由一系列灾难性事件引发

  2022年底，《柯林斯词典》宣布了他们推荐的年度英文词汇候选词条，其中包含"躺平"（quiet quitting）、"趴直"（splooting）和"聚会门"（partygate）等热点。[1]但在当时，我们周围还发生着一个更大的地缘政治氛围变化，也是年度候选词之一，即"长期危机"。

  俄罗斯与乌克兰爆发武装冲突，中美紧张关系加剧，欧洲和美国等地的通胀率飙升至几十年来的最高水平。能源价格上涨，让一些家庭不得不在取暖和日用品之间做出取舍。新冠疫情肆虐，夺走人们的生命和生计。随着巴基斯坦的洪水与欧洲各地的热浪愈演愈烈，气候变化不断造成破坏。在捷克共和国的易北河畔，一块数百年前用于警示饥荒迫近的"饥饿石"由于水位下降而现身，暴露出长时间隐藏在水下的刻字：你们如果看到我，那就该

哭泣了。[2]

如今，上述以及其他众多挑战丝毫没有减退的迹象，反而在加剧。这正是长期危机出现时的情形。

你是否也感到世界进入了长期危机？请稍微思考接下来的几个场景：手机推送声响起，给你带来的是好消息，还是关于通胀或战争的让人沮丧的提示？在聚餐的场合，家人和朋友是对保住工作岗位充满信心，还是担心当击鼓传花音乐停下时，自己没有了位子？罗纳德·里根在1980年角逐美国总统时提出了一个很有名的问题："你今天的处境相比四年前有改善吗？"那么对你来说，今天相比一年前或六个月前如何呢？你是否感觉世界正在朝正确的方向行进？

很可能你也有某些焦虑。前方不是一路绿灯，而是闪烁着黄色甚至红色的信号灯。那么我们是如何来到这个危险的十字路口的？

这得归因于意外冲击、不当应对、欠缺合作与糟糕运气的组合。需要明确指出，当前所处情形不容易发生"均值回归"，即假以时日，事情会自动回归正常状态。恰恰相反，世界在悬崖边上摇晃不定的时间越长，就越有可能爆发更大的问题。好比我们日常生活中的某些问题，久拖不决就有可能恶化。汽车快要磨光的轮胎不仅会导致刹车距离变长，还可能在你高速行驶的时候突然爆裂！

有一两代人曾认为，过去30年的相对稳定是正常状态，而目前新出现的不稳定时期是异常的。他们错了。实际情形是，过去30年才是近期历史中的异常部分，其标志是发展中国家的经济快速增长，生产能力和劳动力被大量注入，全球局势相对平稳，美国充当着唯一超级大国的角色。因此，仅指出很多东西正在改变是不够的。我们的心态已经适应了原有环境，没有针对新的现实迅速做出调整。我们如今必须做出响应，全面看待周围的变化，包括导致长期危机的根本原因，并进一步提出如何在日益复杂的世界中穿行的指导思想。

响应行动如果失败，有可能导致正在破坏人们生命与生计的许多矛盾紧张关系跨越临界点，其后果将远远超出对当前这代人的危害。我们面临的最大风险是，许多挑战会持续，并相互作用，愈发严重。

如果我们不迅速行动、不作为，将导致一个低增长、低生产率与不平等恶化的未来。对包容性高增长的承诺，将让位于滞胀和金融动荡的可怕组合，并使由来已久的气候变化等长期问题变得更加棘手。债务负担会加重，增加贫困和不稳定的压力。金融事故可能变得愈发普遍，如2023年3月在美国爆发的地方银行系列破产事件及其对海外的冲击。这将不可避免地使社会和政治的矛盾趋于恶化。不管在本国层面还是多边国际层面，对制度的信心将更难恢复。寻找最佳解决方案的希望会更加渺茫，附带损失和意外后果等风险将使我们寝食难安。

无论是作为家庭、企业、国家还是全球共同体，以上都不是我们希望经历的旅程，并且它还会削弱我们抵御日益频繁的冲击的能力。

在这些失败的核心，是我们处理经济增长、管理和治理的传统办法失效，由此导致了从能源价格过高到工资收入过低的各种问题。但我们是如何走到这一步的？

世界已经改变

我们正在经历有生以来最重大的地缘政治变动,即新型大国竞争、保护主义以及民粹式民族主义。

不断拉长的全球危机清单,加上我们对改变走向的无能为力,揭示了数十年来关于世界运行方式的传统思维存在致命缺陷。为了克服前所未有的挑战,从探讨各国实现增长的具体模式,到管理经济生活与一体化世界的办法,都需要新的理念。

原有的前提假设必须放弃,这方面的证据并不少。经济实力一直在从西方向东方转移,工作岗位则从制造业向服务业流动。世界正在从体力劳动者与脑力劳动者对立的时代转向以教育不足与教育充裕为分野的时代。部分因为流动性增强,过去同质性较强的国家变得更具有异质性。我们每天都接到提醒:环境永远具有可持续性的传统观点错得多离谱。领导人对不公平问题漠不关心的日子已经终结,人们对社会不公正的担忧强烈要求把平等、可及和参与的话题列入议程。我们看到随着纳斯达克市场给上市公司制定新的股票挂牌标准,各家公司的董事会正在发生类似的事情,投资者也高度重视企业在环境、社会和治理(ESG)方面的表现。

我们还不能忘记变化的最重大驱动力之一:科技进步。研究和技术的突破在以惊人的速度涌现,并等待应用机会。我们如今未能充分实现创新带来的巨大收益,由此拖累了经济增长和生活质量改善。从量子计算到人工智能,创新天才们有能力深刻改变我们的生产成果和生产方式。然而,我们当前似乎陷入了低增长、低生产率和低投资的状态，而不是高投资、高生产率和高增长，广泛利用创新来改进所有人福利的状态。

当然，希望同样存在。美国近期通过的三部法案就是普遍趋势中的例外，一部针对基础设施，另一部针对半导体和科学研究投资，第三部针对气候变化、通胀及税收。这些法案可以理解为支持更长期的环境和政治可持续增长的投资计划的首付款。不过，首付款还需要后续定期供款的支持，当世界针对新的权力动态做出调整时，这些项目在未来数年能否坚持下去尚不明朗。

在上述变化的背后，我们还看到一个简单而明显的趋势：经济事务在过去数十年里支配了政治决策，如今却由政治考虑支配经济决策。在后冷战时期的多数时候，经济是国际政策中最大的影响因素。随着柏林墙倒塌，各国面临如何扩大经济蛋糕份额的问题：如何在快速全球化世界的新市场中兑现收益。目前这一切已经改变，民族主义和国家安全成为最主要的关切。各国越来越关心如何才能保证军事、经济、食品和能源的安全：我们对军事和技术的开支是否足够领先对手一步？我们的食品进口是否来自盟友国家？锂材料和半导体等关键投入品的供应链在贸易战中是否容易遭受打击？

尽管有挫折，世界在过去30年里仍变得更加相互依存，更加彼此联结，经济上更加一体化。按理说，这种相互依存的加剧应该会带来更多合作。然而我们看到的趋势却不是合作，而是对抗，包括社会、经济乃至军事的对抗。民族主义则是它们背后的共同推手。

民族主义可以作为俄乌冲突的理由，也是中美之间贸易冲突加剧的背景噪声。民族主义可以用来解释贸易战如何演变为技术战，其标志是供应链的重新调整，把业务回迁，或者只在信得过的伙伴国和盟国之间建立连接，即所谓的友岸外包。

在撰写本书的时候，我们很清楚民族主义的逆风正在吹向世界。这种"我们对抗他们"的思维方式只会加剧不稳定和不安全。要想克服此类障碍，摆脱目前的长期危机，我们必须做出改变，也有可能实现改变。

所有成功的增长模式都依赖国际合作，但主张以损害他国来促进本国利益的重商主义正甚嚣尘上。所有成功的经济管理方式都要求承认各国之间的相互依存，但应对从通胀到可持续投资等一系列问题的合作行动尚未出现。另外根据定义，所有成功创造更具合作性的全球秩序的努力都必须依赖协同，但在各国的独立性都被相互依存制约的这个世界中，治理模式却在朝着彻底非合作的方向漂移。

总而言之，我们需要一种新的增长模式，一种新的国民经济管理模式，以及一个新的全球化和全球秩序管理框架。

新的增长模式

首先来看看增长，这是当今世界一个无所不在的抽象概念。影响增长的各种因素占据着新闻头条：创新、投资乃至各种错误。但决定增长图景和经济财富水平的其实是政府和私人部门的全部行动，以及当地的现有条件。人们很容易忽略增长包含的各种具体指标，从生产率水平到收入不平等及受教育程度等。

自20世纪80年代开始，各国采用的增长模式大致可分为两种。自由化、私有化和去监管的模式代表着新自由主义时代提倡的"动物本能"。另外就是出口驱动、制造业牵引和低成本劳动力的工业化模式，这种模式让亚洲广大地区创造了经济奇迹，其中不仅有中国，还包括韩国、日本、新加坡和其他新兴势力。

这些模式都有重大缺陷，且如今已变得显而易见。过去的模式没有考虑或者强调环境可持续性、社会平等及国家安全。经济增长中没有纳入对环境破坏的核算。没有关注平等问题，批评者经常指责全球化未能兑现改善所有地方生活与生计的承诺，事实上还带来了更加不均等的影响。供应链的建设没有充分考虑地理位置以及漫长的运输距离，很容易使它们发生断裂。

如今，我们必须用不同的方式去思考增长问题。我们对国民收入的理解必须加入反映关键福利维度的其他指标。对于可持续增长或可接受投资包含的内容，股东和利益相关方会要求给出新的定义。价值需要用不同的方式去测算，在反映盈亏的传统财务报表之外，加上包含社会效应权重的核算，或许还应通过立法作为强制要求。这一转变的潜在作用是改变我们对何为"价值"的理念，并让我们首次有机会测算和评估风险与回报之外的结果，尤其是社会效应。

用去增长运动（degrowth movement）来应对可持续性问题的办法就是强调资源的有限性。然而该运动的结论是，应该为拯救地球而收缩经济规模，这等于宣告我们需要为前进而后退。这一主张在哲学上具有启发性，但从操作上来讲是个坏主意。我们应该鼓励企业的行为更具有可持续性吗？毫无疑问这是解决方案的一部分。无论对可再生资源还是不可再生资源，我们都应该鼓励更负责任的消费吗？绝对如此。可是，如果说增长让地球患上了"癌症"，那么去增长的主张就等于让人类撒手不管、拒绝治疗。

经济增长与保护地球并不一定要迎头相撞。

我们知道，增长是一种进步。增长给世界带来了各种成果，包括你阅读本书所用的电子阅读器、放置在床头的常备药品，以及让亿万民众摆脱贫困的经济腾飞。问题只在于实现增长的方式，过去那种不可持续的一切向钱看的办法已变得不受欢迎，不仅有负于个人和环境，也对各国经济无益。

福兮祸所伏。在太多人看来，"增长"已成为虚伪的词语和落空的承诺。人们听说经济形势一片大好，可是当通胀率达到5%时，自己的薪水只加了3%。人们听说增长代表进步，却看到绿色荒野变成了水泥停车场。人们听说增长会降低消费成本，却发现人工智能软件正威胁着自己的工作岗位。

解决低速度、非包容、不可持续的增长的办法，不是放弃追求增长，而是改变现有的增长路径。如果把增长目标从不惜代价的扩张转向强调速度、包容与可持续的三位一体理念，对个人和经济体都有好处。

在19世纪和20世纪，化学和物理学居于创新的中心。前三次工业革命是以内燃机、电力和计算机技术为基础的，依靠化学和物理学的进步。而今天，从生物技术到信息技术，各种学科门类正准备给人类解锁一个全新的未来。虽然它们并不能解决全部问题，满足全部需要，却有巨大潜力帮助我们应对中长期增长面临的诸多挑战。

如今正在发生的由科学（包括生命科学、能源技术和数字技术等）引领的转型将深刻改变我们的生产成果与生产方式，传统增长模式必将因此被取代。之前过于狭隘地关注私有化和去监管的增长模式也已经超出了有效期，因为它们现在无法保证提高生活水平和支撑公共服务所需的可持续增长速度。

人类基因测序的成本已经从 2006 年的 1 400 万美元下降至今天的大约 250 美元，其进步速度远超半导体行业的摩尔定律。它给未来带来的希望是：任何人在任何地方都可以得到廉价而迅速的揭示基本健康状况的诊断。[3] 电池技术的进步在电动车上表现得最明显，续航里程不断刷新，充电时间不断缩短，许多新上市车型的续航里程已超过 300 英里（1 英里约为 1.61 公里）。

举出这些积极案例并不意味着忽略糟糕的方面。对技术的过度依赖加上松弛的监管体系可能带来灾难。前些年推出的波音 737-Max 系列机型就是这样的例子，一个没有妥善处理的设计缺陷导致了两次坠机，346 人丧生。新机型采用了更大的发动机，使飞行模式不同于之前的机型。为了赢得订单，让航空公司省下重新参加培训项目的费用，波音公司用驾驶舱的一部电脑在若干情况下负责提供控制输入信号，以模仿较早的 737 机型的飞行模式。可问题在于，监管机构和飞行员都不完全清楚这个系统的存在。当它在"印尼狮航 610 航班"和"埃航 302 航班"上面启动后，飞行员失去了对飞机的掌控，灾难降临了。

新冠疫苗的成功研发是近期的又一个例子，它说明了我们为何需要新的增长模式。我们的确需要发明家，也需要私人企业，但我们同时还需要政府的支持和激励，需要政府作为创始合伙人与采购方来提供资助和分摊风险，并在如此短的时间内把新的疫苗分发给全球范围的用户。由恰当的财务风险分摊和激励机制支持的公共投资，以及更灵活妥善的监管体系，它们的重要性远远超出任何新自由主义增长模式的认知。

"公地悲剧"很好地描述了我们何以走上错误的增长路径。[4]该理论由演化生物学家加雷特·哈丁（Garrett Hardin）于1968年提出，以分析资源消耗和自利行为的糟糕结果。哈丁在回顾历史时发现，人们会把自家的羊群赶到公共土地上，接下来发生的事情不出意料：牲畜的过度啃食将土地上的植被消耗殆尽。从渔场到森林，这样的故事在不断上演。在缺乏合作、个人行为完全追求自身利益的场合，资源枯竭和破坏会如影随形。

增长必须考虑到我们的世界受到资源数量有限的约束，从自然界的天然资源到货币之类的人造资源。新增长模式特别关注利用技术来改善世界，提高生产率。新增长模式在人工智能中考虑人的因素，强调技术的增强作用，而非用自动化挤掉人的工作岗位。新增长模式关注以供给约束为特征的新世界。对新增长模式的世界而言，发展理念不再是不计代价地追求增长，而是要关注增长的代价，包括人类和地球各自承担的代价。

不过，仅靠新增长模式并不能让我们摆脱长期危机。我们还需要更好的经济管理政策，以释放新增长模式的潜力。如果说现有的增长模式令人失望，传统的经济管理模式同样表现不佳，不只因为它们无力防止2008年全球金融危机以及紧随而来的低速和不平等增长，还因为在缺乏充分改革的情况下，它们面对21世纪20年代早期的复杂危机显得不知所措。

新的国民经济管理模式

接下来，我们将讨论目前的经济管理方式如何迫切需要寻找新思路，另外我们将做一个大致的评估：国内和多边国际组织的经济管理失败如何损害了增长与繁荣的前景，以及为什么需要超越"华盛顿共识"。

人们普遍把"华盛顿共识"与新自由主义的经济管理方式联系在一起：政府的角色越来越淡化，增长完全依靠私人部门。事实上，当约翰·威廉姆森（John Williamson）在1989年撰写创立"华盛顿共识"一词的那篇论文时，他有着更宽泛而合理的想法，从来不是指某种放之四海而皆准的增长策略或者追求最小政府的药方，并且威廉姆森在选择这个词时"全然没有意识到自己可能在采用一种矛盾修辞法，或者发出下一轮意识形态之争的战斗口号"。[5]

新的经济管理模式要求我们对货币政策与财政政策的关系加以反思。货币政策是指中央银行为实现价格稳定、就业稳定、金融稳定和经济增长的某种组合而采取的措施。财政政策则是指政府的税收政策和支出政策，也具有重要的再分配作用。这些术语在近来广受关注，因为各国的政府与中央银行正竭力缓和汹涌的通胀，以追求"软着陆"，意思是在压低价格涨幅的同时不会带来高失业和低增长。

在美联储，我们看到的表现是分析不够充分、预测不够准确、沟通交流不够连贯、监督规范存在过失，政策响应也滞后。[6]这在现实中意味着真实的人们要承受真实的痛苦，他们不关心美联储的那一大堆通胀追踪指标：从核心消费者价格指数（Core CPI）到超级核心通胀率（Supercore），从截尾平均个人消费支出指数（Trimmed Mean PCE）到就业成本指数（ECI）等等，只知道各种东西都在涨价，从日用品到汽油。他们盼望得到救助，却没有很快如愿。这同时意味着居民家庭担忧存在银行的毕生积蓄的安全，以及企业担忧运营资金的安全。

显而易见，要避免目前这样的危机情形一再出现，各国的政策制定机构与中央银行之间，乃至各个国家之间必须建立新型合作与问责关系。中央银行保持独立性的好处人所共知，其中包括在逐月的利率水平设定中保持长远眼光的专业性和技术能力，以及帮助这些人摆脱党派政治的日常压力。但如果不对中央银行的职责范围做现代化更新，并改进这些机构内部的问责与意见多样化，各国政府恐怕不敢把国家经济政策中如此关键的部分委托给一小群银行家。

我们倡导的改革不会终结中央银行的独立性或贬低专业人士的重要性，而是强调在确立货币与财政政策目标的时候需要国家更强大的领导与监督。采用这样的办法，有助于结束把货币政策当作唯一经济政策选项的时代。

货币政策固然有很大用处，但中央银行不是也不应该是唯一的政策实施者。在近期的危机中，显然缺乏积极财政政策来刺激经济，人们对供给侧的关注度也不够。

人们对供给侧的关注度的提高，应归因于新冠疫情和生活成本上涨的危机，其内容覆盖了产品、劳动力、自然资源以及能源的整个生产和分配结构。多年来的讨论集中在供给与需求的相对重要性上，而今天我们必须重新思考供给侧经济学和需求侧经济学的平衡，并认识到除了追求低通胀和开放竞争，高水平的投资和创新应该有同样重要的地位。增长必须结合环境和社会目标的背景去解读，经济管理政策同样如此。我们还必须大大强化对人才培养和利用的重视，以及职业再培训等，并更好地发挥创新的威力。

人们对于扩大政府的经济参与——作为投资者、协调者、激励创造者等角色——普遍避而不谈。但如果不加约束，政府其实很容易犯错或者被特殊利益集团俘获，波音737-Max的悲剧就是明证。因此，当政府对经济管理漠不关心时，结果可能会更糟。这个两难境地证实了改进公共部门管理的意义，其中一个关键部分是招募和留住顶尖人才。

过去人们习惯于从经济增长和社会团结（少于前者）的狭隘视角去看待经济政策，而忽略环境等其他因素。如今我们必须依据三位一体的目标，即经济增长、社会正义加上可持续性，来评估经济政策。这样的稳定增长还必须具有包容性，而且不能只在口头上讲社会正义，还要在预算里将其体现出来。经济政策必须聚焦于可持续性。假如在未来某一天，由于气候变化灾难，不再有正常的经济生活，维持强健而包容的增长又有什么意义呢？

本书第二篇将谈到，这里的关键之一是反思金融与实体经济之间的关系。为了理解2008年发生的信贷危机，我们需要质疑传统观点，尤其是实体经济总是优先于全球金融体系的假设，即前者的变化导致了后者的结果。尽管人们深知金融机构的庞大规模和高度重要性，却依然天真地把金融业当作附属物，而非既能创造转型机会又能带来灾难破坏的强大力量。

在2008—2009年，我们看到曾被贬斥为次要角色、次要业务和次要机制的部分其实构成了全球危机的根源。许多银行瞒天过海，从事不负责任的风险业务，非银行影子部门大肆扩张，它们在很大程度上是缺乏监管的金融机构。换句话说，把去监管、自由化和私有化作为最重要改革的新自由主义模式已不再能充分指引经济繁荣的出路。

合理的国家经济政策要求对中央银行加以改造，明确它们的职责，找到在国家层面协调实施货币政策、财政政策和监管政策的新办法，并将环境和社会正义的优先事项整合到经济决策之中。总的来说，这些转变是恢复繁荣的更广泛努力的组成部分。我们还需要更多积极的供给侧政策，而且必须重新找到让金融产业切实服务于经济发展的办法。

新的全球秩序

新的经济和增长模式对我们的帮助依然有限。全球秩序及其改革方向将是本书第三篇及结论部分的主要内容。解决我们面临的挑战不能只依靠经济学家，还需要国内和全球的合作行动。

在全球金融危机之后，国际社会本来有机会重启并转向一条更具可持续性的新增长路径，却没有成功。反过来，在新冠疫情于2020年暴发后，包括疫苗民族主义在内的医药保护主义浪潮压倒了开展国际合作的各种坚持和努力。全球秩序在2021年进一步受挫，参加《联合国气候变化框架公约》第26次缔约方大会的许多成员没有接受零净排放的未来愿景。在本书写作期间，正值我们忙于应对新冠疫情、气候变化、通货膨胀、欧洲冲突，以及西方与中国在贸易、金融、技术等领域的紧张关系加剧之际，全球合作的行动甚至连意愿都显得极为有限。

我们面临的诸多挑战绝非单独冲击各国的彼此无关的小范围国内问题，而是全球性问题，它们需要全球性解决方案，但这样的方案尚未出现。

多年以来，有一个议题总是以二选一的方式呈现：要么支持全球化，要么反对全球化。但这种思考框架忽略了真正的议题，那就是我们对全球化的管理是否得当，以及我们为支持全球化的顺利运转在多大程度上开展了合作。今天的现实情况是，尽管生活在一个经济融合、社会互联的彼此高度依存的世界，我们对合作的管理却非常缺乏合作精神。

情形并不总是如此。当全世界在2008年处于银行危机崩溃边缘时，二十国集团在财政部长会议的基础上发起了一个新的全球经济论坛。接下来，二十国集团的领导人参与的峰会对防止毁灭性的全球经济衰退起到了关键作用。当我们在20世纪70年代面临石油冲击时，由西方国家与日本组成的七国集团（G7）诞生了，随即制订循环利用石油盈余和稳定货币汇率的计划。1945年，在二战的废墟上组建了联合国、国际货币基金组织与世界银行等全新的国际组织，加上"马歇尔计划"，以推动重建，消除贫困、饥饿、绝望和混乱。但在大约80年之后，面临同样可能带来死亡和破坏的多重危机，我们却没有当代的马歇尔及相应的计划。

今天出现的从饥荒到通胀的种种危机不能归类为一次性事件，因为它们的成因无法被简单归结为外国侵略、疾病蔓延或能源运输障碍。前文已经谈到，多重紧急状况爆发的背景是长期的经济、社会与技术变化正在让全球脱离过去30年锚定的熟悉港湾：美国充当唯一超级大国的单极世界，国际交流把人类联系得越来越紧密的超级全球化世界，以去监管和自由市场资本主义为标志的新自由主义世界。

如今的危险在于，面对这些挑战，全球经济可能分裂为若干独立板块，催生以不同意识形态和政治制度为基础的多个经济集团。接下来，这一分裂将导致"技术标准、跨境支付、贸易体系和储备货币"等领域的对立局面，世界银行首席经济学家皮埃尔－奥利维尔·古林查斯已发出了明确的警告。[7]

随着对现有规则坚守的退却，竞争与合作之间所需的平衡也不复存在。要想阻止灾难性的分化破裂，避免生活水平因此降低、国际安全威胁加剧，弄清楚基于规则的国际秩序面临的威胁，并参照新的国际现实对规则做出调整将是关键所在。

我们的宣言

不要让前缀"perma"（长期、永远）给骗了，长期危机绝不会永远持续。

让我们想象这样一个世界：高增长和繁荣不仅可以持久，还具有包容性，且对环境负责任。在这样一个世界中，领导人对经济发展方向有清醒的认识。在这样一个世界中，各国和全球的政策制定者彼此精诚合作。

这可以成为我们的世界。

我们相信有可能重置现有的许多不利条件，把各国和全球经济转向实现高增长、包容性与可持续繁荣的路径。重振活力的增长模式、适应现实的经济管理方式以及改善的治理将为此贡献力量。

这三方面的变革结合起来，将使我们摆脱新自由主义在过去半个世纪的支配，并创建可以容纳合作、增长、管理、平等及自身利益的共同基础。

后续的各章将详细探讨这三类结构性改革。我们的第一个关注点是关于理想愿景。我们将展示每个领域的行动如何能给包容性福利带来实质改变，三个领域的同时行动如何能够产生快速叠加的乘数效应。在关键变量设置好之后，我们将探讨如何使理想愿景变得可以实现。我们认识到，现实因素与政治因素支持渐进式办法，而非大爆炸式的激进策略。我们将展示，渐进主义路线如何能够快速叠加并形成势头，变恶性循环为良性循环，并支持各国内部与国际的合作。

当下的世界正在改变，我们必须领悟到当前发生的变革的重大意义：首先是由单极世界向多极世界转变；其次是从超级全球化世界向有管理的轻度全球化世界转变；再次是从经济因素决定政治决策的新自由主义时代向新民族主义时代转变，政治和国家安全成为经济决策的支配因素。

世界正在改变，但如何改变仍取决于我们的选择。

第一篇
增长

第 1 章
增长的顺风

标价 1.50 美元的热狗

不够健康,但很便宜。在美国的开市客(Costco),1.50 美元可以让你买到一份全牛肉热狗加 20 盎司(约 560 克)苏打水。身处通胀飙升、企业紧缩成本的世界,这真是笔不错的买卖。而且自 1985 年以来情形一向如此。开市客的烤鸡在 2022 年不再提供这样好的福利了,价格从 2.99 美元上调到 3.99 美元,苏打水售价也提高了 10 美分。但热狗仍是特例。

我们不需要高深的专业财会知识,也知道开市客在销售这类热狗时亏了钱。所以该公司的 CEO(首席执行官)克雷格·杰利内克(Craig Jelinek)才会跑去找他的前任、联合创始人吉姆·辛内加尔(Jim Sinegal)协商,希望提高热狗的售价。杰利内克抱怨说不能再以 1.50 美元的低价出售了,辛内加尔则回复:"你要是把该死的热狗卖得更贵了,我就杀了你!好好想别的办法!"[1] 他们确实想出了办法。

与其他许多同属柯克兰(Kirkland)商标的产品一样,开市客采取的措施是把热狗生产移至企业内部。杰利内克对此解释说:

"我们把'不能提高售价，必须想出其他办法'作为前提，于是就把生产接管过来，开始自己制作。"[2] 结果立竿见影，热狗不再是亏损的促销项目。

开市客的大部分收入来自持续的会员缴费，而非产品销售。只卖1.50美元的诱人热狗吸引客户上门，抵达之后，他们将看到生活中不可或缺的刀叉套装、后院露台套装和真空吸尘器等。这样的商业模式相当成功，让开市客公司的市值攀升到2 000亿美元以上。

开市客的热狗是个有力而迷人的案例，提醒我们增长并不总是依靠硅谷的某个车库里开发出的创新。有时候，它不过是保持热狗加苏打水的价格不变，而这样的决策既促进了社会目标，满足那些寻找廉价小吃的人的需求，又刺激了美国一家超级企业的快速成长。

有人在2022年底询问开市客公司的首席财务官1.50美元的热狗价格还会维持多久。他回应说："直到永远。"[3]

四股全球顺风

别让过去的创新把你蒙蔽了，我们仍处在增长受约束的世界。每千分之一幅度的增长都来之不易，增长是一场艰苦的斗争。

尽管为寻求创新突破付出了汗水、眼泪乃至鲜血，但由于全球合作缺失和经济管理不力，很大部分增长潜力被迅速抑制。因此，我们看到的景象是一个受供给约束的缓慢增长的世界，增长能够取得的成就受限于各种因素，例如通过压抑总需求来控制通胀的政策，以及不会轻易消散的约束供给的长期因素等。另外，通胀的阴影仍会笼罩较长时间，实际利率将高于之前的水平。

幸运之处是，在增长转向受供给约束之外还有更多故事。有逆风阻挡我们前进，但也有顺风助力，它们具有恢复增长、帮助各经济体起飞的潜力。

转变 1：新兴经济体的追赶

成功的发展项目推动了新兴经济体的巨幅增长。仅在过去 40 年中，我们就看到发达经济体占全球 GDP 的份额从大约 60% 下降至 40%，而新兴经济体表现出相反的变化，如今占世界经济近 60% 的份额。[4] 追赶是艰难的，但世界上许多国家仍取得了成功。这一成就依靠的是连续数轮谈判推动世界经济开放，以及发展中国家从发达国家引入先进技术并消化吸收。跨境知识及技术流动在过去和今天都极其重要，是实现各种目标的关键：从清洁能源转型到更广泛的可持续性。

过去 40 年来，随着发展中国家的低成本制造能力扩张，全球经济感受到很强的通缩压力。中国是这个过程中最大的影响因素，但绝非唯一因素。这种通缩式的生产转移始自二战后初期的日本，然后延伸到当时成为纺织服装业早期新兴势力但尚未回归中国的香港。在纺织品配额贸易体系的推动下，低成本制造业又发展到新加坡和韩国。而此时，最先启动这个进程的日本，随着收入水平提高开始转向附加值更高的生产活动。欠发达国家变成发达国家，发达国家变成领先国家，这样的循环过程在各国重复上演。

在亚洲，上述接力棒传递过程被人们称作"雁行模式"。20 世纪 80 年代，韩国已迈入中等收入阶段，低成本制造业的任务被再度转移。这次包括印度尼西亚、泰国和稍后加入的越南等，但最主要的新选手是中国,尤其是在邓小平于20世纪90年代初期的南方谈话之后,中国开始占据全球制造业的支配地位。中国在全球制造业中的份额从1990年的3.5%激增至2021年的30.5%。[5]可是,这一制造业产能腾飞的效应如今正在消退。由于中国的人均收入已突破1.2万美元,它不可能再继续掌控低成本的劳动密集型制造活动。[6]接力棒将再次传递下去。

  雁行模式带来的总体效应是,把之前没有利用起来的数量庞大的产能加入世界经济,其中既有制造能力,也包括劳动能力。这个效应极为庞大。图1.1描绘了美国消费者价格指数各组成部分在1997—2017年的变化趋势。该指数在这一时期的总升幅约为

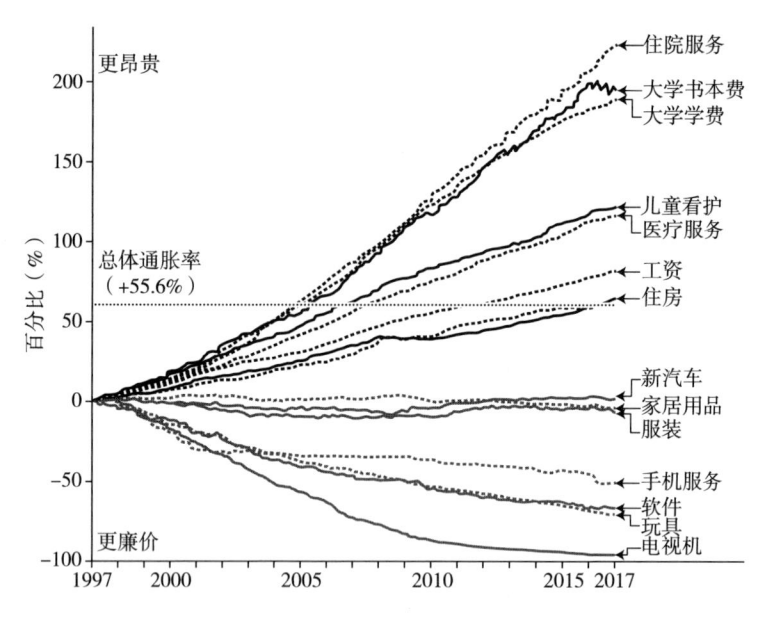

图1.1　美国部分消费品和服务的价格以及工资水平的变化
（1997年1月至2017年12月）

资料来源：Mark J. Perry, "Chart of the Day (century?): Price Changes 1997 to 2017", American Enterprise Institute, 2 February 2018。

55%[7],其中服务等非贸易品(大学教育、医疗等)的价格上涨速度要快得多,各类消费品(从玩具到电视机等)的价格则几乎没有上涨,甚至出现下降。从制造业的角度看,后者主要属于劳动密集型产品。

新兴经济体的崛起推动了制造品的相对价格显著下降。我们可以回看1954年,第一批推荐给消费者的彩色电视机(RCA公司的CT-100)售价为1 000美元,经通胀调整后相当于今天的1.1万美元。[8]它采用的是图像不清晰,甚至带着雪花的15英寸屏幕,但已是当时最先进的技术。而在今天,任何一家开市客或百思买商场都会兴高采烈地向你推销只卖两三百美元的高清的40英寸大彩电。计算机、手机以及其他许多技术产品也都能看到这种成本显著压缩的现象。

当然,成本压缩现象并不限于制造品,这个趋势也外溢到了非贸易部门,包括政府服务、教育和医疗等。在经济中的非贸易部门,我们需要的产品和服务是在本地生产和销售的。因此在发达经济体,被制造业放弃的劳动力可以在其他领域找工作,尤其是极为庞大的非贸易部门。这个转移会增加整个经济的劳动力供给,从而压低劳动力成本,把成本压缩的压力传递到非贸易部门。

全球经济活动向新兴经济体持续转移在许多方面带来了深远的影响。通过技术、金融和投资来发挥影响的经济支配力如今变得大为分散,市场也被拓展(见图1.2)。关键国际组织的治理必须针对这一新的权力构架做出更加迅速、全面和切实的调整,如果没有治理上的创新,恐怕难以取得共识。随着最终需求的目的地发生转移,先进的数字自动化技术会削弱劳动力在制造和物流中的重要性，供应链也将迁移。贸易模式会很快追随这些转变。另外或许最关键的一点是，环境和自然资源所受压力将增大，生产活动可能突破生态临界点。

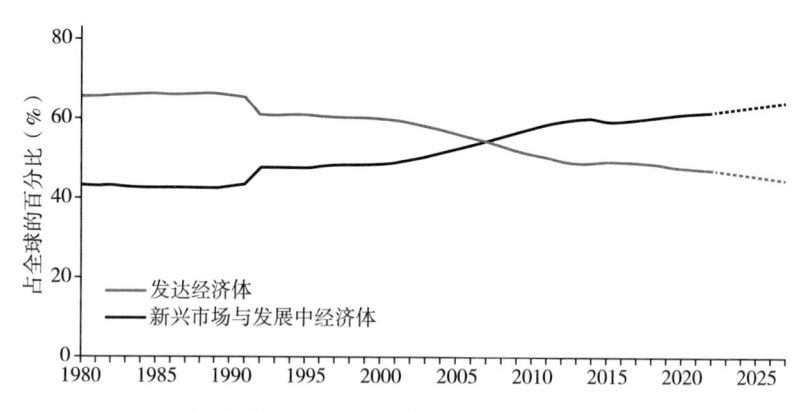

图 1.2　不同类别经济体在全球购买力平价 GDP 中的份额变化（1980—2027 年）

注：虚线为预测值。

资料来源："GDP based on PPP, share of world"，IMF，查询时间为 2023 年 1 月 4 日。

转变 2：万物的数字化

经济生活、金融部门乃至社会领域所有方面的多维度数字化转型，带来了提高生产率和促进包容性增长模式的大量机会。绝大多数的数字技术属于通用类型，有提升各个部门效率的潜力。部门专用技术虽然可能给特定领域带来巨大影响，但如果该部门在整体经济中的份额不大，则它本身难以改变宏观经济图景。数字技术与之不同，凭借广泛的适用面，它可以实现普遍的经济增长与生产率进步。

如今，全球约 56% 的人口（44 亿人）生活在城镇[9]，其他 44% 则居于田园或村庄。我们这些发达国家的人习以为常的城市生活的若干服务，对许多农村人口来说仍然遥不可及。此外在许多正在扩张的新兴城市，大量服务还很不完善。城市化正在推进，据估计到2050年，全球城市人口的占比将接近70%。人口向城市迁移并进入现代化的经济生活领域是推动增长和发展的积极信号。数字技术在其中可以发挥关键作用，加快实现各种服务对弱势人群的可及性，让经济融合的速度超越人口城市化的速度，从而推动增长。相比建设廉价住房，给农村地区的人们提供手机要容易得多，但两者都是我们应该努力提供的社会产品。

数字接入可以缩小城乡居民之间的差距，改善增长模式的包容性。我们可以从多个维度看到此类效应。例如，电子商务给人们带来更加丰富的零售和消费选择，同时为农村小企业拓展了潜在市场。阿里巴巴公司罗汉堂研究院于2019年开展的一项研究（由本书作者迈克尔·斯宾塞共同主持）发现，中国的线下买家和卖家的平均物理距离只有几公里，而线上买家和卖家的平均物理距离则超过了1 000公里。[10]

电子商务不只帮助企业扩大了潜在可及市场，还可以让没有银行账户的个人首次加入数字经济，协助不方便前往便利店的残障人士获得各种必需品。电子商务创造了新型交易方式，同时提升了民众的数字应用技能。

强大的通用型技术可以重塑产业和经济的面貌，但转型过程是颠簸的，与长期收益相伴的还有负面冲击和风险。有些问题涉及受自动化与人工智能兴起影响的职业的前景；有些问题涉及监管、隐私和市场支配力，社交媒体就是典型的例子；还有些问题涉及国家安全，例如可能被外国政府利用的软件后门。数字技术尤其是互联网的影响远远超出了传统经济生活的范围，触及社会和政治结构乃至国家安全。

在生产率停滞、劳动力短缺的时代，数字技术有刺激生产率急速提高的潜力，也可能促进增长模式的包容性显著改善。最后，数字技术还是推动科技进步的重要工具，包括下文要探讨的两个关键转变：可持续的能源转型，以及生物医药领域的生命科学革命。

转变3：能源转型

第三个转变关系到实现全球经济可持续性的挑战，包括所谓的能源转型。如果我们应对得当，它也有望发挥顺风的作用。与数字转型类似，能源转型同样涉及多个维度，要求世界降低经济产出的能源密集度，并把能源组合从化石能源更多地转向清洁能源。释放风能、太阳能、地热能、水能、核能、氢能乃至未来可期的核聚变技术的力量，仍只能帮助我们达到部分目标，另外还需要大力推广温室气体捕获技术。我们已经看到一些新出现的直接空气捕获技术，其通过净化碳排放的气体，帮助恢复大气平衡。加拿大不列颠哥伦比亚省的一家样板工厂就计划每年从空气中剥离出1吨的二氧化碳。[11]

全球二氧化碳排放量目前约为360亿吨，远高于把全球气温上升幅度控制在1.5摄氏度以内所要求的水平。更糟糕的是，这一排放量尚未见顶。发达国家的二氧化碳排放量未来还将达到峰值，当然人均排放水平非常高。但我们要清楚，让排放量达到峰值是一回事，可世界迫切需要的是让它下降。这就好比，当医生告诉病人胆固醇过高时，并不只是让病人防止这个指标继续攀升，而是要求你在暴发心脏病之前把胆固醇降下来。

国际能源署在2021年的一份报告描述了到2030年把二氧化碳

排放量降至 260 亿吨的路线图，相当于每年的降幅达到约 6%。[12] 现在我们假设，全球经济在此期间保持较为谨慎的 2% 年增长率，如果总排放量每年需要下降 6%，而经济增速为 2%，那么经济产出的碳密度就必须每年下降 8%。全球的碳密度已有所降低，但从未降得如此迅速。在 1980—2021 年，碳密度的平均下降速度仅为每年 1.3%。[13]

在主要的新兴市场经济体，情形有所不同。中国的碳排放量可望在 2030 年之前见顶，但这个预测是在俄乌冲突带来重大能源冲击之前做的。印度处于更初期的增长阶段，人均收入仅为中国的三分之一左右，肯定还需要十年以上方能达到二氧化碳排放峰值。要了解挑战的艰巨程度，可以直接比较一个经济体的增速与碳密度的降速。对于印度这样增长潜力巨大的国家，经济增速很可能在未来数年中超过碳密度的降速，除非全球范围的碳密度降速大大加快。

碳排放集中在发达国家和少数大的新兴经济体。根据联合国的数据，全球最大的七个排放经济体，即中国、美国、印度、欧盟、印度尼西亚、俄罗斯、巴西，在 2020 年约占世界排放总量的一半。[14] 如果把范围扩大至二十国集团，所占份额将达到 75%。

多份气候报告反复强调，我们要么达到能源转型的拐点，要么将迎来更为剧烈的全球变暖及其严重后果。[15] 向可再生未来转型需要付出成本，目前的估计是每年约 4 万亿美元。与不作为带来的损失相比，这样的代价无足轻重。然而在主权债务负担沉重、通胀率与利率水平上升、人口老龄化加剧的形势下，各国政府可能更缺乏投资能力，并且不容易通过充分合作来筹集所需的资金。

我们不太可能实现到 2030 年把全球二氧化碳排放总量削减

至260亿吨的目标，但这不代表我们应该放弃努力。即使在2032年跨越这个门槛，也要比再晚十年实现甚至永远不能实现好得多。这里的挑战在于，我们还没有充分利用已有的工具和技术。美国仍顽固地拒绝实施碳价格，在通过《通胀削减法案》（Inflation Reduction Act）重新加入抗击气候变化斗争的时候，美国采取的办法是补贴而非征税。尽管2022年达成的保护海洋多样性的《公海条约》（Treaty of the High Seas）取得了重要进展，但多项国际协议及相关行动仍表现出类似的受阻与进展缓慢的特征。

转变4：今天的科技革命

第四个正在发生的转变或许不那么受大众关注，意义却同样重大，那就是生物学、生物医药和生命科学领域的革命。

与数字技术领域一样，这场革命的动力部分来自强大工具的广泛普及，研究工具的成本大幅下降，足以让成千上万的科研人员参与科学研究与创新应用的进程。DNA（脱氧核糖核酸）测序成本降低，基因编辑技术进步，利用人工智能分析蛋白质三维结构，这些在十年之前还是难以企及的成就，如今已经成为通行操作。

今天的科技进步有望带来广泛而深刻的影响。新冠疫苗的迅速研发让我们得以一窥科学资源与技术诀窍的威力和潜能。它们的效应广泛反映在各种健康成就上：传染病的预防和治疗、基因疾病和遗传紊乱的缓解、寿命延长，以及保证食品安全的能力得到提升等等。

合成生物学还有可能改变制造业的面貌，为实现可持续目标助力。与数字技术类似，这方面也存在严重风险，并且科技成果有可能被滥用。数字技术与生物技术这两个领域的进步都要求创新与适应性监管的结合。在技术快速进步的背景下，监管出现滞后是可以理解也难以避免的。对于所有这些技术，在数据安全和使用上采取负责任的监督管理都必不可少。

技术冲击：给增长带来顺风效应的技术和工具

从当前的生物科学革命到清洁能源转型以及万物数字化，所有变革都有赖于强大的技术和工具。今天这些工具不仅已经存在，而且广泛可及，使用成本日渐降低。

以光伏发电或太阳能电池板为例，太阳能发电的成本在过去十年中下降至原来的约五分之一，使其足以匹敌甚至已优于化石燃料。成本显著下降同样开启了智能电网以及储能和电池技术进步的大门。风力发电领域也能看到类似的效率提升和成本下降现象。

我们再看看半导体领域，摩尔定律至今依然适用，那是在1965年首次提出的关于单位芯片上的晶体管数量每两年会翻一番的发展趋势预测。半导体依然在削减成本的同时提升性能。当前这一代芯片上的晶体管密度之高令人咋舌，例如台积电公司生产的3纳米精度芯片，每平方毫米上包含约2.9亿个晶体管。这样的芯片开辟了降低能源消耗与热量生成的通路，同时大幅增加了廉价的算力。芯片的效率越高，意味着能源消耗越少，进而有助于实现可持续性目标。由于芯片对于人工智能开发是如此重要，以至于美国已着手限制向中国出口某些型号的芯片，这并不让人感到意外。

先进的人工智能和机器学习技术要求庞大的算力支持，尤其是在训练阶段。目前这些算力主要掌握在美国的高技术大公司手里，如微软和谷歌。海外的或私有的算力造成了一种封闭平台，只为特定的大企业和政府服务，不容易被科学家等其他各类人士有效利用。于是现在兴起了创建国家研究云服务系统的呼声，要求向科研人员开放政府与大公司的数据中心。[16] 此类公共部门投资有助于加快负责任的人工智能应用的开发与实施，另外还可以通过这些创新带来社会利益。

人工智能如今不再是科幻小说的题材，而成为家门口的现实。先进技术领域的一个惊人案例是伦敦的深度思维公司（DeepMind），它已被纳入谷歌母公司的旗下，成就远不止游戏对抗方面的创新。作为人工智能研究的领先机构之一，深度思维公司借助一套名为 AlphaFold 的系统，开发出通过氨基酸测序来预测蛋白质三维结构的方法。这样的任务在过去是实验室开展的劳动密集型工作，需要数周甚至数月才能完成，新开发的这一技术必将大幅提升生命科学研究开发在关键领域的"生产率"。这个成就听上去有些抽象，其实具有普遍意义。蛋白质结构的模型甚至可能在某一天挽救你的生命。我们需要蛋白质分子的三维结构来分析它们的组合方式，这些知识对疫苗、药物和其他挽救治疗手段的开发至关重要。AlphaFold 系统已经预测了大约 2 亿种全部已知蛋白质的三维结构，并把结果全部公开，让所有科学家都能免费获取，这项私人企业的工程技术成果创造了宝贵的全球公共品。

当然，还有人工智能聊天机器人 ChatGPT。2022 年底，OpenAI 公司推出的 ChatGPT 应用很快迎来了数百万急于跟机器人问答交流的注册用户，从克里斯托弗·哥伦布如果在 2015 年抵达美洲会看到什么（见图 1.3），到给 HBO 的热播剧《白莲花》第三季撰写人物关系清单，ChatGPT 轻松愉快地闯过了很多难关。这样的人工智能工具并不总能答对,比如,有位律师试图用 ChatGPT 来准备对付哥伦比亚航空公司的诉讼简报,机器人回复他说,可以参考如下若干案例:马蒂内斯诉达美航空公司(Martinez v. Delta Air Lines),以及齐切尔曼诉大韩航空公司(Zicherman v. Korean Air Lines)等[17]。可问题在于,这些所谓的案例全是该软件自己编造出来的。

用户	请讲讲如果克里斯托弗·哥伦布在 2015 年来到美国会发生什么事
ChatGPT	这个问题有点微妙,因为克里斯托弗·哥伦布已经于 1506 年去世,他不可能在 2015 年来到美国。但我们不妨暂时假设他来了,又会如何。 假如哥伦布于 2015 年来到美国,他可能非常震惊于他在 1492 年首次抵达的"新大陆"发生的变化。例如,他会很吃惊地看到,他"发现"的土地当时已经有美洲土著居住,而现在的美国是一个由全世界各地来的人组成的多民族国家。他会对技术的巨大进步感到惊奇,从城市中的摩天大楼到人们口袋里的智能手机。然后他会惊讶地发现许多人不再把他当作英雄,甚至有人会说他是个残忍的征服者,奴役和杀害土著居民。总的来看,哥伦布的经历会与他在 500 多年前的情形大相径庭。

图 1.3 用户与 ChatGPT 的问答案例

资料来源:"Introducing ChatGPT",OpenAI.com。

人工智能已成为强有力的模式探测机器与预测机器,而且速度奇快。它们大大拓展了如今可适用机器学习的初级人类任务的范围。图像识别就是一个很好的案例,短短十年前,人工智能还不善于识别图像。谷歌公司的 X 部门在 2012 年的一个项目利用包含 1.6 万台计算机的神经网络来分析 YouTube 网站视频上的 1 000 万张图片,以识别猫的图像。[18] 这是一场很有趣的实验,以观察机器如何自动学习,但结果并不完美。你会不会通过一张明确的特征清单,去判断某个东西是不是一只猫呢?这种做法让人想起

HBO的连续剧《硅谷》中搞笑的"Not Hotdog"应用程序的情节。

如今，机器可以利用快速扩充的算力和数以百万计的数字图像，来判断数字图像的模式。图1.4显示了人工智能在ImageNet网站举办的物品识别年度竞赛中的进步，也就是著名的大规模视觉识别挑战赛。[19] 在我们撰写本书时，人工智能不仅在物品和图像识别方面超越了人类，而且从编程到诗歌创作的越来越多的工作任务，人工智能都可以更迅速地完成。

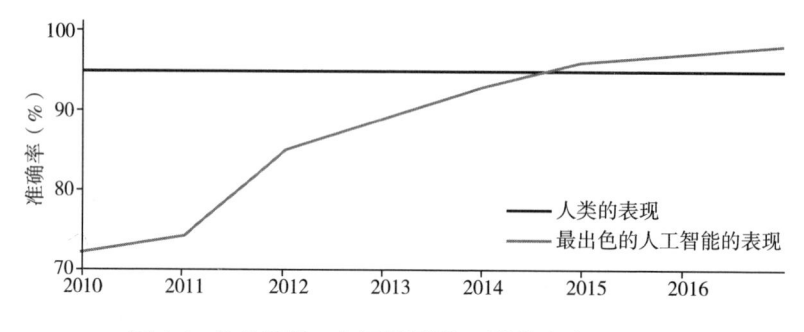

图1.4 物品识别，大规模视觉识别挑战赛（LSVRC）

资料来源：Louis Columbus, "10 Charts That Will Change Your Perspective On Artificial Intelligence's Growth", *Forbes*, 12 January 2018 (via AI Index)。

人工智能促进了机器人的兴盛。从广义上讲，机器人包括所有能够以某种程度的自主性完成任务的机器。我们看到机器人无处不在，从具有自动驾驶功能的车辆，到监控建筑物周边的工业机器人以及大港口的自动化物流系统。波士顿动力公司（Boston Dynamics）的Atlas机器人可以跟着The Contours乐队在1962年发布的名曲"Do You Love Me"的节奏摇摆和搅碎土豆，Spot机器狗则带有从住宅保安到战场任务执行等各种各样的应用功能（见图1.5）。

在机器人和人工智能领域，我们都仿佛一条从深水中浮起、首次把头露出水面的鱼。我们才刚刚接触机器学习及其应用的表

图 1.5　波士顿动力公司制造的机器人

资料来源：Boston Dynamics, "Do You Love Me?" [Video], YouTube, 29 December 2020。

面，但很快可能会看到利用这些工具带来的重大生产率突破。再回到 ChatGPT 的例子，我们不只可以想象某个学生借助人工智能炮制一篇学期论文，或者销售员用它起草促销邮件。人工智能的进步很快将引来"海啸"，给科学家、技术员及企业家提供广泛而廉价的强大工具，协助他们开发新产品和服务。随着机器人和人工智能领域军备竞赛式的巨额投入，所有这些进步将更快地到来，尤其是在经济生活中涉及知识和信息的方面。

快速推进的科学技术还激发了近期的另一个重要趋势：创业活动走向全球化。不久之前，创业生态还高度集中在美国。但在过去十年中，创业活动变得大为分散，如今已遍布各个大陆。潜在市场规模意义重大，因为数字技术的应用往往有很高的固定成本和很低的可变成本，也很容易实现规模化。因此，中国和印度已紧随美国成为创新与创业活动的主要中心。今天我们看到更多有价值的初创企业在拉丁美洲、欧洲、中东和亚洲各地涌现，甚至非洲也有参与，并随着数字基础设施的建设有望加速推进。

到2022年底，美国仍是大多数估值10亿美元及以上的初创企业（所谓独角兽企业）的大本营，中国、印度和欧洲各国也有不少此类企业（见表1.1）。许多高增长公司的商业模式着眼于金融、商业、医疗和教育等领域，试图改善那些缺少服务的民众的处境，这样的目标结合了更为广泛的经济和社会的包容性追求。如果不是因为互联网，特别是移动互联网在全球的突飞猛进，上述进步恐怕难以实现。2023年，全球已有大约68亿人使用智能手机，几乎比2016年的37亿翻番。[20]

表1.1 独角兽企业较多的国家列表

美国	中国	印度	英国	德国	法国	以色列	加拿大	巴西	韩国
487	301	81	39	26	19	17	15	12	10

资料来源："Which countries have the most number of unicorns?", Finshots, 3 January 2022。

数字接入在整个印度的普及可以作为具体的案例。2010年，印度给手机用户提供的数据套餐非常昂贵，这导致个人用户很有限。在此期间，一家名为IBSL的小型初创企业［后来被穆克什·安巴尼（Mukesh Ambani）收购并更名为Reliance Jio］开始建设数字基础设施。Reliance Jio电信网络于2016年启动语音和数据服务，签约用户剧增。6年后，整个印度有4亿多人成为其用户。与此同时，数据服务成本则从每GB（千兆字节）约3.50美元下降至如今的不足0.30美元。[21]移动互联网显著的成本降低与接入扩张推动创业生态系统在全印度广泛延伸。此外，印度的生物识别系统Aadhaar给所有公民和居民提供独一无二的12位身份识别数字，通用支付接口也发挥了积极作用。这些措施都加快了印度的数字化建设，凸显了技术力量在新兴经济体增长解决方案中的关键地位。

独角兽初创公司虽然已成为全球性现象，其业务却依然具有相当多本地和人际关系的特征。例如德国的许多独角兽公司位于柏林，少数在慕尼黑，法国的独角兽公司则绝大多数以巴黎为基地。事实上，高速增长的公司正越来越多地通过电子商务、金融科技、医疗和教育等渠道瞄准国际市场，例如尼日利亚的拉各斯和肯尼亚的内罗毕等地。此类企业对包容性增长的潜在贡献不容忽视。我们如果想克服增长面临的强大阻力，就必须加快这些积极趋势的作用。

第 2 章
增长的阻力

物流噩梦

有一个关于供应链的笑话，但你可能需要多花点时间才能听懂。

严肃地讲，近期的供应链完全称不上是笑话，而更像一场物流噩梦。

2020 年之前，关心"供应链"一词的还只是企业高管、商学院学生、采购人员、供应商和发货商等。供应链意指把部件、制成品和大宗商品运送到各种市场的庞大网络。这个无聊话题或许是最容易让人们在晚宴中结束对话的选项之一。然而一切都随着新冠疫情在 2020 年暴发而改变了。去超市购物、在亚马逊网站下单、给汽车加油……所有这些事情很快成为关于全球供应链的复杂性及成本的研究对象。

在疫情期间或疫情之后，有哪些东西是你想买却买不到的？或许是某种型号的汽车在经销商那里缺货，让你只好选择缺少某些功能的其他型号。或许你想要的绿色苹果手机推迟交货，你只能转而购买了黑色机型。或许你心仪的卧室家具套装迟迟不能到货，首先是因为亚洲的家具厂暂时关门，然后运输又遇到延期，让你直接放弃了这部分住房改造的计划。

受影响的不只是昂贵产品。如果你是Samoas或者S'mores品牌的女童子军饼干的追捧者，那么在疫情高峰期间肯定会感到痛苦。受供应链和劳工短缺问题的影响，这类饼干在大洛杉矶地区被挤出了热销产品榜单。[1]为女童子军饼干而生气似乎很罕见，但美国人民确实如此。

巧克力饼干不是唯一出现供应中断的"薄片"。芯片或者说半导体乃是电子设备中控制电流的关键部件，没有它们，我们将生活在一个完全不同的世界：在新冠疫情中的一个短暂时期，我们得以窥见这样的世界是什么样子的。

人们往往把汽车视为机械设备，但它们越来越像装上轮子的计算机。美国的第五代战斗机F22有接近200万条计算机代码，而梅赛德斯公司的2009款奔驰S级轿车却有近2 000万条代码。[2]疫情暴发之初，各家汽车厂商担心销售下跌，于是纷纷取消对供应商的订单——从遮阳板到半导体的几乎所有部件。因此当消费者们带着政府的刺激补贴或疫情工资补贴涌入经销店的时候，汽车变得供不应求。

问题在于，当半导体出现缺货时，并没有一天送达的选项。订单需要提前数月甚至数年提交。麦肯锡公司估计，成熟半导体产品的生产提前期可能超过四个月，如果调整生产地点会再增加六个月，遇到更换制造商会再增加一年甚至更长时间。[3]福特公司采取了更为简单的解决方案：出售缺少芯片的车型。因此有一段时间，后座空调系统不见了[4]，座椅加热系统也取消了。通用公司的汽车则卸掉了无线充电垫。[5]特斯拉公司CEO埃隆·马斯克把自家在奥斯汀和柏林的工厂比作"巨大的烧钱炉",因为缺少部件,无法实现可以盈利的产量水平。[6]而且就在福特公司重新得到稳定的半导体供应之后,又遭遇了新的短缺,这回是没有足够的蓝色椭圆形徽标来点缀汽车的引擎盖。[7]

艾米丽·圣约翰·曼德尔(Emily St. John Mandel)于2014年发表的小说《第11号站》(*Station Eleven*)在2021年被拍成限定题材连续剧,描述了遭遇比新冠疫情致命得多的瘟疫肆虐世界的情景。在剧中的一个闪回镜头里,主角之一米兰达到未来的老板那里去面试一份物流领域的工作。落座之后,未来的老板开始提问。

> 利昂:你知道物流的意思吗?
> 米兰达:是说运送物品的路径?
> 利昂:不是随便哪条路径,得是正确的路径。[8]

在新冠疫情期间,我们发现输送物品可以有很多路径。可是在混乱时期,经常采用错误的路径——最蜿蜒也最烧钱的路径。我们需要注意吸取疫情中得出的深刻教训,从女童子军饼干到半导体芯片,让各种物品都找到正确的输送路径,不只是在正常时期,也包括特殊时期。

需求约束型世界的终结

从20世纪90年代末到新冠疫情时期,都没有明显的通胀压力。全球金融危机爆发后,尽管利率水平很低,各国中央银行为压低长期债券利率而大规模购买资产,通胀率仍持续低于目标水平。如此宽松的货币环境在历史上经常导致通胀，但在21世纪第二个十年通胀并未出现。当然，极为宽松的货币政策带来了其他方面的影响。资产价格因为低贴现率而高涨，而且中央银行以量化宽松方式实施的货币政策进入市场，购入长期固定收益证券（如政府债券），使得金融体系内涌动着极其宽裕的流动资金，"安全资产"的收益率降低，由此增加了对风险资产的需求。

这样就形成了受需求约束的疲弱的经济增长模式，但随着各国走出新冠疫情，该模式走到了尽头。突然之间，需求约束型的世界不复存在。在新冠之后的世界，平衡点迅速转向受供给约束的增长模式。对电视机、汽车和住房的需求依然存在，但库存没有了。而这个转变带来了数十年未见的通胀压力。

二战后漫长的全球融合时代见证了可实现的生产潜力的巨幅增长，然而这种情形很不寻常，甚至史无前例。历史上没有任何一个时期可以比肩1945年之后的全球高速增长。工业革命初期的几十年增长率接近2%，与二战后的发展中国家及全球总体6%~7%的增长水平完全无法相提并论。

这背后的原因我们很清楚。在全球市场打开之后，较低收入国家便能利用全球的技术资源，进入对小型发展中国家而言几乎容量无限的广大市场。只有中国达到了让全球市场容量成为限制因素的生产规模，并且用了20年才实现。

历史告诉我们，近期在制造、贸易和财富上的高速增长并非常态，而是极其特殊的情形。非常态的部分是，产能的大幅提高放松了原本可能更大的供给侧约束。可是，随着需求增长最终赶上生产能力，这一产能高涨的效果总是有时限的。未利用或者未充分利用的产能与劳动力的存量很大，却并非没有穷尽。如今随着产能高涨的力量消退，增长无论如何将主要来自各产业内部及整个经济体的直接生产率提升。我们在增长较为迅速、比较有包容性的全球化世界中生活了太久，习惯于将它视为常态，但这不是事实。新的时代要求不同的心态，尤其是寻找能提高生产率增速的包容性发展方式。否则，正如有些人预测的那样，世界可能陷入长期停滞。

新冠疫情之后的重启

通胀让某些产品的价格涨上了天，某些资产的价格却走向崩溃。我们已经发现对投机类模因股票（meme stock）和其他时尚资产的需求受到了影响，因为人们不得不省下钱来，去支付相比20世纪第二个十年之初已经翻番的住房贷款月供。在供给约束型经济环境中，通过旨在消除需求过剩的货币政策来控制通胀率，有可能在更高的利率水平上实现新的均衡。经济增长遭遇的某些冲击和障碍是暂时性的，而其他某些因素在本质上更具有持久、长期的特征。新冠疫情造成的暂时冲击正在消退，某些长期影响却依然在持续。这一调整将对长期资产的价格造成影响，同时意味着各个经济体的财政空间会收缩。各国的债务水平已经被全球金融危机抬高，在新冠疫情期间再度飙升，加上如今更高的利率水平，会带来财政和金融的困境以及市场紊乱。这样的冲击目前已开始浮现。

拒绝承认现实是一种正常反应，尤其是当许多人要对过去的好时光说再见的时候。我们不会再回到原来那个货币宽松的低通胀世界。

人们一开始的自然倾向或许是，这种剧烈变化不会持续，我们将回到某种类型的疫情前模式。新冠疫情是对全球经济的巨大冲击，但最终已平息。全球供应链发生拥堵，严重失衡，但各种瓶颈最后已被打通。疫情把许多公司打回到维持生存状态，它们尽可能地缩减人员、存货和其他负担，以提高生存概率，结果使许多企业避免了破产的宿命。

这些调整，即经济体系中用来适应需求意外变化的缓冲措施，改变了全球经济的DNA，而且不会在一夜之间被逆转。因此当需求复苏时，整个经济体系显得缺乏准备。航空公司之前大举裁减飞行员和乘务员，如今又手忙脚乱地把他们召集回来。取消了半导体订单的企业没办法在短期内重新采购，造成终端产品无法完工或无法使用。不过，政策制定机构、中央银行和市场还坚持认为，对经济扩张和需求高涨的这些供给侧约束是"暂时的"，会逐渐解决。

历史将证明他们的判断有误。人们集体误读了全球经济中正在发生的事情，没有意识到供给侧的长期阻碍因素不会迅速消散。

毫无疑问，供给侧确实存在暂时性的制约因素。中国经济在当时的弱势表现有多方面的原因，其中最大的因素是压抑供给的防疫政策，既制约了国内消费市场，也影响到对外贸易。而随着政策管制放松，制造业枢纽重启，消费者可以外出花钱，中国经济又恢复了活力。这一模式早在疫情之前已经成形。

与之类似，当各国经济走出新冠疫情时，全球物流体系中的瓶颈问题变得非常突出。美国在南加州、东海岸和墨西哥湾的主要港口都出现货轮排队现象，需要好几周才能卸下集装箱。背后的主要原因是各港口卸货的劳动力短缺、囤放集装箱的空间有限，以及运输集装箱的卡车不足。当然这些瓶颈问题都在缓解。远洋运输的费用已经从2021年底每集装箱10 400美元的顶峰下跌至2 400美元，但目前的费用仍远高于2020年1月疫情暴发之前的1 700美元（见图2.1）。[9]可以预期，这些严重的供应链瓶颈不会成为未来全球贸易中的持续现象，现有的数据基本上支持这一判断。

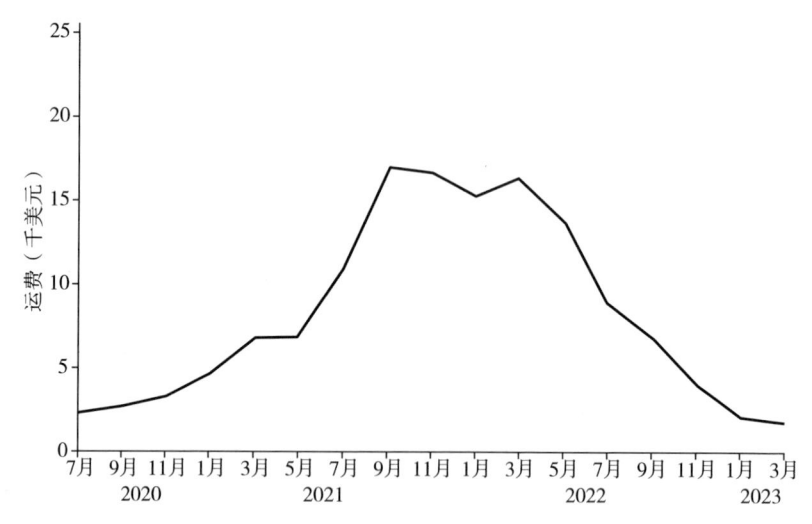

图2.1 新冠疫情期间远洋集装箱运输费用变化情况

资料来源：Freightos。

从远洋集装箱到飞行员的短缺，这些现象削弱了若干产业部门乃至全球经济整体上的供给弹性。航班减少了，剩下的航班变得更贵；港口出现积压，让人们无法在圣诞节及时得到特定的礼物。虽然随着飞行员复岗、轮船加速卸货，这样的扰乱在逐渐减少，但与之相伴的通胀却没有完全消失。通胀被嵌入经济运行，具有黏性特征。

疫情期间的冲击与目前的全球实体经济调整有所不同，一系列底层的长期和结构性变化趋势正在从负面影响全球供给状况和成本，并削弱供给弹性。这些调整不是暂时的，不会很快消失，且其影响可能与日俱增。

我们不难发现这一长期转变的证据和原因。把它们综合起来，可以看到我们面临的未来景象：有本质差异的受供给约束的全球经济。因此，下文将首先描述导致全球经济体系供给弹性削弱的趋势，并分析其影响，然后讨论为何需要不同的增长模式来恢复生产率、挖掘增长潜力，并实现我们的全球目标。

趋势，朋友

英国前首相哈罗德·麦克米伦有次被人问及政治家面临的最大挑战是什么，他给出的著名回答是："大事件，朋友，大事件。"

当前的大事件无疑是供应链面临的重大挑战，但那只是挑战之一。如果针对串联全世界的价值链提出同样的问题，更合适的回答或许是"长期趋势"。要恢复增长模式乃至全球经济的活力，我们首先应该简要探讨这些不会很快消失的长期趋势。

发展中经济体的影响

法里德·扎卡利亚（Fareed Zakaria）所说的"其他国家的崛起"，是指在西欧国家以及美国兴起之后，第三波大国权力转移。[10] 除中国以外，巴西和印度等经济强国也已崛起。不过在数十年强劲增长之后，发展中国家通过动员土地、劳动力、企业家精神和资本等未充分利用的资源而形成庞大产能、发挥通缩推力的势头正在消退。在这个消退发生的同时，全球经济的需求却因为新兴经济体的千百万中产阶级消费者的涌现而膨胀。原因显而易见：未充分利用的产能储备是有限的，而且其中很大部分已经被投入全球经济的运转，剩下的部分则不那么容易得到利用，其背景还会在下文做具体解释。

如今，新兴经济体的很大部分民众已处于中等收入水平。以中国为例，中产阶层人数从2000年的3 910万剧增至2018年的7亿以上。[11] 多达数亿的民众正试图把丰田车升级为特斯拉。在中国乃至整个新兴经济体生态系统中，购买力大幅提高。伴随着如此巨额的财富增长，劳动力总量出现下降并不令人意外。已跨入中产阶层的人们不太愿意再去工厂从事低工资的工作。相应地，曾经看似无穷无尽的廉价劳动力供给带来的长期通缩压力正在走向终结。

老龄化

全球经济产出超过75%的份额来自正在老龄化的国家，这意味着生产线上的工人越来越少，社会福利体系的压力越来越大，年轻的社会成员扶养老人的负担越来越重，当然也意味着新的需求来源。在人口结构头重脚轻的国家，老年人构成了规模最大的年龄段群体，社会对墓碑的需求量可能超过对学校教师的需求量。美国国民经济研究局在2016年的一份报告中指出，60岁及以上美国人占人口的比例每提高10%，就会使人均GDP增长率下降5.5%。[12] 老龄化不是促进供应链和经济增长的资产，而是一种负债。

债务率

自全球金融危机以来，各国主权债务持续增加，并由于新冠疫情中的经济状况和政策而再度大幅提升。目前的全球主权债务规模超过 71 万亿美元，而在 2020 年和 2005 年分别为 62.5 万亿美元和 27 万亿美元。[13] 与家庭债务类似，全球信用卡当前的利率水平也较高。在利率提高的环境中，投资驱动的增长模式突然变得难以承受，特别是向可持续发展的未来转型所需的部分。高债务环境更加脆弱，更不利于促进增长，这是自然的逻辑。

劳动力供给

除了人口老龄化，劳动力市场上还出现了其他根本变化。新冠疫情改变了人们的工作方式，远程办公模式受到追求就业灵活性的雇员与致力于降低员工成本的雇主的共同青睐。与此同时，工作条件较为紧张或危险的部门吸引不到足够多的员工。英国的劳动力短缺现象已经变得非常突出，以至某些企业开始支付"每周办公室到岗五天"奖金。[14] 很自然，劳动力市场紧张提升了劳动者的议价权。劳动力短缺现象出现在教育、医疗、零售和餐旅等多个主要就业部门，并长期持续。与半导体产品一样，这些短缺不太容易很快得到解决，因为我们需要时间去重新构筑培养熟练护士和教师的体系。

近期还有研究表明，美国的劳动力正在收缩，部分原因是国民经济研究局一篇工作论文里所说的"长社交距离"的需要，即劳动者喜欢从事无须频繁而密切的人际接触的工作。[15] 该研究发现，10% 的受访者愿意继续保持较远的社交距离，46% 的受访者愿意调整工作方式，他们都希望采取更多混合办公的办法，否则会完全退出劳动力市场。然而，并不是每个人都能够居家办公，因为混合办公方式只适用于经济中的知识产业部分。例如在餐旅业中，估计只有不到5%的工作能居家完成。

多元化

全球经济总是在遭遇各种冲击，但冲击的频率、力度和广度却在大幅增加。这些冲击来自不同源头和方向：气候变化及其导致的极端气候事件、新冠疫情、战争、贸易和投资制裁被武器化，还有地缘政治紧张致使经济手段被更多用作国际关系和国家安全政策的工具或武器。没有人认为这些冲击的频率、力度和广度会减少，这是个不会很快被逆转的长期趋势。

冲击趋势加剧有两个严重后果。第一个较为直接：这些冲击的频率和力度足以形成重大的宏观经济阻碍，气候冲击尤其如此。人们目前对更长期的生死存亡的风险给予了应有的关注，但短期内的负面影响也在加剧。财产和农作物被摧毁，供应链中断，类似的损失还有很多。这些都是气候变化的现实影响。

第二个后果是，各国政府以及企业正在改变自己的行为，以缓和冲击的影响。企业在调整供应链，促进原料来源、资金和市场的多元化，以增强韧性。政府也紧随其后，对之前由市场主导的决策直接实施干预，制定改变全球互动方向的政策，以增强经济韧性，并巩固经济和国家安全。这一多元化模式越来越多地表现在生产回迁上：让曾经转移到海外的业务重新回到母国，另外，在值得信任的伙伴国和盟国之间建立业务和供应链联系的"友岸外包"方兴未艾。这些做法会把供给曲线向上和向内挤压，提高成本，也就是说，会强化对增长的供给侧约束。由于这一多元化进程是以高度分散化的方式推进的，结果可能并不能如愿。如果采取合作的办法来改进安全并部分强化全球经济的抗冲击性，则极有可能得到更好的结果。

地缘政治紧张关系

俄乌冲突已经导致欧洲降低对俄罗斯石油和天然气的依赖，这是个极其昂贵且具有破坏性的过程，并由于其推进速度和迫切性而变得更加剧烈。但在半导体、装配设备等更广泛的"战线"上，还发生着一个不那么剧烈的类似过程。地缘政治紧张关系的加剧导致不可信赖或相互敌视的贸易伙伴国之间的经济依赖减少，而盟国之间的联系增加（有时被称作友岸外包）。俄乌冲突还有另一重影响：这导致能源和食品价格急剧上涨，成为全球通胀的一个主要驱动因素。

工业集中度提高

超级明星企业与其他企业（最优秀企业与其余企业）之间的分化扩大，这个趋势受到了合理的关注。竞争弱化导致成本提升更容易借助涨价转嫁给消费者。2022年5月发表的一份研究指出，自20世纪30年代以来，美国经济中被顶层1%企业（以资产为指标）控制的份额从70%提升至90%以上。[16]读者可以这样想象：你在一家超市的货架上看到20种不同类型的麦片，但其中18种可能都来自通用磨坊食品公司。

生产率

自21世纪初以来，几乎所有发达经济体都出现了劳动生产率和全要素生产率增速持续下滑的趋势。美国劳工统计局估计，自2005年以来，由于劳动生产率增速放缓，美国单位劳动者产出损失了9.5万美元，非农业部门的总产出损失了约10.9万亿美元。[17]这里有两个关键特征，首先，生产率下降在最近十年要严重得多，并覆盖大部分经济部门。其次，生产率增速下降问题在就业人数众多的大多数非贸易产业部门更为严重，而制造业和可贸易高端服务业部门的生产率增速要快得多。由于生产率增速下滑，潜在供给的增长速度不足以抵消其他长期收缩压力的影响。

部分去全球化

国际经济联系中出现了显著的走向民族主义和激进性竞争方式的趋势。这一趋势的另一面是，对合作性的结构和安排以及负责开展和实施的组织的支持走向萎缩。其结果是，与之前的情况相比，国际秩序变得更复杂了，并在一定程度上分崩离析。[18]

跨国企业与全球投资者发现，自己需要面对不一致甚至相互矛盾的规则和标准，更不用说还有强化的法律责任。这一趋势的中心是美国与中国之间的大国竞争，国家安全和技术领先成为压倒性的目标。中美竞争的进程将对全球经济产生直接影响。这场竞争会如何演化并带来何种效应，将是全球经济不确定性的一个主要来源。

净效应：通胀、低增长与意外事件

从地缘政治关系紧张到债务率飙升、人口老龄化，这些趋势的综合效应就是削弱了供给侧对总需求扩张的响应能力。如我们所见，当居民家庭和企业带着较为健康的财务状况走出疫情的时候，供给并未跟上步伐。供需缺口导致的价格上升驱动了通胀上扬。这一压力将持续，直至下面两件事情发生：要么供给最终做出反应，要么价格上涨遏制过剩的需求。

但问题在于，一个人支付的价格是他所在经济实体的成本的组成部分。当供给不足和约束普遍存在时，价格上涨不会把市场带回到供需均衡，而是会掀起工资和物价接连上涨的循环进程。这种进程一旦启动，除非供给状况能迅速而全面地发生改变，否则唯一可以刹住循环的就是削减总需求。

还要考虑中央银行的因素。各国中央银行通过提升利率，包括出售之前购买的资产，提高约束商业银行借贷的准备金要求，可以削减信贷、消费和投资，也就是总需求。从2022年初到2023年多数时候，总需求和就业表现出了较强的韧性，只有对利率更敏感的房地产和建筑业等部门经历了较严重的收缩。

资产负债表的状况可以部分解释总需求的持续强势。之前有人认为，因为企业收入下滑，居民家庭收入减少，新冠疫情会造成资产负债表较弱的状况。但由于疫情期间实施的政策致力于减少对居民和企业的财务打击，上述情况并没有出现。能取得这一成就，部分源自用政府的大规模财政转移来弥补居民和企业的收入损失，但同时增加了主权国家资产负债表上的债务。这种情形与全球金融危机期间及之后的情形几乎完全相反。在那场危机中，抵押贷款和次级贷款危机给居民家庭的资产负债表造成了巨大的破坏，经过数年才得以恢复，由此压抑了消费和投资，之后便出现了以需求约束为主导的增长模式。

本次的情况与之不同（见表2.1）。供给约束和需求过剩给通胀的爆发创造了绝佳条件，然而，各国中央银行还有另外的担忧，我们可以称之为通胀故事的第二集。

表 2.1　全球金融危机和疫情之后的情况对比

全球金融危机之后	新冠疫情之后
需求受到约束	需求过剩
供给过剩	供给受到约束

如果通胀持续，工资和物价上涨会自我发展。用中央银行的专业术语来说，通胀预期将被"嵌入"。在嵌入式通胀时期，即便最初触发通胀的供需失衡被消除（无论是通过需求抑制、供给响应或两者并行），价格上涨仍可能延续。历史经验表明，通胀机制的嵌入还会受到制度安排的强化，例如工会工资合同中采用的与生活成本挂钩的指数化调整制度。此类指数化安排在如今的大多数经济体中更加少见，部分原因是最近几十年来没有出现较高遑论严重的通胀，不过，美国社会保障体系依然保持了内嵌的指数化安排特征。

各国中央银行最终将成功控制总需求的规模，它们的信誉取决于此。但为此需要让经济减速多少以及需要花费多长时间，仍有很大的不确定性。有一个担忧是，只有当中央银行"打破"广泛经济活动中的某些东西之后，比如某家具有系统重要性的银行破产，或者失业率迅速提升等，需求才会下降。事实上，在一个已经习惯并适应低通胀、低利率的世界中，通过提升利率来对抗通胀确实可能导致金融事故，因为经济体系需要为适应新的现实而调整。在包括主权债务在内的高负债环境中提升偿债成本，财政能力和灵活性会随之下降。2023 年 3 月的硅谷银行破产案，以及美国众多社区银行面临的资金压力，让我们看到当利率水平从0提升至5.5%的时候，事情会发生何等剧烈的变化，本书第二篇还将探讨这些事件。而如果有较为广泛的生产率提升，所有这些压力都可以在中期得到缓解。

毫无疑问，制约供给侧的长期因素不会很快消失。全球经济在短中期仍可能出现增长下滑。财政空间，即政府借款乃至在某些情况下维持现有债务水平的能力，都将被压缩。这一趋势来得很不是时候，因为我们正需要大量公共部门投资来推动能源转型，以恢复可持续增长模式和应对气候变化。而且随着资产价格显著低于过去的水平，实际利率会更高。

这些并不都是坏消息。资产价格更切实地反映基本面将创造更有利和高效的投资与资源配置环境。债券的潜在回报将更具吸引力，资产组合的风险将降低。随着资产价格从疫情期间的过高水平上降下来，非投机性资产会变得更受欢迎，以过度繁荣为特征的狂热可能更少出现。相比让无数投资人遭殃的泡沫爆裂，加密货币之类的投机性资产走向缓慢贬值的结局更有利。如果你曾有错失恐惧症，担心自己没赶上2021年的加密货币淘金热，那么后续来看，加密货币在2022—2023年的泡沫破灭很可能突然让"冷硬通货"变得更具吸引力。

老龄化经济

全球经济正在经历一场"中年危机"。在二战后的早期阶段，较为贫困的国家拥有巨量的劳动力，而且数量与日俱增。随着全球经济走向开放，厂商们（尤其是劳动密集型制造业）寻求可靠且廉价的劳动力供给来源，许多国家因此摆脱了半封闭状态并融入全球市场。当然，除"接上插头"，这一相互联结的故事还有更丰富的内容。例如，许多国家需要对教育、基础设施和生产设备进行投资，更不用说还需要有较为高效和廉洁的治理。最重要的一点是，各国需要一种增长模式，它能够通过出口和技术来发挥融入全球市场的巨大潜力。

并非所有国家都选择了这一路径并走向了成功。但在20世纪，确实有许多国家做到并促进了全球经济的生产潜力快速扩张。生产潜力的飞跃使得许多制造产品的相对价格下降，产生了强劲的通缩压力。

不过，让发展中国家摆脱贫困的这一过程也有自身的局限性：封闭国家未充分就业的劳动力以及未充分利用的生产潜力并非没有穷尽。图2.2就描述了这种情形，在接近资源极限的时候，供给曲线将变得更加陡峭。然而关键问题是，我们目前距离极限到底还有多远，全球经济经过多久会达到供给曲线上拐、通缩压力消失的时点？

供给曲线的长期扁平部分对应着新兴经济体更多产能的加入，我们可将此理解为某个有大量未开发劳动力的国家加入世界经济的早期阶段。而随着全球需求的增长以及未利用劳动力的存量下降，供给曲线最终将转而向上倾斜，好摘的果子会被采完，物价将变得更为昂贵。

早期阶段的大量增长来自把农业等传统部门的剩余劳动力转移到现代化的城市经济部门，随着人们跨越产业边界，生产率出现跃升。但最终，无论大国还是小国都会耗尽富余劳动力。富余劳动力供给下降的区域会造成供给曲线向上抬升，这被称作"刘

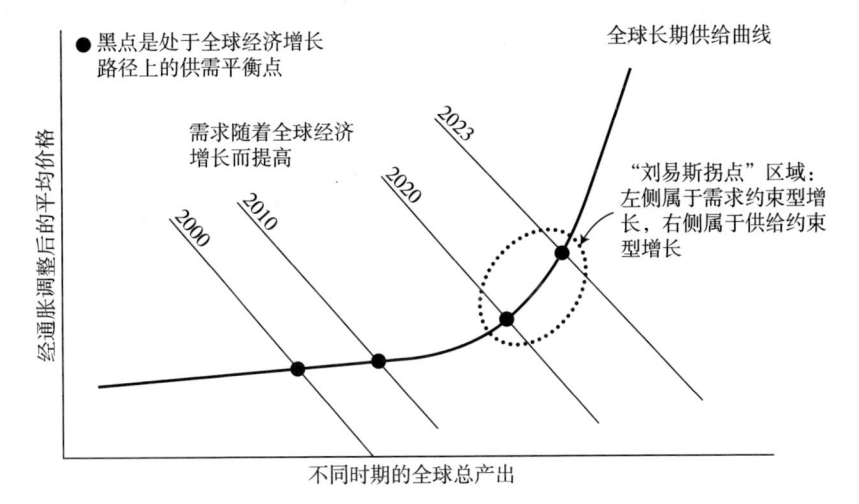

图2.1 长期供给状况

注：截至2020年，主要特征是低通胀以及全球生产能力的巨大扩张。随着时间推移，数量与价格的比率在发生变化，数量增幅减少，价格涨幅更高。

资料来源：作者制作。

易斯拐点"，以纪念揭示该现象的诺贝尔经济学奖得主阿瑟·刘易斯爵士。在发展之旅的这个拐点上，各国若不能找到新的增长模式与生产率提升来源以继续加快发展，就会失去增长势头。在减速之后，它们将陷入所谓的中等收入陷阱，这意味着"刘易斯拐点"是在进入中等收入阶段之后出现的。

从全球视角看，在一批国家遭遇"刘易斯拐点"并继续前进后，其他国家又可以加入进程。从理论上说，当尚未加入这一发展进程的国家的产能空间不足以支撑全球的需求增长时，我们将遭遇全球性的拐点。

我们目前所处的情形是如此吗？是的，但不完全是。

我们再看看人口方面的状况。老龄化导致劳动力供给减少，并带来其他的压力和失衡。劳动年龄人口增长下降会限制经济体的供给潜力，也会造成养老金和社会保障体系失衡。抚养比提高会增加年轻劳动人口的负担。老龄化还会推高通胀，随着人们的年龄增大、退出劳动力队伍，他们将不再处于经济活动中的供给一侧。然而老年人不会停止购买和支出，包括汽车、食品、药品乃至高尔夫俱乐部等等。因此，老龄化会导致生产能力下降，而消费和支出不怎么受影响，由此会产生通胀压力，加剧供给侧约束限制经济增长的恶性循环。

老龄化国家如今占据全球经济的大部分份额，贡献了全球产出的78%，却只占全球人口的34%。那么相对年轻的其他国家的情形如何呢？以非洲大陆为例，那里人口的年龄中位数仅为19.7岁，总人口约13亿，与中国或印度规模相当。虽然非洲许多国家拥有人数众多且不断增加的潜在劳动力，但就目前而言，除自然资源和农产品，它们尚未充分融入全球经济的供应链，无法对供应水平产生显著影响。

另外，印度人口的年龄中位数为28.4岁，仍属较为年轻的国家。作为一个总人口超过14亿的大国，印度并不缺乏劳动力。它目前已成为中等收入阶段的高速增长经济体，潜在增长率或许是发展中国家最高的。然而，印度的很大一部分人口，尤其是在农村和传统产业的群体，尚未感受到经济腾飞的影响，仍在等待就业发动机的启动。印度的发展轨迹向来不同于中国和其他东亚国家，它对出口制造业的依赖更弱。它现在高度重视数字经济的增长动力和服务业为主的增长模式，这种情形似乎还会延续。当然改变是可能的，应对意外冲击和地缘政治紧张关系可能促使印度走向经济多元化，加速发展制造业部门。例如苹果公司目前就在投资印度的生产设施，以减轻对中国制造的过度依赖，更多其他公司也可能效仿。

如果我们的目标是推迟"刘易斯拐点"（经济增长可能陷入迟滞、减速乃至下降的时刻）在全球范围到来的时间，那么恢复全球增长势头的最大机会是在低收入国家，其中包括许多非洲国家。抓住这一机会将给受供给约束的世界带来互利的结果：在帮助消费者缓解产品价格上涨压力的同时，让非洲各国加入全球经济体系，提升它们的收入水平。

低收入国家面临的挑战

进入 21 世纪 20 年代之后，地球上仍存在两个深受贫困之苦的人群。第一个人群来自发生过经济增长、平均收入在提高（虽然速度不够快）的国家。第二个人群来自平均收入较低且停滞不前的国家，大多数没有经历过较长时期的高增长。

印度是前一个类型的国家的代表，增长已经发生，收入有所提高，但有太多人口仍陷于贫困。在印度和其他许多处于或接近中等收入水平、已成功步入增长轨道的国家，我们有充足的理由相信将有更多的人被卷入现代化经济生活，贫困水平将会下降。从韩国到中国，诸多发展中国家的成功历史经验可以为此提供佐证。当然我们并不否认，这些国家在推动走向更具包容性的增长模式、减少不平等和贫困现象时会面临艰巨的挑战，但它们在迎接挑战时已有增长势头和收入提高的优势。

第二个类型的国家问题要严重得多，即全球 28 个低收入国家，它们的总人口超过 7 亿。[19] 这些国家的人均收入仅为每年 759 美元，近期增长率约为 1.9%，仅有约 19% 的人口能接入互联网。

就人口结构而言，它们的人口增长速度高达每年2.7%，相对于1.9%的实际经济增长率，意味着人均收入水平还在下降。这些国家的碳排放水平可以忽略不计，但气候变化对它们的影响很大并仍在增强。不出意料的是，其中许多国家位于非洲大陆。

几十年前，大多数发展中国家都属于低收入类型，但很多国家后来达到了逃逸速度，其手段是转向高投资、高储蓄的运动机制，与全球经济对接，实施合理的宏观经济政策和稳定化政策，还有推行良治。[20] 但不幸的是，对剩下的低收入国家群体，我们更有理由感到悲观。这个群体给全球经济层面的包容性增长议题画上了最大的问号。战后时期的宏大主题是发展中经济体向高收入经济体趋同，次要主题则是低收入国家被排斥在主要趋势之外，至少到目前为止情形仍是如此。如今的中等收入国家在之前加速增长的时候，全球层面的挑战要小得多。它们不需要应对从气候变化到新冠疫情等冲击，而这些因素在今天持续困扰着急需帮助以启动经济起飞进程的低收入国家。

低收入国家或许会追随大部分发展中国家已走过的增长与发展路径，只是起跑更晚而已，可它们面临的问题却比起跑滞后更为严重。如果分析全球经济的人口增长速度，会发现低收入国家很突兀地处于极高水平。[21] 人口增速与收入水平并不完全相关，但相关性非常显著。低经济增长与高人口增长意味着，如果这种经济分化趋势继续，地球上将有更大比例的人口生活在贫困国家，他们在当地看不到很好的未来出路。

无路可走导致对外移民，将成为很自然的后果，并已经被事实证明。另一个后果则是，未来的流行病可能源自那些缺乏资源以改进公共卫生的国家。从全球范围看，最缺乏资源来缓冲和适应气候灾难的国家，受气候变化的影响也最为严重。

影响全球经济的冲击事件的频率和力度增加，对世界上最贫困国家而言尤其成问题。新冠疫情已经导致它们的财政能力急剧恶化。疫苗用了很长时间才送达那些处于健康服务金字塔底层的国家，某些地方的人群甚至至今尚未获得接种。已经处于高位的食品和能源价格因为俄乌冲突被进一步推高，给贫困国家带来的影响尤其突出，它们被迫到全球市场去想办法弥补乌克兰谷物供应中断造成的缺口。

各国中央银行的利率政策是抗击通胀的关键因素。由于加息和抗击通胀的需要，全球主要货币尤其是美元的价值快速提升，进一步加剧了不能用本币借款的低收入国家的财政不稳定。当它们借入外币时，资本外流加剧，而当外国货币升值时，债务的利息负担急剧提高，债务循环恶化。这样的债务很快就会变得无以为继。

对低收入国家的增长模式来说，要面临的还不止这些不利因素。以成熟人工智能驱动的机器人为代表的数字技术正在高歌猛进，机器人正在进入越来越多的制造业领域，如交通和物流。随着这一趋势的推进，制造过程的劳动密集程度还将下降。低成本劳动力的存在可能推迟变革的步伐，但不会影响最终结果。

发展中国家比较优势的传统来源，即劳动密集型的制造和组装，最容易被数字技术替代。到目前这个阶段我们还不太清楚，在各国经济围绕数字技术基础开展重组的世界中，低收入国家为驱动增长和就业还有哪些其他选择。

随着制造过程从一钉一铆转向0和1的数字组合，它在全球经济中的自由度会变得更高，逐渐摆脱地理位置、劳动力投入的质量和成本的约束。我们能够看清楚的是，低收入国家的部分出路必然包括转向服务业，利用数字平台来参与快速增长的全球服务贸易。但这些国家要转向非传统的增长模式，还面临数字基础设施缺乏以及互联网接入水平过低等重要障碍。

对各种类型的发达国家和中等收入国家而言，它们可以通过良好的经济管理政策，并借助预备资源来缓解冲击，适应技术条件的变化，以应对调整。低收入国家则难以做到这些。除了无法满足实现经济起飞和持续增长所需的"正常"内部要求，它们还面临各种外部不利因素带来的"连夜雨"。根据莫·易卜拉欣基金会（Mo Ibrahim Foundation）的研究，民主治理的近期趋势正走向政变增加，民主、自由和制度的力量削弱，并且在一定程度上会呼应世界其他地方的变化。[22]

为恢复发展的可能性，全球73个最贫困国家急需支援。解决可持续性问题——为应对气候变化、性别平等等挑战而采取的措施——可以为不同收入水平的所有国家提供帮助。可持续性有可能成为增长的逆风，也可能成为顺风，究竟往哪个方向发挥作用，很大程度上取决于我们的行动。

第 3 章
可持续性与安全

给未来的一封信

2019年8月,冰岛举行了一场不寻常的"葬礼"。近100人跋涉到一座火山的顶部,以悼念奥乔屈尔冰川的消失,这座有700年历史的冰川目前只剩下众多小块的碎冰。在仪式中,人们把名为"给未来的一封信"的铜匾固定到曾经深埋于50英尺(1英尺等于30.48厘米)厚的冰层底部的一块岩石上,其内容如下:

奥乔屈尔是第一座失去冰川身份的冰岛冰川。在今后200年里,我们的所有主要冰川都可能走上这条不归路。树立这座纪念碑,是为了承认我们知道正在发生什么事情,以及需要采取何种措施。只有未来的人知道我们是否做到了。2019年8月(此时空气中的二氧化碳浓度为415ppm)。[1]

200年后,这块铜匾会出现在什么地方?或许是在充满污染的天空下,在比今天高出几摄氏度的大气中。而我们人类又会身居何方?我们是迎接并克服了面临的挑战,还是拖延行动,以子孙后代的损失为代价？我们知道如何哀悼，但是否会采取行动？

这块铜匾只是标示前方挑战的较为突出的"路牌"之一。除了消失的冰川那样巨大的足迹之外，我们今天在周围还能看到各种贫民区，被社会进步抛在身后的人不得不在其中艰难谋生。美国和欧洲的医院与诊所对提供流感疫苗有充分准备，欠发达国家的医院储物架则往往空空如也。我们触手可及、原本能够缓和不平等世界尖锐对立的各种技术，似乎只会让差距加大。

我们需要仔细区分信号和噪声，尤其是区分关于全球转变的长期信号与日益频繁的扰动带来的噪声。

至少与不久前相比，让这一时期感觉不同寻常的原因在于：我们周围发生的经济变革具有多维、密集和复杂的特性。可持续性是值得我们特别关注的课题。从如何团结起来应对气候危机到降低婴儿死亡率和实现同工同酬，一切问题都与最广义的可持续性有关。而我们如何应对这些挑战，将决定它们是成为顺风还是逆风。

走向可持续发展

我们的世界擅长设定目标，当然能否达成目标是另一回事。在联合国推出千年发展目标过去15年之后的2015年，全世界再度汇聚到联合国总部，以制定新的全球目标，这次名为可持续发展目标，包含内容广泛的17个大目标和169个小目标。可持续发展目标的总任务是实现包容与可持续的增长与福利，其中的增长超出了国民收入和人均GDP等传统指标，这样做有充分的理由。可持续发展目标据称是针对民众关心的内容，即每位读者关心的内容：你或你的子女接受的教育的质量；你不仅能够得到一份工作，而且能够被平等对待；不需要为维持基本生活而担忧的权利等。显而易见，实现这些目标还有很长的路要走。正如时任联合国秘书长潘基文先生所言，实现可持续发展目标要求"所有人和所有地方行动起来"。[2]

不过，把可持续发展目标视作千年发展目标的延续是一个错误，可持续发展目标在内容和重点上与前者有很大不同。千年发展目标主要强调发展中国家的增长、发展和进步，可持续发展目标尽管没有忽视发展中国家，却采取了更全面的视角，指向全球经济中所有国家的多维度进步（见图3.1和图3.2）。它继承了千年

图 3.1　联合国千年发展目标

资料来源：联合国发展项目。

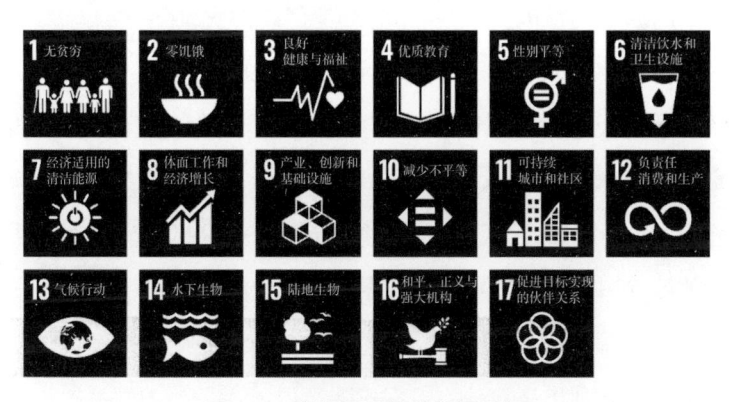

图 3.2　联合国可持续发展目标

资料来源：联合国。

第3章　可持续性与安全　063

发展目标中设立的消除贫困的首要任务，还包含实现良好的健康和福利、洁净的卫生条件和水源、廉价和清洁的能源，以及水下生物系统等。

在文字表述和目标设定上做出改变有充分的理由，其中最主要的是发展中国家已经取得的成就。1990年，发展中国家有近半数民众的日均生活水平低于1.25美元（这是千年发展目标制定的贫困线标准），到2015年该比例已下降至14%，即使充分考虑生活成本上涨与通胀因素，这个总体进步也还算差强人意。[3] 全球的工薪中产阶级人数达到之前的3倍，之前每天只能挣到1美元的人，如今的生活水平达到或超过4美元，堪称结构性改变。[4]

需要说明的是，贫困并未被根除。前文已经提到，全球已有超过10亿民众摆脱了贫困状态，尤其是在中等收入国家。巴西、印度和中国等国家在努力摆脱所谓的中等收入陷阱，继续减少贫困人口。但与此同时，世界许多低收入国家似乎仍难以启动持续的高速增长进程，无法满足广泛减贫的必要条件。而发达经济体则开始遭遇新的挑战。

此时设立了可持续发展目标。该目标扩展到更广泛的领域和更多的国家类型，以反映世界的现实变化。2000—2015年，发达国家遭遇了大萧条之后最严厉的经济和金融冲击，首先是全球金融危机，继而在欧元区迅速演化为主权债务危机。支持千年发展目标的一个核心假设遇到了挑战。因为与传统思维不同，增长和稳定的问题显然已不再局限于发展中国家，也在发达经济体乃至全球体系中表现出来。

在整个千年发展目标的实施阶段，不平等问题开始从事后追加议题变成指示镜，我们必须通过它去看待收入、财富和机会的发展趋势。事实上，这些趋势的出现远早于千年发展目标，某些可以追溯至20世纪70年代后期，当时劳动收入在许多发达国家国民收入中的份额停止增长，转入漫长的下降轨道。

持续很长时期的负面趋势会转化为严重问题。例如不平等的增长模式，从工资水平到政府政策，增长只服务于极少数人，大多数人无法获益的情形反复出现，这被经济学家约翰·肯尼斯·加尔布雷思（John Kenneth Galbraith）称为"私人富足而公共贫困"现象。[5] 在如今的后千年发展目标时代，平等及其众多维度的指标已被提升为经济和社会的优先事务，这本身就是一项重大突破。千年发展目标主要是从性别赋权的角度看待平等议题，而在可持续发展目标的框架下，平等远远超出性别范畴，确立了从歧视现象到健康和移民等众多领域的预定目标。

然后是气候变化议题，它在千年发展目标时代已成为全球优先事务。查理斯·大卫·基林（Charles David Keeling）和华莱士·布鲁克（Wallace Broecker）等学者在半个世纪之前就发现了大气碳浓度与海洋环流模式的变化，并发出了气候变化会带来长期经济和社会后果的预警。与我们经常看到的全球预警一样，早期发出的应对全球变暖行动的呼吁基本上被忽略了，或者更确切地说，并未引起足够的政策关注，直至20世纪90年代后期，特别是1997年《京都议定书》的签署才发生改变。

2000年之前的社会调查显示，人们对气候问题及其严重程度普遍缺乏了解和关注。1990年，仅有约30%的美国受访民众对气候变化深感担忧，这个数字到2017年已上升至45%。[6] 化石燃料补贴在发展中国家仍广泛存在，"接着开采石油"的主流心态也几乎不受挑战。但快进到21世纪20年代，世界已经发生剧变，一向短视的市场变得高度重视电动汽车生产，各国政府把数千亿美元投入绿色基础设施，气候变化的认知缺口已完全消失。

2006—2010年，本书作者之一迈克尔·斯宾塞担任增长与发展委员会主席，该组织致力于分析自1990年首次提出"华盛顿共识"后的15年里，世界最贫困国家的发展战略和经历。那段研究经济增长的时光令人激动、让人着迷。中国的历史性增长正在持续，数亿人因此摆脱贫困。印度已打破20世纪90年代早期的低增长均衡状态，开始了持续的加速发展。在与发展中国家的众多领导人和政策制定者的对话中，我们明显看到尽管可持续性议题已经出现，却还不是优先考虑的事项。对它的普遍认识仍处于较低水平。严重的气候冲击事件还不算频繁，即使发生，也经常不会与温室气体排放联系起来。

该委员会的一个发现是，支持使用化石燃料的能源补贴在发展中国家极其普遍。各国政府要求自己控制或有直接影响力的能源企业以低于市场价格的水平出售能源，它们并不熟悉对能源征税以便给教育和医疗筹集资金的理念，因此选择以降低能源价格而不是用能源收入的方式去提供福利。当然，这些国家选择的是完全错误的消耗潜在财政收入的办法。

于是，增长与发展委员会站出来指出这些政策是不对的：从税收角度看具有累退性，还为低效率的能源基础设施建设创造了强大激励，且对解决全球气候变化和空气质量问题产生了负面作用。

在委员会报告发布之后，斯宾塞教授见到了时任印尼总统苏西洛·尤多约诺等国家领导人。尤多约诺总统在那次会见中谈道：

"教授，您知道，我理解这些能源补贴不是很好的政策选择，但它们一经采用，就很难在政治上被扭转。"斯宾塞说，自己知道这种情况，并注意到发动变革需要时间、耐心与政治技巧。不过，那次会谈仍提供了宝贵的第一手教训，让我们看到尽管领导人知道有更好的选择，但某些政策已被固化。

对地球来说幸运的是，我们在短时间内已取得了不错的进步。对威胁经济增长与安全的气候危机以及更广泛的环境挑战的警觉，已经普及全球。这一警觉提升带来了越来越多国家的各类行动，从征收碳税到鼓励购买电动汽车，乃至鼓励大家骑自行车出行等。

世界各国的气候变化应对行动或许依然缓慢，但如今已肯定不再缺乏危机意识。以巴基斯坦为例，2022年夏季，空前严重的洪水淹没了该国约三分之一的土地，摧毁了约27 000所学校、1 500家公共卫生机构，导致1 500万人需要食品救济。[7] 如果任何人对可持续性发展议程的严肃性还有疑问的话，巴基斯坦的洪水会让对气候问题视若无睹者大开眼界。很明显，气候冲击对经济增长有着巨大的负面效应。通过减少碳排放来缓解气候变化本身就是一项促进增长的议题。有时候人们把可持续性理解为与增长不同的议题，其实不然。除了其他内容，可持续性本身就是一项关于长期增长的议题。不能有效应对气候变化的灾难性失败肯定会导致负面的非包容性经济增长。

气候变化可能以肉眼可见的方式影响你的日常生活。你居住的地方可能变得比过去更多雨或更干燥，你可能因为极端天气对电网的压力而更频繁地遭遇停电事故。当然你也可能不会直接感受到气候变化，但仍能够看到相关现象，从山顶的积雪融化到更多气候难民涌入自己的社区。

风暴、干旱、洪水……气候事件频率和严重性的显著加剧进一步提升了可持续性在政策、商业以及社会舆论中的优先地位。但在各国中央银行抗击2022年通胀的大环境下，我们在改变航向方面处于危险的迟滞状态。目前距离午夜——气候变化的"末日审判"——只剩下两分钟，我们才开始采取行动，而且行动速度依然缓慢。

新兴经济体的规模扩大和市场份额提高改变了我们处理可持续性议题的方式。20年前，新兴经济体已在高速增长，增速达到每年约6%乃至更高。但它们规模尚小，即便合计起来在全球经济中也占不到主要部分。以中国为例，其2002年的增长率接近9%[8]，但在全球经济中的份额只有4.4%。[9]而今天，中国在全球经济中的份额已提升至18%。[10]随着新兴经济体在全球经济中的份额增加，它们在全球碳排放中的份额同样在增长。国际货币基金组织统计的二十大发展中国家在二十多年的持续增长后，如今已占据世界名义GDP的34%，按照购买力平价测算的份额更是达到46%。[11]新兴市场和发展中经济体在今天的全球温室气体排放总量中占据三分之二，且这一份额仍在不断提高。[12]

我们已经取得的成就

自千年发展目标于二十多年前设立以来，取得的成就可谓喜忧参半。

增长和减贫在很大程度上取得了无可争辩的成绩。2000—2020年，经通胀调整后的全球贫困率（低于每日生活费1.90美元标准）被减半。但世界银行在2022年9月将贫困线标准调整为每日生活费 2.15 美元。[13] 高增长的新兴经济体有数十亿人摆脱了贫困。2020 年 12 月，中国宣布已终结绝对贫困。华盛顿的非营利性公共政策组织布鲁金斯学会估计：到 2030 年，不能终结绝对贫困的亚洲国家或许只剩下阿富汗、巴布亚新几内亚和朝鲜。[14] 除此之外，新兴经济体与发达经济体之间的收入与财富差距被缩小。根据世界银行的估计，自 200 多年前的工业革命以来，全球不平等程度在 2008—2013 年首次出现了下降。[15] 这些都代表着全球层面的增长、福利与包容性的重大进步。

当然，我们所见的情形并不都是积极的。前文已提到，还有代表世界人口相当比例的低收入国家未能实现充分利用全球市场和技术的高速增长模式。许多低收入国家如今面临"连夜雨"：气候冲击，本就不稳定的财政和国际收支状况因为新冠疫情而严重恶化，本就脆弱不堪的医疗体系因为不均等的疫苗接种被再度削弱。这些国家最容易遭到气候变化、金融冲击和卫生事件的影响。此外，持续进步的机器人和数字自动化技术带来了新的威胁，它们可能会替代劳动密集型的制造和组装，削弱传统增长模式的比较优势，即在劳动密集型制造过程中采用廉价劳动力的优势。

发展中国家在广泛实现的增长和减贫的显著成就外，还有其他方面的一些亮点。虽然有各种流行病以及近期的新冠疫情冲击，全世界依然在医疗健康方面取得了一定成果。出生后 28 天之内的新生儿死亡人数大幅下降，从 1990 年的 500 万减少至 2020 年的 240 万。[16] 另外在 2000—2019 年，全球人均预期寿命从 66.8 岁提升至 73.4 岁。[17] 脊髓灰质炎的病例数自 1988 年以来下降了 99% 以上，2 型脊髓灰质炎病毒在 1999 年被根除，3 型脊髓灰质炎病毒在 2022 年被根除。[18] 自 2000 年以来，过去缺乏无感染危险的安全水源的 20 亿人已经能获得这一最基本的生产资源和生活必需品。[19]

教育的发展状况更为复杂。全球识字率从 2000 年的 81% 提升至 2020 年的 87%。[20] 随着识字率的提高，创收能力与收入水平也在提高。但在教育支出或受教育年限等投入指标改进的同时，对认知技能和非认知技能的国际测试得出的产出指标却落在后面，某些情况下甚至有所下降，包括世界上最富裕的国家。到 2030 年，将有 8.25 亿届时成年的人缺乏在职场取得成功所需的技能。[21] 这里还没有考虑新冠疫情的因素，如果综合各种数据，会发现疫情让更多儿童离开教室，严重拖累他们的教育进步，并且在此过程中加剧了国内层面和全球层面的机会不平等。

包容性是全球进步中的另一个缺陷，尤其是在国家层面。全球的收入水平确实有所提高，然而在各国国内，收入与财富不平等恶化的趋势丝毫没有逆转的迹象，与之伴随的经常是机会不平等的恶化。

到 2022 年底，全球超过 70% 的人口生活在不平等扩大的国家之中。[22] 根据 2022 年《世界不平等报告》，全球最富裕的 10% 人口占据了全球收入的 52% 和财富的 76%，而最贫困的一半人口仅占全球收入的 8.5% 和财富的 2%。[23] 如果化用美国参议员戴安娜·范斯坦（Dianne Feinstein）关于女性代表权的名言，可以说："2% 的比例对牛奶的脂肪含量来说或许不错，但对财富分享而言就极不合适了。"[24]

我们可以看看巴西、中国和美国的收入不平等状况。正如 2022 年《世界不平等报告》所述，巴西顶层 10% 人口占据了全国收入的 59%，而底层一半人口仅占 10%，中国顶层 10% 人口占据全国收入的42%，而美国是45%。[25] 全球金融危机和欧元区危机等重大事件对发达经济体的打击尤其严重。例如在2007—2019年的意大利，底层一半人口的平均收入下降了大约15%，而全国成年人平均收入的下降幅度是12%。[26]

有必要指出，在各国内部不平等恶化的同时，各国之间的不平等状况在过去20年里有所缓解（如图3.3所示）。这一趋势部分源自中国、印尼和越南等国的财富增加。不平等问题远远超出收入和财富，还涉及性别、碳排放以及其他领域。不平等指标的量级在不同国家表现出巨大差异。

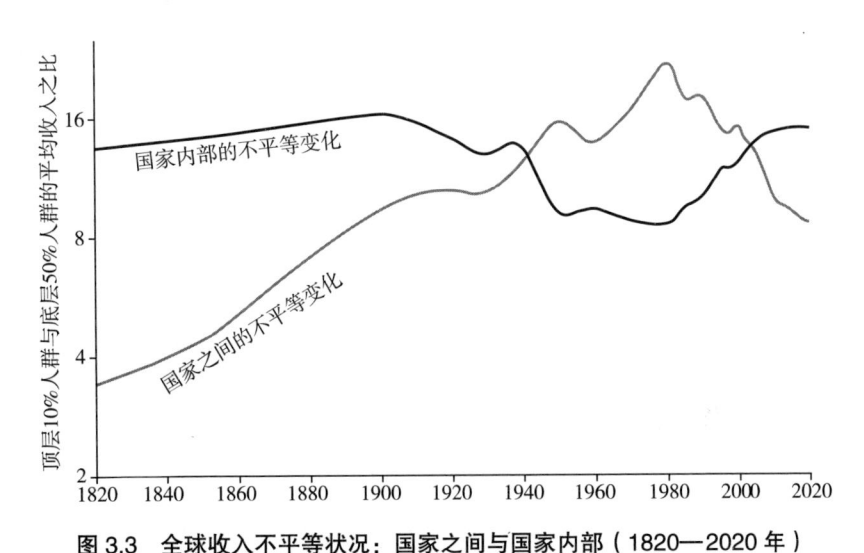

图3.3 全球收入不平等状况：国家之间与国家内部（1820—2020年）

资料来源：Lucas Chancel, Thomas Piketty, Emmanuel Saez and Gabriel Zucman, "World Inequality Report 2022", World Inequality Lab, 2022。

全球发展进程中可持续性部分的表现则要差得多。全球生产导致的总排放量在持续提升，由于人口规模和发展阶段的影响，人均排放量的走势有所不同。在过去20年，即千年发展目标实施期和可持续发展目标实施期的前半段，全球排放总量几乎翻番，如今达到约每年360亿吨（见表3.1）。[27] 让人们直观想象1吨二氧化碳并不容易，于是美国麻省理工学院气候门户网站（MIT Climate Portal）展示了一个边长为8.23米（27英尺）的立方体，代表1吨二氧化碳。[28] 再把这个立方体乘以360亿，就相当于如今全世界一年的排放总量。这个数字是避免气候冲击午夜时刻来临要求的排放水平的2.5~3.0倍。联合国政府间气候变化专门委员会（IPCC）——气候变化领域的世界权威机构——把2025年设定为排放达到峰值的年份，并要求到2030年的时候减排43%。[29] 可即便采用最具创意的核算方式，也很难说清我们如何才能达到至关重要的把气温上升幅度控制在1.5摄氏度的目标。[30] 当然这并不意味着我们应该放弃努力。

表3.1 全球主要排放源（每年二氧化碳排放量）

	总量（10亿吨）	人均（吨）
中国	10.20	7.3
美国	5.30	15.6
欧盟	5.40	9.8
加拿大/墨西哥	1.20	10.0
印度	2.60	1.9
日本	1.10	5.5
全球	36.60	4.9

注：上述经济体的二氧化碳排放量约占全球总排放量的71%。

也有一些好的消息。美国和欧洲尽管依旧是二氧化碳的主要排放源，却已越过了排放峰值，并正在下降。中国有望在2030年乃至更早达到排放峰值，这对一个高速增长的经济体而言是了不起的成就。但印度作为一个14亿人口的高速增长经济体，未来的排放轨迹很可能与中国在过去20年的情形相近。

一个关键问题在于，印度和其他发展中国家增长模式的能源消耗特征能否被充分改变，以让排放轨迹降下来。可以肯定，印度的增长将带来能源消费增加，哪怕采用顶级的环境保护措施。因此现在的议题将变成：能源组合的碳密度能够以何种速度下降。如果站在印度的立场去看中国最近几十年的惊人经济发展与财富创造，很自然希望走上类似的道路，但这条路径是碳排放密集型的。让印度和其他发展中国家发现另外一条更加可持续的道路，仍是艰巨的挑战。

目前的趋势并非人为忽略所致，至少自《京都议定书》签署以来的二十多年里不是。气候意识已变得相当普及，各国政府参与到行动中，紧迫感广泛存在。在《联合国气候变化框架公约》下，已举办了二十多次缔约方大会，让成千上万家商业机构、非营利组织、地方政府、技术创新企业乃至普通公民参与到行动进程中，共同寻找解决方案，将增长模式引向更节约、更清洁的能源生产与消耗方式。

应对气候变化是极为复杂的挑战，涉及全球合作、角色分工、创造相容激励、新技术开发、行为转变以及公平议题等。面对这场挑战，全世界在语言上并未表现出气馁，有时在行动上也同样积极。顺应快速变化的全球经济的新增长模式必须纳入对可持续性的要求。若不能通过可持续性透镜的审查，就意味着绝非长期增长模式，甚至不是可行的维持现状的模式。

实现可持续发展目标不能完全指望各国政府，企业在这一任务中也承担着重要使命。当前简称为"ESG"的环境、社会和治理目标虽已成为风尚，却在很大程度上仍是较为空泛的宣传语，伴随着每次加息，对其的热情逐渐降温。但这个运动讲出了增长的目的：带来改变，推动广泛的繁荣富足。另外也讲出了对企业的众多利益相关方而言极为重要的其他内容。

如果企业希望带来改变，它们就应该集中关注某项具体事务，加以测评，并争取政府支持自己的工作。然而，不存在能够同时适用于巴塔哥尼亚公司（户外奢侈品公司）和埃克森石油公司的标准化 ESG 行动模板。价值观的多样化，以及不同产业的企业特征的多样化给开发测评体系提出了严峻挑战。企业应该"选择自己的影响力"，确立符合自身特点的增长探索方向。我们都支持被广泛认同的"做好事"的价值观，但如果稍微深入下去，就会发现观点存在很大差异。不平等问题就是个很好的例子，几乎所有人都认为不平等是糟糕的。但某些人只关心绝对贫困问题，另一些人则反对所有形式的不平等。因此 ESG 行动的精神应该聚焦，以便让企业能够依靠自己的核心竞争力采取行动，发挥有意义的影响。

从可持续到安全

过去几年的经历提升了可持续发展目标中另一个维度的重要性：安全。安全包含很多不同的维度：国家安全、经济安全、能源和食品安全、人身安全，以及在全球新冠疫情之后凸显出来的卫生安全。

安全在政策、国际关系、工商业、金融与社会领域的重要性和意义增强，是源于我们的共同经历。气候事件、新冠疫情、全球金融危机、俄乌冲突及其带来的经济制裁、地缘政治关系紧张、大国竞争……各种各样的冲击和扰动变得极为频繁和严重，以至于对整体经济表现、企业经营乃至个人福利都造成了显著影响。这些冲击改变了我们长期以来对可维持稳定的安全与全球均衡的认知。

在二战后的大多数时期，全球经济及供应链是在相对开放的市场驱动体系下组建的。这些架构的设计依据开放市场和激励，也就是效率和比较优势方面的考虑。当然也有例外，冷战时期对贸易和投资政策的干预就有不同的目标。

例如，全球贸易中采取的纺织品和服装配额制度最终形成了1974年的《多种纤维协定》(MFA)，其目标是把纺织品和服装制造广泛分散到众多低收入经济体，防止任何一个经济体或经济体联盟控制整个市场。纺织品和服装是极其关键的产业部门，它们经常会在处于发展早期阶段的经济体启动出口驱动型增长。我们可以将它们想象为一副梯子中最下面的几层阶梯，能够帮助全球最贫困经济体走上经济繁荣之路。20世纪七八十年代，纺织品给香港带来了巨大的财富，使那里至今依然是全球纺织业的重镇。当香港达到出口配额设定的上限时，纺织业主们开始外迁，前往其他地方扩展生意。许多人跑到新加坡设立工厂，促进了该国在李光耀领导下的早期经济增长、财富积累和社会发展。

随着《多种纤维协定》在2004年到期，这个市场被再度打开，相关细分产业的集中度大幅提升，尤其是在中国。该协定试图防止的垄断和集团化随即出现，致使许多国家在竞争中挣扎，难以在经济发展阶梯上更进一步。保留《多种纤维协定》可能让全球经济效率降低、自由度下降，却有助于让经济增长更广泛地分布到众多发展中国家。

基于市场激励、效率与比较优势的全球体系在过去和现在始终是世界增长和进步的强大发动机，但并不代表它依然非常适合风险、扰动和脆弱性不断加剧的当今世界。而对于一个更多考虑策略性互动、竞争与国家安全等宏大背景，日益把经济开放政策作为工具的世界，它肯定不适合。

那么在增长、包容与可持续发展目标之外，为什么这一多维度的安全议题会变得如此紧要呢？最主要的一个因素是，安全议题会改变全球供应网络的激励和建构要求。另外，安全问题伴随着巨大的成本，它不是免费品，而如果管理失当，会成为全球经济面临的长期增长阻力之一。

如果说当前还有某种类型的全球共同议题（无论是通过可持续发展目标还是其他形式），它都必须包含安全的内容。在今天的新时代，包容与可持续的增长需要变成包容、可持续与安全的增长。这些目标，尤其是各种形式的安全目标能否以及如何实现，是我们时代的核心议题之一。

第 4 章
生产率与增长

马萨比特，我们有麻烦了

太空竞赛正在展开，但不是在你想到的地方。

如果你希望在环绕地球的小倾角轨道上投放一颗卫星，那就应该考虑靠近赤道的发射场。沿着赤道选出任意一个点，在 24 小时里，这个点都需要与较高或较低纬度上的点完成相同角度的自转。相对于地心而言，赤道上的点以每小时 1 650 公里的速度移动，而处于赤道与极点中间位置的点的移动速度要慢数百公里。[1]因此从赤道附近的发射场升空的火箭借助每小时 1 650 公里的初始速度，将需要更少的推进剂去实现每小时 28 000 公里的入轨门槛速度。可是，并非赤道上的任何地点都能够被实际利用。发射场与着陆点不能靠近人口密集区域，以防止发生灾难事件。如果在发射场选址清单上再加上充足的土地、基础设施、水源和电力，以及稳定的气候条件，选址问题的难度会突然大幅提高。然后我们看到了肯尼亚。

肯尼亚在卫星发射和太空探索领域不是新来者。早在 1964 年，该国就与意大利政府在马林迪合作修建了一个发射与追踪基地，并且在 1967—1989 年，有二十多枚火箭从马林迪基地升空。[2]

1970年12月，全球首个用于天体X射线天文学研究的卫星项目在当地启动，1号小天文卫星被命名为"乌呼鲁"——在斯瓦希里语中代表自由的意思。[3]在两年多的时间里，"乌呼鲁"卫星以人类前所未见的方式观测宇宙，为我们深入了解超新星和星系团做出了巨大贡献。

20世纪90年代后期到21世纪初期，马林迪基地陷入了沉寂。但随着对太空项目的兴趣和投资被重新唤起（很大程度上来自私人企业与个人），肯尼亚再度展示出地理空间上的优势。它在2017年设立肯尼亚航天局，作为国家太空秘书处的继任机构。由于到2030年，预计全球每年发射的卫星数量会超过1 700颗，现有的发射基础设施，特别是美国的，将难以满足需求。[4]肯尼亚感受到这一机遇的召唤，正极力吸引各国政府与私人企业把当地作为升空窗口。该国政府还在探讨建造一个大型宇航中心，并将北部地区的马萨比特县视为主要运营枢纽的最佳候选地。[5]

不过，肯尼亚也遇到了竞争对手。如今二十多个非洲国家推出了积极的太空计划。[6]非洲国家联盟发布的太空战略指出：该大陆相比发达国家有着巨大的增长潜力，这样的潜力应该用于创造一个服务所有人的繁荣未来，"基于太空的解决方案"则将在这一使命中发挥特殊作用。[7]

2022年12月，尼日利亚和卢旺达在首届美国太空论坛上加入了《阿尔忒弥斯协定》(Artemis Accords)，承诺根据该协定的原则指导自己的民用太空活动，包括科研数据的公开发布、减少太空碎片的负责任行动、建立和实施互操作性标准等。[8]白宫将它们的签字视为值得庆祝的成就，认为这巩固了美国与非洲的太空合作成果，凸显了美国企业与非洲的纽带关系。相关成就包括尼日利亚成为接入星链互联网的第一个非洲国家，肯尼亚利用行星实验室公司（Planet Labs）的卫星图片来评估对干旱的灾害防范，等等。

非洲各国正在为这一最新的增长与创新潜在发动机展开角逐。不久后的一天，我们或许会在马萨比特、蒙巴萨或者马林迪的控制中心听到诸如"发射/取消发射"之类的指令。

迷雾般的生产率

恢复增长的机遇比比皆是。正如本章开头的故事所示，有时候我们需要做的只是仰望星空。当然在地面之上仍有艰巨无比的挑战，从造成供给约束型增长模式的长期趋势与结构性转变，到带来不平衡影响的重大技术革新。

并非每个国家都赶上了经济发展趋同的机会窗口。本书作者斯宾塞教授预测，这一趋同过程将需要一个世纪的持续增长才能完成。2023 年，我们已走到了该进程大约四分之三的地方，但这对全球低收入国家而言甚为不利。它们面临众多挑战，从气候变化到金融冲击，可能导致其难以加入趋同进程。然而这些国家是未充分利用的生产能力的最后大型储备库，因此，全球经济的繁荣需要它们加入趋同进程。

在供给约束型世界中，你并不需要成为一个受过严格训练的经济学家，也能看出生产率增长对避免停滞或滞胀来说至关重要。生产率增长不是唯一的解决办法，却是最关键的解决办法之一。如前文所述，生产率增长目前遭受了巨大压力。例如在美国，尽管在 20 世纪 90 年代后期到 21 世纪初期有过一波生产率提升的小高潮，但总体趋势是下行的。事实上，全球大多数经济体也面临类似的模式。如果掀开引擎盖仔细检查，我们会发现更细致的景象。

任何经济体都包含两个部分：其一是可以开展国际贸易的产品和服务，从原油到汽车等等；其二则是不容易开展国际贸易的部分，这些产品和服务的贸易要么难以实现，如理发等需要就近提供的服务，要么在经济上不合算，例如长途运输会让水泥的成本变得过高。制造业有很大一部分是属于可贸易部门。不同产业部门之间的工作岗位变化很能说明问题。

如果回到1990年，你会发现美国经济中超过半数的可贸易部门的工作岗位是属于制造业的。到1998年，这个数字下降至43%。到2021年，尽管偶尔有过缓和，但制造业工作岗位在可贸易部门中的占比仍一路下滑至34%。而在1998—2021年这段时期，服务业工作岗位在可贸易部门中的占比则从57%提升至66%。在过去十年，美国制造业工作岗位的绝对数量确实停止了减少，但可贸易服务业的工作岗位仍在增长，使制造业的占比继续下降。

这些变化带来了极其剧烈的动荡。总体来看，美国经济的就业和增加值占比都在向服务业倾斜，而制造业的地位下降（见图4.1）。由于经济中的非贸易部门几乎都是服务业，因此随着服务业在可贸易部门也占据支配地位，从就业趋势到经济增长前景的一切动向都取决于服务业的表现。这是一种结构性的变化，意味着数以百万计的工作岗位从制造业向服务业转移。同时也表明，如果服务业的生产率增速较低，即便可贸易部门中的制造业生产率增速较高，总体生产率水平仍会受到拖累。

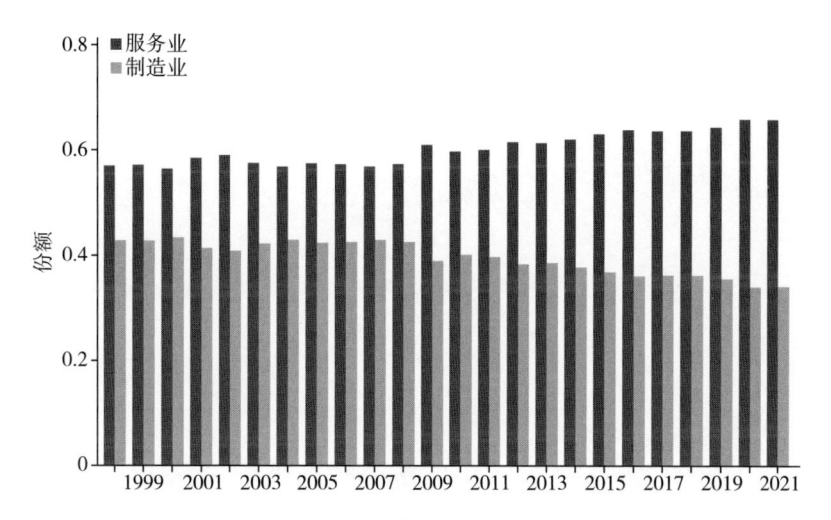

图 4.1 美国可贸易部门的实际增加值：服务业与制造业的份额变化（1998—2021 年）

注：本图展示的美国经济的生产率是用服务业与制造业雇用的单位员工的实际增加值测算的，采用增加值的好处是，可以避免在整体 GDP 的测算中重复计算各产业部门的贡献。

可贸易部门的生产率总体上较高，更为重要的是，可贸易部门的生产率增速远高于非贸易部门。实际上，非贸易部门的生产率陷入停滞已超过 20 年（见图 4.2）。这一停滞现象的影响非常显著，因为非贸易部门仍在经济中占据很大部分。

可贸易部门大约占美国整体经济的三分之一，非贸易部门合计起来占经济总量的三分之二以及全部就业人数的近 80%，包括政府、医疗、餐旅、零售、教育和建筑等行业（见图 4.3 和图 4.4）。非贸易部门的生产率停滞问题尤其突出。

在 2021 年之前的二十多年里，美国经济生产率的年均增速约为 1.47%，但在新冠疫情之前的十年里大幅下滑至 0.61%。生产率增速下降的有 66 个产业部门，从金融到法律服务等，生产率增速提升的产业部门仅有 18 个。如果借用 2021 年的就业数据，可以

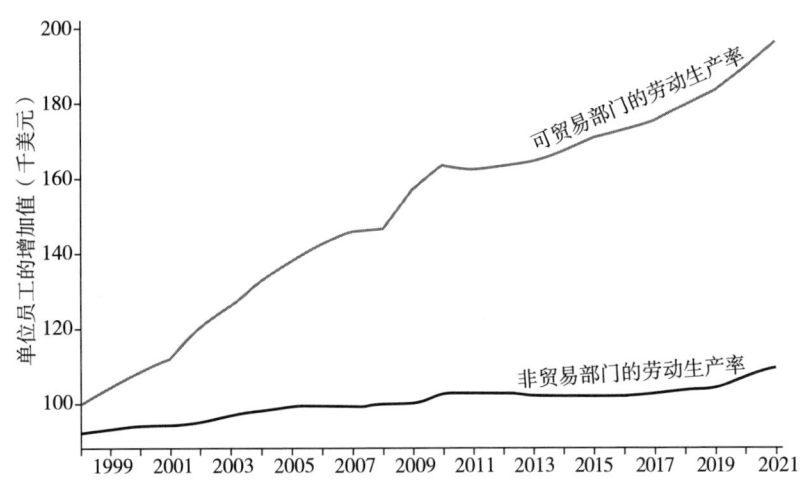

图 4.2　美国劳动生产变化趋势（1998—2021 年）

资料来源：作者利用美国经济研究局（BEA）的产业细分就业（包含全职与兼职员工）与实际增加值（2012 年美元，10 亿美元）数据测算得出，产业细分标准来自：2012 North American Industry Classification System（NAICS）。

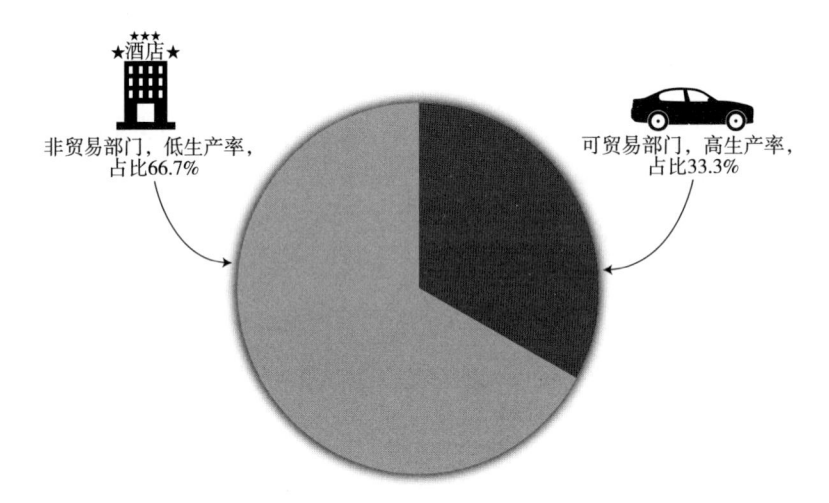

图 4.3　美国经济中可贸易部门与非贸易部门的份额

认为在这个时期中，46% 的美国就业人口所在的产业部门的生产率增速低于 0.5%。

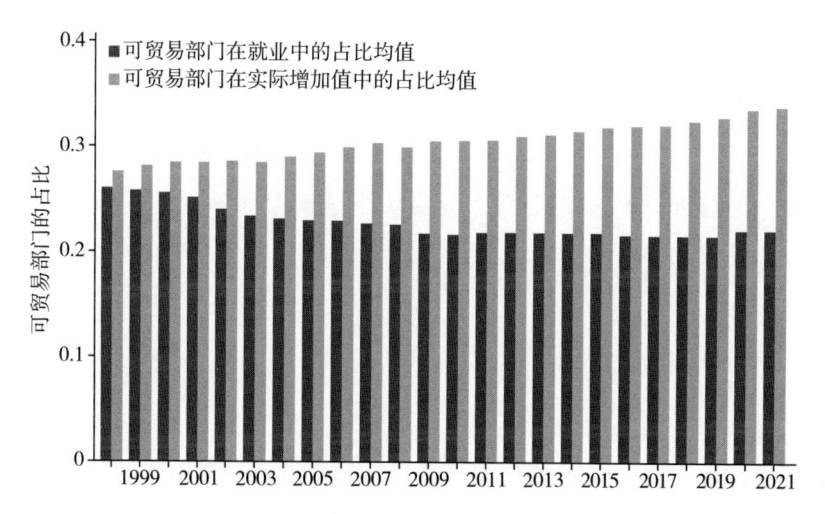

图 4.4　美国可贸易部门在就业与实际增加值中的占比（1998—2021 年）

资料来源：作者利用美国经济研究局（BEA）的产业细分就业（包含全职与兼职员工）与实际增加值（2012 年美元，10 亿美元）数据测算得出，产业细分标准来自：2012 North American Industry Classification System（NAICS）。

在供给约束型新世界中，生产率停滞的所有大型产业部门都出现了惊人的劳动力短缺。激励已经转向支持数字化的劳动节约型生产率进步，但这样的转变面临巨大的障碍。

企业和组织已开始认识到这方面的潜力，但并不真正知道该如何推进。革命性的数字解决方案往往有较高的前期投入成本，如果收益不确定，风险厌恶就会迟滞这一进程，至少对企业和私人投资者是如此。就目前而言，人工智能与机器人在工厂车间或配送中心等结构化工作环境中表现得最好。假以时日，这一情形会发生改变，但这要求人工智能与机器学习取得重大进步，可以应用到众多服务业部门的非结构化环境中，例如医疗、家庭护理、教育和餐旅业等。我们已经能够在旧金山看到未来的一角，例如谷歌公司的 Waymo 系统与通用汽车公司的 Cruise 系统在城市街道这样的终极非结构化环境中操纵无人驾驶汽车。更多突破毫无疑问正在前方不远处等着我们。

《自然》杂志于2020年发表的一篇论文探讨了如何把机器学习与无接触传感器相结合，跟踪从热量到深度等各方面的指标，以培育"环境智能"（ambient intelligence）。[9]此类技术有无限的应用前景。文章作者指出，在重症监护室，环境智能可以帮助我们更好地了解对病人的救助会如何影响死亡率、住院时间以及康复状况。如今的智能手表有着强大的功能，但它们还不能有效识别我们日常的任务中需要得到的协助。对于住在看护机构的老年人而言，环境智能可以填补这样的缺口，帮助我们更好地了解病人完成的500步行走，是无须别人协助，还是某个病人的动作已经不够稳定，可能导致摔倒。

并非所有部门的生产率都是等同的，在数字技术应用方面既有领先的产业部门，也有落后的产业部门。领先部门中有落后者，落后部门中也有领先者。生产率与数字技术应用相关，没有人希望成为下一个失败的百视达公司（美国影视娱乐服务商）。就业人数众多的产业部门往往成为落后者，这并不令人意外。

技术与生产率

新冠疫情让我们得以窥见落后的非贸易部门的数字技术追赶会带来何种景象。疫情发生后，众多餐厅到在线订餐平台上登记注册。从租车到理发，各种服务的订购系统得到升级。无接触的移动支付方式成为普遍现象，向云软件服务转轨也开始加速。这些变化的推动力更多来自必要性，而非机遇，因为经济生活的主要部分被暂停，需要维持运行的少数部门则必须应对疫情导致的封控状态。快进到2023年，这一转变能否持续成为大家关注的议题。主要经济部门是会恢复到疫情前的模式和行为状态，还是会因为数字技术应用的普及，导致生产率出现永久性提升？

以教育为例，由于多方面因素的影响，在线教育不能完全替代学校教育，至少对于幼年时期至关重要的社会交往来说是如此。新冠疫情迫使几乎所有教育机构大幅升级自己的数字技术工具，许多学校近乎从零开始。对致力于改进质量和效果的传统教育模式而言，这些如今已被广泛采用的现成工具可以作为有益的补充而非替代。

在教育界，人们很清楚学生会从多个渠道取得进步。他们在掌握新观念的过程中会在何时何地遇到困难，则因人而异。作为传统教育工具的补充，我们可以用人工智能来为学生制订个性化练习计划以提高教育的效率和效果。在实际操作中，我们可以利用学生数据和成绩表现来升级算法，以便越来越高效地察觉阻塞点，匹配对路的学习计划。目前，韩国是这一高科技与高接触特征的学习方式的开拓者。

另一个例子是医疗。在新冠疫情之前，医疗的供应方与消费者对于在线服务的兴趣都不大，预见这一领域潜力的投资者则在市场上难觅知音。疫情改变了一切。安全需要与行动限制迫使市场供求双方充分利用在线功能，远程医疗大量增加。美国在2020年4月的远程医疗服务次数达到短短两个月前的78倍，一年之后，这个指标依然比疫情之前的基准高出38倍。[10]你或许很难找到一位相信远程医疗将完全取代诊所或医院就诊的医生，尽管居家健康检测技术正在蓬勃发展。但幸运的是，我们不是生活在一个非此即彼的世界中，远程医疗并不需要完全取代现场就诊。在线咨询可以成为处理日常医疗问题的补充方式，节约供求双方的宝贵时间，未来很可能出现的将是一种混合服务模式。

你应该不经常听到"政府"与"生产率"出现在同一个句子里，但这不是在讲笑话，而更多是由于测算的问题。大多数政府服务并不采取市场销售的方式。在正常情况下，对于制造和出售产品的产业部门，我们测算增加值的办法是先累计销售收入，再减去购买投入品的成本，但其中不包括资本与劳动的投入，因为增加值正是这两者创造出来的。当然，对于最终消费者而言，在他们为购买的产品和服务支付的价格之上还会有额外收益，这被称作消费者剩余，并不反映在增加值的测算中。然而就政府部门的服务来说，并没有相应的收入可以用来测算创造了多少价值。因此，人们采用的假设是政府创造的总价值等于其成本，当然也要减去购买的中间投入品（如能源）。换句话说，政府创造的增加值就是它使用的资本和劳动的成本。

按照上述逻辑，如果领事馆的外交官涨了工资，你的新护照或签证的总价值会因此增加吗？这里存在一个难题：我们缺乏市场指标去评价政府创造的经质量调整后的价值。更糟糕的是，也完全没有或极少有竞争压力能够促进类似生产率指标的改进，这个领域的激励非常弱。

我们并不是主张对政府服务收费，以便更好地测算生产率，尽管这在某些领域确实可行。事实上，纳税人已经为政府服务买了单。但今天出现了一些利用数字技术的新调查方法，可以用来评估政府服务的价值与质量，它们值得受到更多的关注。

总体而言，我们相信改进生产率有可能抵御长期障碍因素的不利影响，让增长变得更包容、可持续和安全。这一转变当然不会自动发生，而是需要远见卓识、新的政策、不同的激励机制、高水平投资以及国际关系的变化。我们的目标是找出能够开辟这些新路径的关键因素，通过新兴技术手段和明智的公共政策去实现。

第 5 章
改变增长方程式

从 T 型车到木炭

一切都始于那次露营旅行。1919 年夏天，亨利·福特、托马斯·爱迪生以及其他几位年度"流浪者"露营旅行的常客迎来了一位特殊的客人。来者是福特夫人的表弟爱德华·金斯福德（Edward G. Kingsford），他在美国密歇根州的铁山镇拥有一家福特汽车经销店。

福特公司此时正面临难题：制造每辆 T 型车需要超过 100 板英尺（1 平方英尺面积 ×1 英寸厚度）的木料，但他没有那么多木材来满足需求。1919 年，公司卖出了 100 万辆 T 型车，从支架到轮子和仪表盘，所有地方都需要木材。[1] 金斯福德带来了解决方案：购买密歇根上半岛林木成荫的土地。于是，福特很快在那里购入了 31.3 万英亩土地，并修建起大型锯木厂和水电站。[2] 但此时又遇到了新的问题：木材废料。同样，新的问题启发了新的解决方案。

他的团队想到了木炭的主意：把木头转化成块状木炭，用来给生火做饭提供燃料。"流浪者"旅行团的智囊们迅速投入工作，爱迪生设计出了工厂，金斯福德负责管理。[3] 在这一时刻，美国文化发生了永久性改变：金斯福德木炭就此诞生了。

如今你随意走进一家美国杂货店，随意拿起一袋野炊用木炭，很有可能就是金斯福德品牌的产品。你和朋友们自助烧烤，掀开烤架的盖子，很有可能在下面看到金斯福德的烹饪专用小方块木炭。与T型车改变制造业面貌、促进现代生产线的崛起类似，金斯福德木炭标志着"产业催生的产业"兴起，同时展示了可持续性的重要性。福特公司于1924年在《星期六晚邮报》上刊登广告，标题是"为了我们的民众及子孙后代"，以庆祝他们在回收木材废料方面的天才发明与可持续优势：如何从每天留下的350吨废料中成功回收34种有各种价值的副产品。[4]

图5.1 福特公司1924年发布的宣传回收利用成就的广告

资料来源："1924 Ford Motor Company Institutional Message Advertising Campaign, 'For the People and Posterity'", TheHenryFord.org。

福特公司的创新努力创造了工作岗位，对消除废弃物的执着态度创造了新的产业。劳动者与消费者因此受益，而企业得以持续减少浪费。从不起眼的块状木炭到第一部蜂窝式移动电话，创新与技术进步改变、震撼和塑造着我们周围的世界。通过发明金斯福德木炭的故事，我们看到创新会如何促进生产率进步与经济增长（见图5.2）。

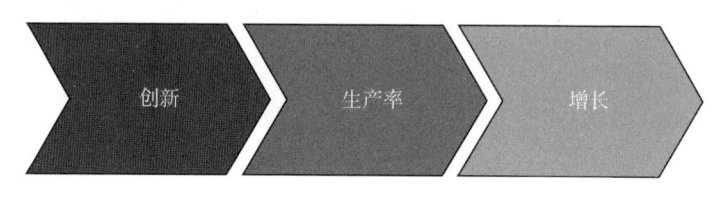

图 5.2　从创新到增长

克服制约生产率进步的障碍

美国如今面临生产率难题，但这也意味着世界有着生产率进步的机遇。

可贸易制造业部门在增长，且变得越来越有效率。可贸易服务业部门（或者说知识经济）也在增长，也越来越有效率。然而占据美国经济三分之二份额的非贸易部门陷入了停滞。现实表明，占经济三分之一份额的可贸易部门的生产率快速提升不足以弥补占三分之二份额的非贸易部门的滞后。即便足以弥补这个缺口，也会伴随着不平等的恶化，因为很大比例的劳动力和产业部门仍被甩在后面。

那么，我们该如何推动进步呢？制造业可以为如何恢复生产率增长提供线索。在数十年的急剧下滑之后，制造业的就业人数停止下降，并且在过去十年出现了些许增加，恰好对应着全球贸易占全球 GDP 的比例走向平稳的时期。需要明确的是，当前的贸易水平与相互依存度依然很高，但确有迹象显示，贸易比例急剧扩大的超级全球化时代已经终结。

一切都可以归结为比特与原子。这里的原子代表着在 20 世纪引发经济革命的硬件和机器。我们今天则生活在数字比特的世界里，这个世界由信息、分析与交易来驱动。比特越来越多地与原子结合起来，推动制造业的生产率进步。硬件与软件相互补充，实现制造活动的突破，进而带动生产率提高。

我们不难想象这样的情形：以更低的成本制造出更多汽车的组装线，推出更高品质的服装却无须提高售价的纺织厂，工人的劳动条件也在同时得到改善。我们再看看经济中的非贸易部门，从学校教育到医疗服务，它们的技术进步幅度不够明显，或者不容易把握机会。

为什么相比建筑业或餐旅业，数字技术的印迹在实打实的制造过程中显得更加突出？如果向人工智能或机器人领域的专家请教，他们会指出，在结构化的工作环境中，针对空间移动、操控灵巧度范围、对态势感知（situational awareness）和导航技巧的要求等，机器人之类的自动或半自动工具能够良好运行。而在非结构化和不熟悉的工作环境中，态势感知的挑战就会大得多，服务业通常就属于后一类环境。例如当你身处一间教室的时候，作为人类，你知道门在哪里，并大致知道门后面会有何种情形。机器人则缺乏这样的感觉，所以大多数机器人如今都被限制在结构化环境中，被固定在组装线之类的地板上。当然，它们可能以超出我们想象的速度打破目前的界限。

在生成式人工智能出现之前，技术专家们普遍认为人工智能最适合在有良好界定的领域中工作，如游戏博弈，DNA测序，或者金融数据评估等。然而生成式人工智能借助大语言模型、词汇和观念，展示出转换领域的能力。在上述背景下，人工智能大语言模型表现出了一个惊人之处：似乎能够根据问题判断出相应的领域，并在该领域中做出合适的响应。如果提出一个关于文艺复兴的问题，你并不需要告诉人工智能这是历史、艺术和建筑方面的话题。如果你跟人工智能的对话互动最初是关于职业的，然后又转向体育或数学，它会随着你的话题自然发生转向。

把此类能力延伸到机器人领域，即比特世界与原子世界相遇的地方，还需要克服某些重大挑战，但在语言、文字、图形和影像领域大展身手的生成式人工智能确实有潜力将机器人的数字印迹拓展到更加非结构化的环境中。

人工智能走向主流

随着以ChatGPT等大语言模型为代表的生成式人工智能的出现，数字经济的好处和风险都大幅增加。实现广泛而显著的生产率提升的概率提高了，因为这一技术可以有极其广阔的应用领域。假以时日，会有成百上千的应用工具或案例被开发出来，这正是21世纪20年代后半段以及之后促进生产率增长所需的推动力。前进路上会有坎坷，例如有些律师轻信了ChatGPT的幻觉，把它捏造的故事当成了真实情形。但在某些情况下，幻觉也可能有用。例如在创造性艺术与创意产业，事实对价值创造而言并不重要，新的思想观念才是关键。生成式人工智能不仅能够产生非"真实"

的东西，还能推出人们之前从未想到的内容，这其实是一种财富。

人工智能已经使可贸易服务业的生产率增长加速，特别是经济中高附加值的部分，例如软件和信息技术。需要指出的是，知识经济并不限于可贸易部门，例如在线法律服务目前还不是能在全球交易的产品，尽管这或许很快会实现。问题在于，人工智能目前的进步虽然具有大幅提升知识经济生产率的潜力，但需要现场提供的服务经济却被抛在了后面。

2023年4月发表的一份研究[5]，让我们可以瞥见人工智能强烈刺激这些领域生产率提升的潜力。该研究的作者把人工智能技术逐步引入5 000名消费者服务代表的工作，结果发现以单位时间处理的问题数量测算的生产率提高了14%，而且低技能员工的受益幅度更大。人工智能通过帮助员工熟练掌握自己的任务，加速了他们在经验曲线上成长的进程。

人工智能工具是强有力的助手。在未来，人工智能正是技术突破将给许多人（从软件工程师到客服代表）带来的好处：一位能力超强的助手。这样的助手会帮助人们把工作做得更好，避免单调乏味，促进效率提升。那将是一场革命，并肯定是解决方案的组成部分。

劳动者有理由把人工智能视为对自己生计的潜在威胁。我们目前完全不清楚人工智能会带来的影响的力度与时机，但知道这不是自鸣得意的时候。与早期的数字技术类似，我们将看到自动化与生产增强（augmentation）的结合。如果你用数字技术将某些工作任务自动化，那么在此之后，用数字助手开展工作的人的生产率将有所提高，这似乎是对增强效应的合理描述。某些岗位承担的许多任务会被自动化，使这样的工作岗位消失，但此类情形可能属于例外。

生产率的提升幅度是否可能足够大，使得我们在各个产业部门都只需要更少的人员去满足需求？这或许是可能的，但让生产率的提高转化为更高的收入和更高的需求需要时间。而当需求得到提升之后，没有理由认为经济中各产业部门对劳动力和人力资本的需求将维持不变。我们很可能会看到复杂而艰难的转型，与过去二三十年里经历的数字技术转型类似。人工智能革命或许大同小异，但会有更广泛的经济影响，尤其是对知识经济以及职场中的白领阶层。持续的技能调整与新技能掌握的过程将是这一转型的组成部分。当然，转型中也会产生受益者和受损者。

针对我们提出的生产率挑战，的确有应对办法。然而，当前人工智能不会自动地带来生产率的巨幅提升。

ChatGPT及其背后的大语言模型在知识经济领域是个惊人突破，其意义才刚刚被挖掘出来。考虑到人工智能创新不同寻常的前进速率，我们有充分的理由相信促进生产率进步的数字技术可以继续打破知识层面的边界。但就目前而言，这一快速进步的影响绝大部分仍限于知识经济领域。

从历史角度看，人们喜欢把当前的技术突破趋势与之前几次工业革命浪潮加以对比。机械化使实体经济部门（原子世界发挥作用的领域）的生产率显著提高。相比之下，在数字时代之前约两个世纪的工业革命中，知识层面几乎没有出现机器增强。工厂、建筑业和运输业的劳动者利用强大的新式机器开展工作，会计师们则继续使用纸张和羽毛笔来记账，最多用钢笔取代羽毛笔。银行乃至整个金融体系在很大程度上也依然没有机器增强的任何迹象。

数字时代与之截然不同。很显然，与信息、知识、决策和交易有关的一整套活动已经被数字技术改变，如今又将迎接人工智能进步的浪潮。而在制造、物流与面对面提供服务的领域，数字技术的印迹同样存在，并有潜力进一步拓展，但为此仍需要更多的技术进步。

因此，我们还需要做什么才能提高经济中非贸易部门的生产率？还需要做什么才能让每一个学校、医院或企业都用上最先进的人工智能技术？

有三种力量需要我们应对和克服。

第一种是惰性，即个人和组织的某些行为特征导致缺乏尝试。在工作中，你有多少次听到IT（信息技术）团队说"我们明天来处理"，却让软件缺陷延续数周？新冠疫情使得克服惰性成为必要之举。随着企业走向数字化，至少在一段时间内，拖延心态将被快速执行取代。要实现广泛而包容的生产率进步，意味着企业必须克服组织上的保守主义，克服对变革的抵制心态，尤其是在经济中的非贸易部门。即便面临竞争对手威胁，有些机构也调整得过于缓慢。当你经营的公司已经是百年老店，或者你领导的大学已经有500年的历史，人们很容易坠入"我们一直以这种方式做事情"的陷阱。

惰性挑战有一部分涉及如何监管新技术的问题。就整个数字技术而言，有关数据、隐私、安全和控制的监管一直是重大挑战，如今则延伸到不断扩张的人工智能技术前沿领域。对于这些新出现的强大的生成式模型，应该采取灵活而适度的监管。另外，当前的所有主要经济体都通过国家安全、民主与地缘政治的视角看待人工智能监管问题。[6] 生成式人工智能可以用来产生消息、文本、影像和图片，其规模前所未有，而所有这些成果都能够影响特定政治和社会背景下的人们的观点，尤其是蓄意制造的错觉值得高度警惕。

我们必须克服并值得广泛关注的第二种力量是技能的培训和提升。能促进生产率提高的技术的渗透速率可能受阻于劳动者的技能缺陷，企业则应该通过技能提升和再培训项目在这方面发挥引导作用。但它们能做的事情有限，谷歌公司的员工技能提升领域显然不同于跨国建筑企业柏克德（Bechtel）。ChatGPT等人工智能工具的兴起尽管有促进生产率进步的潜力，但我们必须保持谨慎。上文提到，此类技术进步对于在知识经济领域就业的占比50%~60%的人们来说是好事，然而仍在实体经济中（工厂或组装线等）工作的其他人群呢？仅靠ChatGPT是不够的，他们还需要机器人的协助来提高生产率。实体经济中的这些现实工具还没有像ChatGPT等大语言模型那样得到充分开发，因此尽管知识经济收获了生产率的进步，建筑业等回报较低的实体部门的生产率如果停滞不前，依然会导致收入不平等走向恶化。

尤其是在当前，技能错配的状况愈演愈烈，移民的难度越来越高，这一任务的重要性随之凸显。2021年，亚马逊公司委托盖洛普公司开展了一项针对1.5万多名美国人的调查，结果发现如果有新雇主提供技能培训的机会，将有48%的受访者"极其"或"非常"可能换工作。[7]而美国当时的情形是失业率较低、工资较高（推高通胀的因素之一），社会安全网尽管漏洞百出，仍基本成形。我们不妨再想象一下，如果人工智能提供的客户服务继续发展，导致印度或菲律宾的各家呼叫中心的几代员工失去工作，又会是怎样的情形。

第三，我们还需要技术突破的继续推进，尤其是在人工智能领域。要让机器人和人工智能工具影响非贸易产业部门，它们的能力还必须大大提高。ChatGPT 及其越来越多的竞争对手必须扩展服务范围，并更好地提供正确答案。谷歌的母公司 Alphabet 就吃到了这方面的教训，当推出针对 ChatGPT 的竞争产品 Bard 的时候，他们在演示现场搞砸了一个问题，由此招来投资者的惩罚，使公司市值大跌了 1 000 亿美元。机器人也必须从固定在组装线上的工具变成能够在不同产业中跟随人类移动的资源，这需要解决态势感知的难题。

这点为什么重要？到目前为止，我们一直在阐述全球经济已转入增长率较低、生产率下降的新模式，出现了很多并仍在增加的供给侧约束现象。它带来的短期冲击包括通胀、增长率降低，以及宏观经济管理的框架与选项组合被改变。不过从事后看，我们发现正在发展的革命性技术有助于缓和这一新常态的冲击。

采取上述措施将大大有助于恢复经济增长势头，好处还远不止于此。技术带来的生产率大幅提升可以缓解全球劳动力短缺压力，抵御老龄化的影响，把更多人口投入职场，以及帮助人们在正常的工作时间里同时完成两份工作。生产率提升可以帮助低收入国家加入全球经济体系，在此过程中让民众摆脱贫困，从而推动解决不平等问题。生产率提升还可以让我们的能源转型与可持续性目标变得更容易实现。

如果美国的结构、就业和生产率发展趋势持续下去，并与全球趋势保持一致，那几乎肯定会导致收入高度不平等状况的延续甚至恶化。在目前的模式中，一方面是能够通过数字技术获得生产率提升的知识经济和制造业，占全部经济总量的三分之一和就业人数的 20%，另一方面则是生产率普遍较低且提升缓慢的其余 80% 的劳动者。这必然会导致一种二元经济，某些人收获多多，某些人一无所获。

改变这一模式的最佳机会是把数字技术的影响印迹扩展到更广泛的经济产业部门，而如何扩展数字技术的影响考验着我们的智慧。

增强效应，而非完全自动化

如果你曾在 2022 年夏季外出旅行，那很可能有过混乱的飞行经历。随着旅行需求的急剧增加，即许多人说的"报复性"度假繁荣，机场与航空公司忙得不可开交，其中各类员工的短缺是重要的影响因素。混乱无处不在：安全检查与海关入境处排起望不到头的长队，大量航班延误甚至取消，许多行李消失无踪……

在阿姆斯特丹的史基浦机场，等待安检的队伍排出了航站楼，官方不得不临时搭起帐篷来应付。有些人需要排队六个多小时，才得以脱掉鞋子，走过金属检测门。情形是如此糟糕，迫使荷兰皇家航空公司禁止在该机场转机托运行李。[8] 伦敦的希思罗机场也好不了多少，英国航空公司停止出售短途票以减少拥堵，机场当局随后也通知各家航空公司缩减航班。[9] 如果你在美国通关，那将会遇到漫长的排队，乘客在航班抵达后仍不得不滞留在飞机上，因为机场接纳设备完全不足以应对数量庞大的旅客。

那么，这样的混乱该归咎于谁呢？罪责在于消极的而非积极的管理，换句话说就是懈怠。

瞎了眼的松鼠也知道 2022 年夏天会迎来需求激增，然而由于乘客数量在疫情高峰期间下降而削减了员工人数的机场管理当局，却没有重新征召职员。他们原本也可以充分采用图像和面部识别软件，这些技术在当时已能够支持行李扫描和边境安全检查。先进的技术不能完全替代训练有素的员工，通常较为漫长的安全检查程序还需要人手来保证，但技术仍可以提升接纳能力和检查质量。

例如，审视行李箱内部的物品是一件枯燥乏味的事情，工作人员的注意力很难一直集中，这可能导致你丢掉袋子，或者更糟糕的是，让枪支或电池等违禁物品通过安检。如果配备有图像识别功能的人工智能助手，它们不会因为枯燥或疲惫而放松，那么检查结果可能会好得多，速度加快，丢失率降低。如果人工智能可以出色地识别不同类型的肺癌或皮肤癌的图像，它们就肯定有能力帮助识别行李箱里的有问题物品。

这不是科幻小说。本书作者斯宾塞教授有天深夜与一大群旅客一起来到了多伦多机场，如果每个人都必须依次面对一位边检官员，由对方审视核对护照和面容，那可能会花费好几个小时。但实际上有许多机器在那里扫描乘客的护照和面容，确认他们的身份，通过与中央数据库核实有无警示标志之后，会打印出一小张标签，显示边检完成。此后乘客只需把标签交给一位安检员，以确认数字化边检完成即可。本书另一位作者埃里安经常在纽约诺瓦克机场转机，他甚至无须提交护照或者打印标签，机场的人脸识别系统会证实他的身份，并直接提示安检员。

斯宾塞教授在同一时期还两次路过德国法兰克福机场，这两次都在入境处遭遇了漫长无比的排队，因为只有一两位安检员给所有乘客做检查，没有任何自动化或数字技术的支持。在收到一本盖满各国签证的护照时，还需要费力找出对应的入境签证，耽误更长的时间。

我们讲这些不是想比较多伦多与法兰克福的优劣。事实上，多伦多同样出现了严重的登机排队堵塞，以及航班延误和取消。这个例子想揭示的是，技术应用可以增强能力，代表着一种积极的运营管理方法，即便在缺乏竞争压力时，也可以显著提升生产率。当然，航空竞争并非完全不存在。如果混乱持续下去，有经验的航空公司不需要多少时间就知道哪些机场有更高的运营效率，管理最出色的交通和机场当局深知这点，并将从中获益。

此类进步的关键在于激励、管理、人才招募以及对有潜力的技术工具保持开放态度，这些都是一般的投入要素。恢复生产率增长并没有一句话能说清的解决方案。态度也即对寻求更好答案和改进做事方式的好奇心很重要。

尚待努力

在为增长与发展委员会起草报告的末尾阶段，有位委员会成员向斯宾塞教授指出报告内容较为枯燥，因为只关注了应该怎么做。有太多时候，耗费多年心血撰写的报告在几分钟后就被读者丢弃，往往是由于可读性不强等很简单的原因。于是斯宾塞教授及其同仁想到了一个办法，他们不再只强调需要做些什么来实现增长，而加入了对糟糕办法的简要介绍。

被列入"糟糕办法"的内容包括：银行监管不力、公务员薪酬水平过低、用新修建筑的数量来测算教育水平提高、出口禁令以及价格管制等。[10]在该报告发布后，斯宾塞教授收到的最多反馈就是大量关于糟糕办法的幸灾乐祸的邮件:"我检查了一下,我们的政府包含其中的 12 项""我们有 6 项错误""我们的经济模式完全复制了您的糟糕办法清单"。

各国政府尝试过用几乎所有能想到的办法来促进增长,而我们知道哪些行之有效。在起步时最好是针对生产率停滞的原因,增加明智的投资,并负责任地利用技术。

然而仅靠这些行动还不足以修复失序的世界,我们还需要更好的经济管理以及在全球秩序中开展合作的新办法。如果不能维持宏观稳定,增长的议题就会被忘掉。

这涉及重大的利害关系。如果我们不能有效实现经济增长,不平等就会恶化;如果不能有效实现增长,世界上最贫困的国家将难以兴盛起来;如果不能有效实现增长,缺乏效率的产业会萎缩,会让大量民众失去工作;如果不能有效实现增长,我们将难以找到应对气候变化危机的适宜解决方案。由于相关影响远超出任何单一指标,所以经济增长或者说生产率才如此重要。

第二篇
经济管理

第 6 章
世界变化之快

星星之火的蔓延

"我是在跟世界上第一个亿万富翁讲话吗?"[1] 这是美国加州风险投资公司红杉资本 2022 年 9 月发布的一份 1.4 万字的档案中若干有趣的内容之一,提到的讲话对象是加密货币交易所 FTX 的创始人、时任 CEO 山姆·班克曼-弗里德(Sam Bankman-Fried)。在红杉资本公布这个故事的时候,FTX 似乎是家欣欣向荣的加密货币交易机构,被人们称作 SBF 的班克曼-弗里德拥有的资产估值高达 260 亿美元。[2] 但在短短两个月之后,他失去了大部分财富。

FTX 交易平台以及班克曼-弗里德的财富崩溃无疑将是未来数年全球许多商学院的研究案例之一。无论是因为极度宽松的货币政策、刺激措施、各种加密货币选项的增加,还是在新冠疫情期间的闲散时光中考虑尝试新型投资的好奇心态,总之,加密货币在 2020 年底到 2021 年的大多数时候见证了历史性的暴涨。到 2021 年 11 月,诞生不过十年的加密货币生态体系的价值已超过 3 万亿美元,高于苹果、微软、亚马逊、雪佛龙以及其他任何高盈利公司的市值。[3]大部分民众甚至解释不清楚他们自己在投资什么,但这毫无影响。错失恐惧症支配了众人的心理。

有人说在淘金热中,别去挖金子,而要卖铲子。FTX 就创造了一个卖铲子的市场,主要是提供加密货币的交易和存储服务。从机构到个人,各种类型的投资者都在选择要投资的加密货币种类,FTX 是少数几家能够处理交易流程并为投资者存储加密货币组合的企业。

然而,班克曼-弗里德对 FTX 还有着更宏大的愿景。他在某次推广活动中对红杉资本的合伙人解释说:"我希望 FTX 成为一个你可以拿富余资金做任何事情的地方,你可以买比特币,可以把钱换成任意币种,送给世界上任何地方的任何人,你也可以拿来买香蕉。"[4]班克曼-弗里德做这次推广的时候,一边玩着英雄联盟游戏,一边用网络会议工具 Zoom 连线,并最终说服红杉资本参与投资。依靠该公司以及其他来源的现金注入,FTX 赞助了赛车,在超级碗赛事上发布了商业广告,并拿下了迈阿密一家体育馆的冠名权:FTX 竞技球馆。

随着时间流逝,所有的过剩都会有结束的一天。或者如美国经济学家赫伯特·斯坦(Herbert Stein)的名言:"如果某个事物不能永远持续,它就会停下来。"[5]美联储的加息行动虽然姗姗来迟,起初颇为谨慎,之后大幅提高,这开始抽走流动资金,给加密货币之类的投机性资产造成一种规避风险的环境。接下来,其他若干产业也受到冲击,包括商业地产和某些银行,它们的资产负债表变得不稳定和危险。

加密货币的坚冰随即缓慢融化,买方失去了动力,卖方则急于锁定利润。在缺乏监管的狂野西部式的加密货币淘金热中,市场上的某些部分很快崩塌。代币价值大跌，多家公司（如 Three Arrows Capital、Celsius、Voyager）申请破产。加密货币的总市值从超过 3 万亿美元剧减至 1 万亿美元以下。就像之前的暴雨骤至一样，现在资金又迅速蒸发。

此时，班克曼-弗里德承诺拿出 10 亿美元拯救失败的加密货币企业，要么直接收购，要么通过 FTX 平台及他自己的交易企业阿拉米达研究基金（Alameda Research）给对方提供贷款和投资。[6] 他还告诉所有人，这些收购加上过去做的对赌协议将使 FTX 平台通过 10 家控股公司拥有 500 个投资项目，总价值超过 54 亿美元。[7]

对加密货币生态系统展开的这些收购，让人们把班克曼-弗里德与约翰·皮尔庞特·摩根联系起来，后者的知名事迹是在 1907 年的恐慌中借出大量资金，使美国免于爆发金融危机。但这里有些关键的区别。摩根的救助是把真实货币注入有真实收入的真实企业，例如他拥有的美国钢铁公司接管了田纳西煤炭、钢铁和铁路公司。班克曼-弗里德收购的则是高度投机性的资产，往往没有利润，甚至没有销售收入，如今的摩根大通银行 CEO 杰米·戴蒙认为，这种生态系统是围绕"宠物石"（pet rocks）建立的。[8] 摩根当年有非常成熟的风险管理体系，班克曼-弗里德能依靠的只有运气，以及某些令人生疑的经验和流程。

到 2022 年 11 月，加密货币灾难降临到 FTX 头上。该平台自己的代币 FTT 出现抛售。让形势雪上加霜的是阿拉米达研究基金，它也是 FTT 的主要持有者之一。突然出现的 60 亿美元的 FTT 提款申请制造了流动性危机，FTX 和阿拉米达研究基金都没有资金来满足这些要求。[9] 竞争对手 Binance 本来有意向收购 FTX，但看到财务数据之后退缩了,这导致价格再度狂跌,与银行挤兑如出一辙。不过数日光景,FTX与阿拉米达研究基金都申请了破产,客户账户被冻结,班克曼-弗里德被解除CEO职务。在这场灾难中,有超过100万债权人在等待偿付,另外还有些下落不明的资金涉嫌犯罪活动。[10]

这起事件让我们回想起大萧条之前的股市崩溃带来的教训。经济学家约翰·肯尼斯·加尔布雷思在记录这场灾难的名著中指出:"人类曾经在许多情况下遭遇过别人的欺骗,但1929年秋天或许是人类第一次如此成功地大规模欺骗自己。"[11] 一个世纪之前留下的教训没有引起我们的充分重视。你可以相信区块链技术和去中心化Web3.0技术,而同时控制合理的财务风险。对于FTX平台来说,他们并不属于大而不能倒的情形,而是因为过于无用甚至过于腐败,以至于无法成功。他们把自己也蒙蔽了。

与崩溃的突如其来一样,随着红杉资本从自己网站上撤掉关于班克曼-弗里德的档案,历史也正在被改写。在一段时间里,华盛顿方面似乎在走向对加密货币实施监管。从更大的背景来看,FTX平台事件只是一束小火花。但危险在于这样的星星之火可能蔓延,变成更大的灾难,而美国经济管理无力做出响应。

FTX事件中出现的危险的风险承担现象,在其他地方同样存在,包括某些外汇交易基金、部分高收益金融市场以及私募股权和商业地产等领域。美国的硅谷银行就在一天之内见到420亿美元存款流失,对此无法招架而快速倒闭。第一共和银行在两个月内损失了1 000亿美元存款,这家一度因为杰出的客户服务和顾客品质而倍感自豪、广受艳羡的机构,被迫清仓拍卖给摩根大通银行,价格仅为三个月之前的二十分之一。硅谷银行与第一共和银行如今都已被载入史册，成为在本地社区中扮演重要角色的地方银行被掏空的典型案例。

上述冲击是否像煤矿中报警的金丝雀那样，预示着困扰整体经济的更为广泛而深刻的结构性缺陷？我们可以继续观望事态的发展，也可以立刻着手采取行动，以防止将来的金融和经济事件演变成全球风暴。

经济管理面临的挑战

本书第一篇阐述了反思增长模式的重要性，并倡导面向未来而非重复固有思维。在确定采用哪些具体措施支持低通胀、金融稳定和银行业健康的经济繁荣之前，这种思想转变是必不可少的第一步。

应对如何逃离长期危机的谜题，改进经济政策制定只能提供一部分答案。如果没有有效的新增长模式，经济表现将继续令人失望和泄气，不仅挫败人们对当前和未来世代改善生活的美好要求，也会危及政治体制。富人变得更加膨胀，中产阶级将被掏空，社会弱势群体的情况会变得更加不堪。与此同时，正如许多国家——其中既有非常脆弱的发展中国家，也包括更发达的国家——的鲜活发展历程所示，政治会更加独断地干预并过度支配经济活动。在此过程中，政策制定会持续地偏离"最优选择"，每次行动都会带来更为广泛的附带伤害和始料未及的后果。

期待完美的政策制定从来都是不现实的，在如何管理经济方面，我们距离完美境界显然从来都很遥远。过去15年的管理曾出现过明显的高光时刻，也有过多得多的缺陷。主要的优点是成功管控了危机，以及多次避免可能累及当前和未来世代的重大经济崩溃。我们付出了惨痛的代价，但控制住了局面。

新冠疫情和全球金融危机的重大冲击本可能导致多年的经济衰退，但此类严重后果没有长期笼罩在大部分国家。这样的结局并非预先注定，而是勇敢的国家经济管理（有时也加上某些运气因素）的成果。鉴于我们依然没有实现高速度、包容性并充分考虑地球资源约束的经济增长模式，让各国经济避免摔下悬崖的成功的危机管理就更显得可圈可点。

政策制定者选择继续用效力渐衰的传统办法修修补补，而非大胆转向新的发展模式。在讨论长期危机的时候，我们希望指出：除非能够彻底改造过时的国家经济管理模式，否则本可以避免的危机仍将一再发生。

众所周知，各国中央银行对分析和认识各种威胁的反应相当缓慢。我们可以回想一下：美联储在 2021 年对通胀的最初观点与后续判断都是"暂时性"的。或者用美联储主席杰罗姆·鲍威尔的话说，他们坚信"不会出现永久性或长期持续的更高通胀"。[12] 美联储的分析被事实证伪了，实际的通胀水平要高得多，持续时间也长得多，严重破坏了经济福利与金融稳定。

声誉日渐受损的美联储不仅没有成为社会迫切需要的维持稳定的力量，反而走向其反面，不仅表现在其近期的政策响应中，也反映在其沟通交流中。例如，经济政策研究中心的报告指出：相比历届前任，现任美联储主席杰罗姆·鲍威尔主持媒体发布会期间的市场波动性要高出三倍，而且发布会往往会逆转市场对美联储声明的最初反应。[13] 如果在鲍威尔主席发表评论之前，市场对美联储政策声明的初期反应是上涨，那么在他发表评论之后很可能会下跌，反之亦然。当鲍威尔冒险脱离事前准备好的讲话稿时，情形尤其如此，有时候他会混淆甚至否定美联储整体声明传递的主要意思，这一现象体现在几周之后发布的会议纪要中。

前瞻性政策指引曾是美联储中央银行业务的一个强大工具，如今丧失了效力。例如在2023年上半年，市场反应普遍与之背道而驰。美联储多次保证不会在2023年下调利率，但市场无动于衷，认定最早在当年夏季末就会降息。到笔者撰写本书时的2023年年中，市场标价显示美联储到年底的政策利率将会比鲍威尔主席一再预示的水平低整整1个百分点。

在数十年的市场生涯中，本书作者埃里安从未见过市场定价与美联储前瞻性政策指引出现如此大的分歧。几个月后我们将看到，其中一方甚至双方都犯了错误。你或许会认为，鉴于均衡利率是由中央银行确定的，市场很快会向美联储引导的利率水平收敛。可是由于市场对美联储的分析和预测的可信度心存疑虑，收敛并不会很快发生。由此，要么会导致更多的市场波动，并给经济带来负面溢出效应，要么会让美联储本已受损的声誉继续下跌，甚至两者同时出现。

失误不仅出现在货币政策领域（目标是维持价格稳定、就业最大化和金融稳定），也见于财政政策领域，即税收和政府各部门的支出。例如英国的"短命"首相伊丽莎白·特拉斯于2022年发布的小预算案，导致英镑发生短暂的历史性急剧下跌，借款成本飙升，养老金体系几近崩溃。这让我们纷纷回忆起经济学中的一句老话：宏观经济稳定不是万能的，但没有它却是万万不能的。

政策实施总是充满挑战，但随着政策制定思路从经济思维主导转向政治对经济逻辑的影响力日益加剧，行动可能也会变得犹豫、激进或变幻无常。美联储之前很快否认了一系列快速加息的必要性，更不用说多达 75 个基点的调整，却在后来不得不这样做，而且不止一次。事实上，美联储在 2022 年的连续四次会议之后都把利率水平提升了 75 个基点，创造了新的纪录。该机构是如此落后于形势，即便在硅谷银行破产以及紧接着爆发地方和社区银行业动荡之后，因为通胀热度犹在，还是不得不两次把利率提升 25 个基点。

通胀已成为真正的全球性现象，却由各国独自应对，没有任何国际机构提出协调计划。这是一个全球性的难题，但是，甚至没有任何人尝试全球性的解决方案。而在这些失败的最上层，各国中央银行之间的交流毫无章法，也没有充分关注市场行为的变化，如消费者与企业的风险偏好、习惯和反应等等。

总体而言，我们看到在经济管理的分析、设计、实施、交流、监督、规制与合作方面有太多缺陷和失误。解决这些障碍是在冲击日渐频繁的未来顺利导航的唯一出路。归根到底，要想逃离在很大程度上由自己挖的大坑，首要的政策原则就是别再挖得更深。

由于美联储在全球金融体系中扮演的核心角色，其影响非同小可。这源于美元作为全球储备货币的地位，以至于其他国家在很大程度上把储备管理外包给了美国的金融体系；此外，美联储在国际货币基金组织和世界银行等关键多边组织中也居于极富影响力乃至决定性的地位。然而，美国政策制定机构的声誉越是受损，其他国家在金融交易中绕开美国的激励就越强烈，重新设计国际贸易和支付体系的尝试就会越多，国际经济与金融秩序的分裂也就会越严重。

但事情也不都是那样糟糕而丑陋。在过去 15 年的三次情景中，世界经济中具有系统重要性的部分面临重大危机，很容易把全球带入灾难性的衰退。而在所有这些情景下，对于经济和金融危机的响应管理都成功避免了可能连累数个世代的破坏。让我们感到反复失望的，其实是在危机管理之前和之后发生的其他事情。我们将指出，更令人遗憾的是，这些糟糕情形原本是可以避免的。

第 7 章
经济管理的出色表现

在全球金融危机中避免经济衰退

"快赶到自动柜员机那里,以每日最高限额刷卡取走现金。"这是 2008 年金融市场发生自由落体时的情形。各家银行纷纷自顾不暇。本书作者之一埃里安当天晚上在太平洋投资管理公司与同事们加班,他给妻子打去电话,让对方到自动柜员机提取 500 美元,这是当时每日取款额的上限。当妻子询问原因时,他回复说自己不确定第二天银行是否还会开门。"银行放假"的场景并非不可想象,从当时的政策制定者在几年后出版的回忆录中,我们看到确有这种可能性。

2008 年,美国爆发严重的支付与清算体系危机,全球金融体系面临瘫痪,极有可能导致大规模破产、长期失业加剧,以及退休储蓄、养老基金和住房资产大幅减值等严重的经济后果。这起事件后来被称作全球金融危机,最终带来了经济大衰退。英国则采取了严厉的紧缩措施,削减了价值数十亿英镑的公共服务。危机来势汹汹,影响范围极其广泛,甚至基本的现金和抵押品管理业务都出现了问题。

这种情形类似于我们的汽车出现油品故障。如果没有油来润滑各种小巧而强劲的传动设备，即便有出色的发动机，汽车仍将难以运转。没有任何发动机比美国经济更为强劲，但随着漏油，报警灯闪烁，发动机开始噼啪作响。由于银行之间的信任日益丧失，整个金融体系中的总体信用削弱，每笔交易都变成了一次冒险、一场艰苦谈判和一种重大风险。

真实的破坏随之而来。住房市场崩塌，银行需要得到救助，以避免可能拖垮整个经济的多米诺骨牌效应。美国的 GDP 下跌了 4.3%，是自二战以来最严重的衰退，失业率翻了一番，从 5% 升至 10%。[1] 其实危机的后果原本可能还会糟糕得多。

事件的直接起因当然是美国大型投资银行雷曼兄弟公司的混乱崩塌。但该公司的最终表现不过是美国金融体系（尤其是银行体系）的例子之一，当时整个业界已沉醉于过度的杠杆、信贷和风险承担中。当雷曼兄弟公司倒闭时，它的负债权益比（公司债务与股东权益的比例）接近 30∶1 [2]，也就是说，每 1 美元股东权益对应 30 美元债务。如此之高的杠杆率，公司资产或投资的很小幅度的价值下跌都会带来巨大压力。这就是当时发生的情形，而且可能比这更加严重。

雷曼兄弟公司不是在真空中生存，它和其他面临困境的银行都属于更为广阔、高度一体化与互联互通的全球经济的组成部分。因此当这些金融机构开始承受它们自身和集体的大规模不负责任行动的后果之后，支付和清算体系出现严重裂痕，让居民家庭和众多企业完成哪怕最简单交易的能力也受到威胁。

美国在当时距离金融崩溃仅有一步之遥，于是迅速采取了前所未有的措施来救助那些被列入"大而不能倒"类型的银行。最终美国国会批准了"问题资产救助计划",拿出数千亿美元去稳定遇到麻烦的金融机构乃至整个金融体系。给银行重新注资是最紧急的任务,美联储于是向金融体系注入了大量流动资金。不过当美国启动这些重大的危机管理响应措施时,世界其他国家发现最简单的跨境金融业务也难以顺利开展。全球贸易额因此重挫了15%,全球增长率也很快下跌。[3] 信心急剧消失。多年积累的储蓄和财富似乎随时要被清零,世界各国的增长与就业纷纷暴跌。

此后出现的经济大衰退是数十年来世界经历的最严重的经济下挫。在普遍伤害之外,大衰退给更弱势群体造成的痛苦尤为突出。假如若干国家的政府没有在2009年4月启动历史性的救助行动,情形还会严重得多。

本书作者之一、时任英国首相的戈登·布朗于2008年9月到白宫拜会美国的小布什总统。全球金融危机当时已愈演愈烈,而各国的协调应对尚未出现。布朗请求小布什总统支持自己发起二十国集团论坛的倡议,把全世界规模最大的一批经济体召集起来,制订联合行动计划。小布什对此记忆犹新,他说亨利·保尔森是能够做这个决定的唯一人选,但保尔森此时正为"问题资产救助计划"忙得不可开交。布朗提醒说:"保尔森忙的不是地方,因为'问题资产救助计划'解决不了你们的问题。"的确如此,银行救助方案可以制止恐慌,然而重新注资才是更迫切和更关键的任务。拯救全球经济的真正战斗需要更深入的行动。

布朗最后如愿以偿,在伦敦召开的二十国集团第二次峰会上,一切得到了改变。全球经济此时已下滑了数月,虽然美国独立采取的行动减缓了跌入灾难的速度,但实现真正有意义的复苏还需要各国的协同行动。布朗回忆说,他在出任英国首相之前曾有十年任职财政大臣的经历，这帮助他不仅能将世界各国主要领导人召集起来，而且达成了最终协议。在这次二十国集团峰会之初，法国总统尼古拉斯·萨科齐沮丧地质疑如果还没有计划的话，如何能达成协议。新上任的美国总统奥巴马告诉他："布朗肯定有计划。"

这是个简单但有效的计划。二十国集团的领导人同意向全球经济注入1.1万亿美元，以确保市场有序运转、流动性充足、恢复信心和支持经济活动。与各个国家分别采取单打独斗的措施相比，这一联合行动的效果要好得多。而且，由于各国中央银行都愿意向金融市场提供大量资金，这一史无前例的协调政策行动的效果变得更加显著。

在避免了全球性的经济衰退之后，还需要更多的其他条件来恢复市场的正常运转。"技术性问题"也需要得到修复。为解释这方面的问题，我们不妨看看如下例子，在某些市场上存在两种类型的投资者：本地投资者与外来的"游客投资者"。当形势不妙时，游客投资者会冲向机场，造成混乱乃至恐慌。但本地投资者会留下来，利用衰退期紧缩开支、重新聚焦和采取行动。

全球领袖承诺对经济和市场投入前所未有的巨额资金，意味着有一位更强大、更具影响力的长期本地居民愿意留下来支撑市场，这既安抚了其他本地投资者，又逐渐把游客投资者给吸引回来。这一历史性的"全世界联合起来"的行动不但阻止了全球经济下滑，还为之后的全球复苏奠定了基础。[4]

让信心得以恢复的不仅仅是投入1.1万亿美元的承诺，全球开展合作与寻找解决方案的决心同样重要。坚定有力的国内政策是必要的，但还不够。我们需要把全世界的经济强国联合起来。它们在那次行动中联合起来的方式是之前很长时间未曾有过的，此后也没有再现。

应对欧元区危机

我们的世界刚从全球金融危机中解脱出来，欧元区危机又爆发了。

这一次是对欧元区国家及其银行提供类似的大规模救助，发起者是该区域的中央银行——欧洲中央银行，时间则是在全球金融危机带来市场动荡仅四年之后。2012年7月，欧洲中央银行总裁马里奥·德拉吉（Mario Draghi）发出了大胆声明：他领导下的欧洲中央银行"已准备好不惜一切代价保卫欧元，请相信，我们有足够的能力做到这一点"。[5]语言具有力量，他的这些话重建了信用，恢复了市场信心。欧洲再一次免于陷入多年的破坏性衰退，其波及效应还可能损害全球的增长与繁荣。可是德拉吉的声明不是在一夜之间具有效力的，而是有数十年辛苦工作的保证。

在德拉吉发出行动呼吁的前夜，欧元区已接近严峻的经济、金融和社会崩溃。可能受到影响的远不止经济增长、金融活力、储蓄、养老金、退休计划以及汇率制度，还关系到整个欧洲的一体化和相互依存。欧洲联合的整体架构被庄严镌刻在创立欧洲经济共同体的《罗马条约》的第一段文字中，它承诺让所有成员国"为欧洲各国人民建立日益紧密的联盟奠定基础"。[6]欧元区危机让半个多世纪以来的这个一体化进程面临失败的威胁。创建经济、金融、制度、政治和社会合作的数十年艰苦努力，此时走到了完全崩溃的边缘。

当时出现了巨大的市场和社会动荡。欧元区外围国家，如葡萄牙、意大利、希腊和西班牙，进入了剧烈的经济和金融爆裂的初期阶段，情况还可能加速恶化。于是人们发明了"欧猪四国"（PIGS）的说法来指代这几个受欧元区危机打击最沉重的国家。这一蔑称表明，更加富裕而稳定的欧洲北部与急需救助的欧洲南部之间的团结出现了裂痕。欧元作为区域单一货币的地位同样受到威胁，还有与之相关的在多年的艰苦和系统工作中发展起来的经济社会联系。

于是，在欧洲危在旦夕的情形下，又一次关键会议在伦敦召开，同样是由英国政府牵头组织。当德拉吉发表著名的"不惜一切代价"的声明时，本书作者埃里安就身处那个房间。对他和在场的其他人而言，欧洲中央银行对稳定市场做出的承诺会达到何种超乎寻常、前所未有的程度，一时还看不清。就在德拉吉发表声明前的几天，在急剧的市场动荡中，人们依然认为这样的承诺即便不是不可想象的，也很难下决心。事实上，后来人们了解到，哪怕是德拉吉在欧洲央行管理委员会的同事事前也不知道他会公开做出这样的承诺。如果提前知晓，某些人可能会表示反对，其他一些更支持大胆承诺的人则会怀疑欧洲中央银行是否有足够的能力，以及法律上的授权空间。

在认清现实之后，很快发布大胆的行动声明，德拉吉表达了坚定的意愿：利用欧洲中央银行表面上取之不竭的资产负债表来吸收搅动金融体系的各种不必要的风险。这确实发挥了作用，实际上，市场没有计较"不惜一切代价"声明背后存在的明显约束。结果，欧洲中央银行并没有大量动用其资产负债表，得到鼓舞从而自愿承担风险的私人部门按照央行的吩咐执行了任务。

市场发挥了自我纠错的功能，但各国中央银行在全球金融危机与欧元区危机中用于救助的资金数额依然达到前所未有的规模。从 2007 年底到 2012 年，美联储的资产负债表规模从接近 1 万亿美元增至 3 万亿美元[7]，欧洲中央银行则从 1.5 万亿美元增至 3 万亿美元。[8] 由于这些风险敞口是由政府支持的，主权债务的规模也同经济中其他部分的债务一起扩大。然而，当时恐怕极少有人想到如此高的数字与几年之后的情形相比又会黯然失色。

人们一度认为此类紧急干预措施属于"短期、临时和定向"性的，但事后证明它们很难撤回。尤其是，各国中央银行正在滑入经济学家所说的路径依赖与多重均衡，也就是说，随着向金融体系注入流动性而扩张的资产负债表，将更容易导致下一轮扩张。就欧洲中央银行而言，其政策利率已经降到零以下，当时的任何一本经济学或金融学教科书都没有针对这种情况的阐述。

市场则更习惯于相信中央银行会是自己永远的好朋友，它随时准备保护市场免受损失，甚至避免令人不安的波动。这种调节作用被继续强化，因为各国中央银行在此过程中变成了"人质"，美联储的资产负债表规模膨胀到令人惊爆眼球的 9 万亿美元。但随着高通胀在 2021 年爆发并持续到整个 2022 年，这一奇特的相互依赖式朋友关系也走到了尽头。在过于漫长的犹豫之后，各国中央银行不得不大幅提升利率，并开始拘谨地收缩资产负债表。不过在此之前，还发生了新冠疫情危机。

应对新冠疫情危机

全球金融危机与欧元区危机的救助行动尽管规模巨大，影响深远，但与 2020 年新冠疫情导致经济突然停摆而引发的政策响应相比，却是小巫见大巫。

市场在当时陷入自由落体状态。2020年3月11日，美国道琼斯指数狂泻2 352.60点，跌幅达到10%，是1987年以来跌幅最大的一天。[9] 短短5天后，道琼斯指数又下跌了2 997.10点，跌幅达到13%，创造了历史纪录。[10] 潘兴广场资本管理公司的经理比尔·阿克曼在接受CNBC采访时说"地狱降临了"，呼吁政府"现在就关闭"经济活动。[11] 道琼斯指数此后再度跌去1 300点。[12] 美联储试图通过把利率降到零来稳定经济，但收效甚微。市场需要多得多的现金注入。

据《华尔街日报》报道，美联储主席杰罗姆·鲍威尔试图借鉴历史来应对当时的情况。二战期间，英国敦刻尔克大撤退采用的"走为上"的策略看似还算合适。[13] 鲍威尔后来回忆说："我们有四到五天的窗口期集中采取行动，以取得先行优势，我们确实准备这么做，计划在周一上午发布一大堆公告。"[14]

到那个周一，美联储宣布重新启动量化宽松计划来购买债务和证券。这个承诺具有历史性意义，因为美联储誓言要动用"全部工具"，并承诺以无金额上限继续购买国库券和金融机构抵押支持证券，以投入支持市场平稳运行所需的一切资金。[15] 市场看到了一位胃口无限大、在基地里备有印钞机并且对市场价格很不敏感的买家。于是，金融市场在那个周一终于触底，并在之后的两年里迎来超过101%的反弹。[16]

次日，时任英国财政大臣里希·苏纳克宣布推出高达3 500亿英镑的贷款和补贴计划以稳定经济，并承诺动用"一切手段"来尽量减轻新冠疫情对经济的影响。[17] 欧元区宣布了类似的救助计划，其他各个国家同样纷纷采取抗击疫情危机的行动。

从全球范围看，各国政府与中央银行层面的合作是空前的，大量资金被投入企业和居民家庭，以保护民众的生活和生计。对全球金融危机期间美国采取救助行动的一个主要批评是，它帮助了富人，为受经济衰退打击最沉重的群体做得太少。在历史教训面前，美国国会给2020—2021年的财政支出批准了接近5.9万亿美元的巨款，相比之下，2008—2009年的支出规模（经通胀调整后）仅有1.8万亿美元。[18]

政策想象力被再度拓展，之前认为不可想象的事情变成了现实，各国政府向居民家庭和企业直接发放现金转移，以弥补它们损失的工资、奖金、销售收入和利润。即便没有遭受太多经济痛苦的群体，例如能够转向远程办公的待遇更好的白领员工也获得了政府补贴，且此类支持延续到疫情最严重时期过去很久以后。[19]

但所有这些"轻松收入"都要付出代价，人们从2021年到2022年开始感受到通胀加剧。其他一些领域也显现某些后果，包括金融动荡。

美联储的资产负债表曾一路走高，到2022年巅峰期，规模接近9万亿美元[20]，欧洲中央银行也超过8万亿美元。[21]这样的增幅并不令人惊讶，因为在过去十多年里各主要中央银行一直在向金融体系注入资金，远高于应对市场紊乱、信贷冻结、借款成本过高和新冠疫情严格需要的数额。伴随着过剩流动资金而来的还有附带伤害与意外后果：金融部门对货币政策的俘获与操控愈加严重。本书作者埃里安在2016年发表的关于中央银行过度干预的著作就对此类现象提出了警告。[22]

有必要指出，各国中央银行与政府必须采取快速行动来缓解新冠疫情危机的冲击，这点值得赞扬。许多国家对如何应对危机有深入的分析，精心设计救助计划，实施迅速，国际合作也达到历史高度。然而，美联储等中央银行虽然在疫情危机之初迅速提供了救助，却在危机退潮后没有勇气和智慧及时终止流动性注入，也缺乏应对后续通胀压力的灵活性。与全球金融危机的情形类似，政策制定者发现向市场扔出"开裂的资金水管"非常容易——借用安德鲁·罗斯·索尔金（Andrew Ross Sorkin）的著名比喻——但在让市场断掉宽松资金的"奶瓶"时，他们再度犹豫不决。[23]

避免全球经济陷入衰退的另一个代价是，加剧了经济中资源配置与融资行为的扭曲。新冠疫情时期采取的市场干预导致金融体系中的结构韧性被意外地削弱，这会加剧道德风险，诱使市场相信救助会自动发生，加快金融风险和过度风险承担从规模较大、受严格监管的银行体系转移到监管和关注不足的非银行金融机构，鼓励这些非银行金融机构为追求利润不断扩张，包括进入缺乏了解与流动性较差的市场。这会诱使银行的资产负债表膨胀，其中一些无法胜任过大的经营规模。这会给僵尸企业提供支持，给通胀恶化创造条件，从而损害中央银行的声誉、未来的政策效力以及原本无可争议的关键机构的政治独立性。这还会把传统的抗击通胀的两难问题，即降低通胀率与维持经济增长之间的权衡，变成三难问题。例如，美联储将难以同时应对降低通胀率、避免损害经济增长以及维持银行业和金融体系稳定。另外，所有这些拖延了开展重要对话的时机，而各国领导人急需沟通来商讨如何防止危机，以及如何给高速、包容和可持续的增长创造有利条件。

所以，看似出色的经济管理应对措施仍不够完善，存在若干缺陷。如果说这方面的表现还算过得去，那么在一些糟糕和丑陋的政策措施那里，我们得到的结果还会差得多。

第 8 章
糟糕和丑陋的经济管理

庆典彩屑化为弥漫酸雨

为期十年的超低利率与宽松资金的庆典彩屑,如今给我们带来了高通胀与高利率的"酸雨",金融事故接踵而至,而且来势汹汹。

在 48 个小时之内,美国排名第 16 位、总资产超过 2 000 亿美元的银行就走向了崩溃,成为该国历史上第二大银行倒闭事件,仅次于之后很快爆发的第一共和银行的案例。硅谷银行的失败是一起本可避免的因能力缺陷导致的事故,银行业高管和政策制定者对此心知肚明,美联储也在自己的回顾报告中痛苦地承认了这一点。[1]

经过多年努力,硅谷银行在当时已成长为一家声名卓著的金融机构,专注于利润丰厚的细分市场:为初创企业及其背后的高净值人群提供贷款。与它支持的初创企业类似,硅谷银行是在低通胀、低利率、资金丰富的环境中成长壮大起来的。但这种情况在 2022 年戛然而止,美联储迅速上调利率,试图纠正对暂时性通胀的误判。

随着廉价资金不再泛滥，高科技生态系统感受到了困难，硅谷银行的基础储户也停止了增长。通常而言这不是什么大问题，可硅谷银行不是一家普通银行，它的储户群体不是整个美国的代表，而是技术密集的硅谷的典型类别，大约95%的存款超出了联邦存款保险公司设定的25万美元的保险上限。假如硅谷银行的基础储户喜欢打盹儿，不怎么关心每天的市场波动，那会是好事。然而从许多方面看，这家银行的客户本身就代表着市场。更糟糕的是，该银行持有的长期政府债券和抵押支持证券过多，容易受利率风险的冲击。

银行资产负债表的一侧是资产，即银行持有的一切财产，从国债到房地产等各种类型，另一侧是负债，其中包含储户的存款。近年来随着存款激增，硅谷银行利用储户的钱购买了价值数十亿美元的国债与抵押支持债券。当利率以及收益率走高时，债券价格会下跌。如果这些债券的期限较短，那么风险还不大，因为预定的本金偿还会使债券持有者在较短时期内获得回报。可是硅谷银行持有的大量债券是长期的，需要十年左右才能偿还。

部分归咎于美联储反复声称通胀只是暂时性的，硅谷银行没有预见利率与流动性状况会在2022—2023年发生剧变。随着利率接连提升，该银行持有的资产价值相比购买时的成本一次次缩减。随着利率接连提升，我们从上市公司数量创历史纪录的一年转入了极少有公司上市的一年，许多尚未盈利的初创企业的价值从高估变成贬值。硅谷从庆典彩屑纷飞变成了酸雨弥漫的世界。

由于规模增长过快，硅谷银行没有充分意识到资产侧的配置应该与负债侧的规模和性质保持协调的关键要求，这本是银行学的基础课程。

硅谷银行宣布，正在亏本出售价值数十亿美元的长期债券以筹集资金。这立刻引发了挤兑。事实上，挤兑发生的速度是如此之快，以至于没人有机会确认该银行的资产是否足以覆盖对储户的负债。于是硅谷银行遭遇财务困境的消息在整个硅谷疯传，彼得·蒂尔（Peter Thiel）等风险资本家让初创企业赶快撤出资金，Slack Channels等聊天软件里也小道消息横飞。全面的银行挤兑迫使联邦存款保险公司在谣言兴起的短短两天之后就接管了该银行。许多人想不明白，这家在美联储眼皮子底下成长到如此规模的银行是如何避开常规监管的。

银行业的风波并未到此结束。几乎同一时期，联邦存款保险公司还关闭了签名银行（Signature Bank）。第一共和银行等社区/地方银行处于行业的中间地位，既不属于小到被视而不见的底部，也没有多元化和大到能充分获取高收益的规模，但随着提取存款的储户人数激增，它们发现自己也身处险境。股票价格下跌，对财务问题广泛蔓延的担忧让市场发生恐慌。公众把越来越多的银行与硅谷银行等同看待，由此导致了一种混合均衡（pooling equilibrium）。很快，西太平洋银行（PacWest）感受到了压力，尽管其存款中仅有25%没有被保险覆盖。该银行的唯一错误似乎只是地理位置欠佳，它不幸位于人们此时担心的脆弱银行业集中的区域。

以防范系统性风险的名义，美国官方机构誓言要让硅谷银行的储户得到完全保护，包括超出联邦存款保险覆盖的25万美元上限的部分。欧洲的监管者把这一行动称作"彻头彻尾的失职"。[2] 有些人担忧，如果给储户提供无限保障，还有什么激励把你辛苦得来的钱交给一家负责任的银行，而非以超高利率做诱饵的骗子机构呢？如果银行看到存款全都有充分的保险，稳如泰山，它们为什么不过度承担风险，以追求超高的利润和高管奖金？

此时在欧洲，银行体系动荡击垮了瑞士的瑞信银行（Credit Suisse），它是该国第二大银行，也是30家全球系统重要性金融机构之一。瑞信银行长期受到内部管理水平下滑与监管问题的困扰，过于孱弱，难以承受信心的突然丧失。在一个周末的忙乱谈判之后，瑞士政府和中央银行说服了瑞银集团（UBS）以远低于市场价值的价格收购这家主要对手。瑞士央行行长托马斯·乔丹（Thomas Jordan）告诉英国《金融时报》，有序关闭瑞信银行的备选方案"将触发更大的金融危机，不仅是对瑞士，还将波及全球"。[3]

本书的绝大多数读者或许会联想起2008年的情形，并因此向本书作者提出疑问：我们没有为这种情况做好准备吗？的确，我们能够做好准备，也应该做好准备，但事实上却没有。

例如，美联储最近通过一套压力测试体系来检查各家银行，分析它们在某些反复发生的情景下能否维持偿付能力。这套体系的关注点仍是出现大量贷款违约，也就是上次危机的情景，而没有涉及利率飙升对某些银行持有的安全资产的影响，即引发硅谷银行破产的事件。而且由于2018年美国国会通过的对特定银行放松监管要求的法律，硅谷银行没有达到开展压力测试所需的2 500亿美元资产的门槛。更让人尴尬的是，直至硅谷银行倒闭，该银行的CEO一直是旧金山联储银行的理事会成员，而后者是负责监管前者的机构，这引发了对监督不当的质疑。整个过程中存在太多问责与治理方面的缺陷，以至于白宫也打算在2023年3月由美联储、财政部和联邦存款保险公司发表的联合声明中承认美联储有监管过失。这一自责式的检讨后来没有发表，因为美联储主席鲍威尔成功地"阻断了提及监管过失的说法"。[4]然而他无法阻止各界大声呼吁对美联储的监管失误开展外部审查。

为应对这些审查压力，美联储率先行动，破天荒地在2023年4月底发布了一份超过100页的严厉的内部审查报告，承认自己对银行业波动有责任以及需要加强美联储负责的监督管理。[5]当时的动荡有多严重呢？到5月1日，距离硅谷银行倒闭还不足两个月，已有三家知名的美国银行破产，它们的资产规模合计达到5 320亿美元，这个数字超过了2008年倒闭的25家银行持有的资产总和（5 260亿美元，经通胀调整后的数据，见图8.1）。[6]

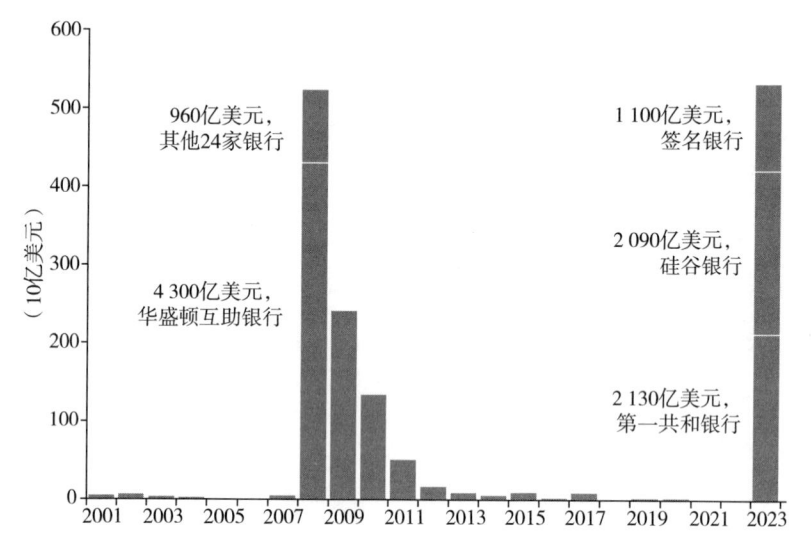

图8.1 美国每年倒闭的银行的资产规模（经通胀调整后的数据）

资料来源：Based on Karl Russell and Christine Zhang, "3 Failed Banks This Year Were Bigger Than 25 That Crumbled in 2008", *New York Times*, 1 May 2023。

你看，这就是在充满波动和意外的经济世界中发生的事情。这就是当中央银行（这次是美联储）错失良机，然后忙乱弥补，又过于执着和过于持久地采取行动时发生的事情。这就是当美联储让金融体系对流动性或得到救助的期望变得过高时发生的事情。这就是当美联储忙于压低通胀、防止损害增长与确保金融稳定，面临三难困境时发生的事情。不难想象，最终可能一项目标也无法实现。而我们将再次看到，又是国内和国外的最弱势群体被推到最危险的境地。

糟糕的表现：未能阻止危机爆发

各国政府与中央银行的初心固然令人钦佩，它们采取的激进危机管理措施带来的痛苦和创伤却始终未能减少未来爆发危机的概率。正如全球金融危机、欧元区危机与新冠疫情危机揭示的那样，行动的焦点总是危机管理，即控制眼前的灾难，然后过于关注之前的教训，而不是面向将来做准备。

的确在严重拖延之后，大多数监管机构已采取行动来限制处于金融体系核心位置的银行像过去那样变得过于庞大而不能倒，过于复杂而难以监管，过于傲慢自大和激励错配而不负责任地经营。新的护栏措施提出了更高和更昂贵的资本金要求，禁止开展某些经营活动，降低了银行业的风险。监管机构现场调查各银行办公室的情形也大大增加。

然而，监管机构在努力降低大银行的风险的同时，却没有注意到某些中等规模银行的行为正在改变并开始形成新的系统性威胁。当其中部分银行倒闭时，存款会集中到规模最大的一些银行，而后者原本已接近大而不能倒、复杂到难以监管的地步。与此同时，风险在继续演变，越来越多的资金转移到非银行金融机构，而令人惊讶的是，该部门基本上长期处在监管当局的关注与管辖范围之外。每逢金融市场的传统思维发生改变,这种结构性失衡就会一再导致令人不安的波动。

日渐增加的新型系统性风险——中等规模银行以及资产管理公司、对冲基金、私募股权基金和养老基金等非银行金融机构——没有得到足够的了解、分析、监督和规范。2022—2023年爆发了一系列事件,包括英国养老金体系几近崩溃,波及数百万个人账户持有者的加密货币骗局,硅谷银行破产,以及美国的地方与社区银行普遍遭遇金融冲击,等等。这些现实表明涉及系统重要性机构的金融事故仍可能发生,并给我们的经济、社会与制度造成威胁。

我们在激动之下可能将这些问题归咎于政治领导人,事实上,他们也的确经常成为社会不满的出气筒。2009年,时任巴西总统卢拉·达席尔瓦与本书作者戈登·布朗有过对话,谈论如何能够最有效地转移枪口。当卢拉还是一位年轻的政治家时,遇到选民们的不满,他会指责政府。后来他成为反对党的领袖,面对愤怒的民众,他会继续采用指责政府的策略。但当他出任巴西总统之后,又该怎么做呢?卢拉回答说,"指责美国"。

2022年10月,当各国政策制定者齐聚华盛顿参加国际货币基金组织和世界银行的年会时,《金融时报》知名的驻美国编辑爱德华·卢斯(Edward Luce)开设了"世界开始仇恨美联储"(The World Is Starting to Hate the Fed)的专栏。[7]当年早些时候,英国《经济学人》杂志发表了更加不客气的报道:4月23日期刊的封面上出现了本杰明·富兰克林的窘迫形象,并配以骇人听闻的标题:"失败的美联储"(见图8.2)。[8]

图 8.2 《经济学人》杂志批评美联储的封面

资料来源："The Fed That Failed", *The Economist*, 23 April 2022。

2023 年 3 月的美国社区银行危机迫使欧洲也做出类似的响应。瑞银集团答应收购瑞信银行的新闻发布会就生动地展示了那种"指责美国"的游戏。坐在麦克风后面的是一群彼此意见严重分歧的人士：监管机构官员、长期互为对手的两家银行的高管、政治家。他们中没有人希望出现在那个场合，也不太喜欢跟彼此对视。不过，他们所有人都在发言中抓紧时机指责美国把金融动荡传递给了欧洲。在他们看来，正是由于美国对加息处理不当，并在硅谷银行倒闭后没有迅速采取措施安抚储户，于是跟全球金融危机的情形一样，本来可以避免的风波惊扰了全球市场。

历史不断证明，各国政府与中央银行未能采纳人们经常提到的传奇冰球运动员韦恩·格雷茨基（Wayne Gretzky）的建议："提前预判冰球的运行轨迹。"

我们没能显著降低未来爆发金融危机的概率和破坏力，与此同时，通胀大大压缩了紧急干预的空间并使其更容易导致更多的附带伤害。各国政府与中央银行为克服多次金融危机和经济危机耗尽了大多数备用手段，而且它们处理金融风险的方式还适得其反，使未来的危机更容易爆发，更难以控制。

危机管理中经常会为了短期稳定而牺牲长远福利，这种现象并不限于金融领域，在紧急措施采纳以后基础改革却没有跟进的情况下尤其如此。例如2022年的俄乌冲突引发能源危机，促使某些国家采取行动，不仅给污染性的化石能源使用提供补贴，甚至重新开采环境破坏性更强的煤矿。有太多国家不是借助价格机制去增强对我们急需的能源转型的激励，加快转型过程，同时改善对最弱势群体的保护，反倒是逆向而行。

丑陋的表现：增长、包容性、生产率以及可持续性欠缺

危机与准危机吸引了民众的大部分关注，因此可以理解，在这些时期做出的决策也具有深远的影响。然而，各国政府、中央银行和监管机构却一再忽略美国总统肯尼迪于1962年提出的建议："未雨绸缪，趁着天晴赶快修好屋顶"，只有国际货币基金组织前总裁、欧洲中央银行行长克里斯蒂娜·拉加德经常重复这个说法。[9]

在2008年全球金融危机爆发前，有太多国家把金融及其创新魔法当作促进经济增长的独特强大动力。随即出现了越来越有创意和越发复杂的金融产品：证券化、抵押债务证券、把不同资产汇集起来的贷款分层……种类繁多。人们对此知之甚少却深信不疑，认为这些创新能够消除各种障碍，开辟财富创造的全新时

代。然而，监管机构放任金融业发挥自以为是的特长的倾向，包括"轻触式"监管方法，最终导致经济增长遭受打击，而非促进增长。过度的金融创新反而造成了财富毁灭。

全球金融危机之后的多数时期出现了危机管理与政治僵局并存的局面，由此阻碍了促进生产率和经济增长的措施的推行，更不用说应对严重加剧的气候变化危机。收入、财富与机会等维度的不平等也在恶化。

在许多发达经济体，如何控制顽固的高通胀成为2022年的主要议题，而关于绿色未来的任何议题都受制于保护工作岗位和压低成本的现实政治需要，包括对化石燃料产业的保护。从基础设施现代化水平不足、人力资本投资严重欠缺，到激励错配和沟通不畅，各种政策未能趁着天晴的有利时机重新搭建包容与可持续的增长框架。在资金充裕而便宜的21世纪第二个十年，我们原本可以加大这些投资，实际上却没有。在需要投入大量时间、财富和人才，以实现经济模式转型、减轻对环境的破坏的时期，我们的世界严重错失了机会窗口。

接下来，新冠疫情与疫情后通胀高峰接踵而至。各国中央银行不再谈论更宏大的增长目标，而是把重点首先转向拯救经济，然后又在严重误判通胀前景之后忙于降温。

各国中央银行的认知调整过于缓慢，最终在通胀逼迫下只能退出过去长期陷入的低利率宽松货币模式。此前的模式让货币调控成为唯一政策工具，利用量化宽松、极低利率和高度宽慰式沟通来引导政策与市场。在2022年紧缩期来临前，长期执行的极低利率和看似无穷无尽的量化宽松额度推动了股票投资的繁荣，却极少以可持续的方式给经济发展助力。如果请洛杉矶或利物浦的某个人跟你谈量化宽松,他们会说一点也不宽松,靠工资维持生活殊为不易。如果你找的对话者是金融资产持有人,他们则会坚持说需要永远执行低利率和更多的量化宽松政策。

增长不仅被人为拔高,而且始终不充分,还伴随着不平等的恶化。因此,更年轻的世代要继承的可能是一个经济增长乏力、气候灾难频发、债务负担高企、政治极端化与不平等扩大的世界,还可能是一个对中央银行等政策机构的效力和问责的信心垮塌的世界。在这样的世界中,国家层面和国际层面的蛋糕会变小,导致更严重的以邻为壑的行为。

借用泰勒·斯威夫特(Taylor Swift)在2022年的热门金曲《反英雄》(Anti-Hero)中的歌词,各国中央银行和政策制定机构应该看到:"是他们,他们才是问题"。除非经济管理的基本原则发生彻底改变,各种不健康的干预措施将继续毒害人们的生活、生计和市场。当然希望同样存在。我们知道世界走到这种地步的根本原因何在,也就有能力改变今后的前进路线。

第9章
改善经济管理的三个步骤

承认错误并从中吸取教训

夏伊洛战役（Battle of Shiloh）是美国内战中最重要的战役之一。格兰特将军通过当年早些时候的亨利堡战役和多纳尔逊堡战役接连击败南方军队，迫使对方转入守势。如果能够在夏伊洛继续取胜，北方联邦就可以控制密西西比河谷的大部分区域，并中断南方邦联的供应线和工业生产。不过，南方军队于1862年4月6日突然发动反击，将北方军队赶回田纳西河岸边，并宣称造成对手大量伤亡。

那天傍晚大雨滂沱。有人指责格兰特的行动速度太慢，以至于造成混乱和严重损失，其他报告则认为，是前线指挥官在陌生的道路上迷失了方向。无论原因为何，打了败仗都是确凿无疑的。医生用原始工具给受伤的将士截肢，哀号之声让人胆战心惊。格兰特返回作为办公室的木屋，却发现那里已变成战地医院，到处堆放着断肢。他在日后的回忆录中记述："那个场景比遭遇敌人的火力更让人无法忍受，我冒雨走回到了大树下面。"[1] 后来的对话则将成为传奇的历史素材。

格兰特走到一棵橡树下避雨。他嘴里叼着打湿的雪茄，军帽还在滴水。此时他的一名高级下属威廉·谢尔曼（William Sherman）准将来到树下看望他。谢尔曼问："格兰特，今天真是见鬼了，是吧？"格兰特回复说："那我们明天就打败他们。"[2] 他的确做到了这点，给南方军队出其不意的重击。但这场胜利的代价不菲，夏伊洛战役中的阵亡人数超过了美国独立战争、1812 年战争和美墨战争的总和。[3]

"明天就打败他们"的精神不只是在胜算极小的情况下保持坚韧毅力的故事，还经常被当成范例，提醒人们从自己的错误中吸取教训，做出调整，然后继续前进。可这种情形在经济管理中太少出现。一而再，再而三，中央银行家与政策制定者总是准备用昨天的武器打昨天的仗，而非以必要的开放心态和灵活性来应对前方的危险。

对经济管理的重新构想

反事实思维是有用的工具，这并非为了让我们沉湎于遗憾，而是深化对历史的认知，帮助我们努力创造更美好、更光明的未来。

我们不妨设想，如果在全球金融危机爆发之前，各国政府、中央银行和其他监管机构没有被金融体系的创新魔力和自利宣传所魅惑，我们的经济状况会有哪些不同。

不妨设想，如果各国政府对那场危机的响应不是基于暂时且可以迅速逆转的周期性冲击的假设，而是认识到面临结构性冲击，在维护金融稳定之外，还需要持久关注包容和可持续增长，情形会如何。

不妨设想，如果在全球金融危机之后的十年中，各国中央银行不是持续向金融体系注入现金、维系低利率，而能够让政府接手，采取促进经济增长、生产率提升、社会福利与富足，乃至纠正私人部门扭曲的措施，情形会如何。

不妨设想，如果在美联储的引领下，各国中央银行没有在几乎整个 2021 年把通胀理解为"暂时性的"，没有固执但错误地认为这一现象将很快过去，不会改变人们的行为与生计，情形会如何。

不妨设想，一旦美联储认识到自己的判断出现大错，就更加坚决而诚实地采取抗击通胀的行动，同时避免经济过度放缓和制造金融动荡，以防止可能损害购买力与经济信心的破坏性现象，情形又会如何。

所有这些失误都涉及重要的行动，都凸显了政策制定者在面对迫使自己走出舒适区的证据时，试图否认或重新界定的倾向。所有这些错误都受到了趋同思维和传统思维方式的拖累。

在《清单革命》(*The Checklist Manifesto*) 一书中，外科医生兼作家阿图·葛文德（Atul Gawande）给人们提出了在面对复杂环境时如何前进的指导框架。他解释说："技术诀窍往往是很难管理的，因为我们的知识体量和复杂性已经超出了可以正确、安全与可靠地实现其好处的个人能力范围。"[4] 这显然适用于此处面对的众多挑战，但我们不会被吓倒，我们将借鉴葛文德的建议，整理出一整套改革清单。

步骤 1：以开放心态接纳新的观察视角

从全球金融危机的谷底走向复苏不是一蹴而就的，它不是市场观察人士经常期望的那种 V 形反弹，而更像 W 的形状，在峰值与低谷之间反复拉锯，并会隐约浮现 L 形走向的危险。

2009 年夏季前后，本书作者之一埃里安前往华盛顿，与政策制定者探讨"新常态"的概念，意指美国经济遭受的并非周期性冲击，不会如橡皮筋那样反弹，而是会被结构性和长期缺陷困扰，如果不能做出有力且持续的政策应对，将严重损害经济增长。[5]这一新常态由三个特征来定义：增长率低迷、不平等恶化、中央银行受制于市场的波动。要改变经济的走向，必须采取重大的结构性改革措施。

结果，埃里安及太平洋投资管理公司的同事提出的"新常态"概念被斥为"痴人说梦"。对话者回应说，发展中国家还算生活在"结构性空间"，但美国这样的发达国家早已处在"周期性空间"中。而随着时间推移，经济增长状况依旧令人失望，又有人埋怨说，"新常态"概念的"宿命论"色彩太强。再过几年，面对压倒性的现实证据，这个概念终于被广泛接受，并被重新命名为"长期停滞"（secular stagnation）。[6]

缺乏开放心态在很大程度上是源于如下事实：绝大多数政策制定者的整个职业生涯都处在经济不断触底然后反弹的周期性空间中。有些人甚至喜欢上了如下错误观点：出色的政策制定已经征服了商业周期。然而，他们并没有拓展自己的研究领域，去参考其他国家的经验，或者谨慎地考虑到历史并不总是当前和未来的镜像。他们重复过去的做法，让回归常态的舒适理念替代了更为严格的基于情景的风险评估。

在 2021 年的很长时间里，埃里安以及美国前财政部长劳伦斯·萨默斯、经济学家奥利维尔·布兰查德和历史学家尼尔·弗格森多次公开警告美联储，对暂时性通胀的观点不要过于自信，但上述保守现象再度发生。从各家公司的财务业绩电话会议到通胀的蔓延开始超出食品和能源领域，有足够的迹象表明有必要开展包含更多情景的分析。毕竟，这关系到就业与金融稳定。

可是，美联储没有考虑发生持续通胀的可能性，并根据潜在成本收益的测算结果评估政策行动与风险控制措施的适宜度，而是错误地带着极高的自信只为其中一种情景做准备：通胀将在短时期内降下来。美联储选择了政治上最安抚人心的观点，但这个选择错了，被近期偏差（recency bias）裹挟，过度强调近期（而非更久远）发生的事件，也过度依靠没有顺应全球经济变化进行调整的理论模型。

等到美联储从自己的词汇表中放弃"暂时性"的说法时，借用鲍威尔主席在2021年11月底对美国国会的讲话，他们的政策响应延误已不可避免地加剧了通胀带来的经济、金融和社会破坏，同时无论后续采用何种补救措施，其副作用也会被放大。避免经济衰退，即实现人们所说的"软着陆"的窗口已经缩小。另外当美联储认识到通胀具有黏性以后，最初为压低通胀采取的加息幅度过小，这导致其只能通过追赶式的加息周期来频繁踩刹车，行动变得过于快速而集中，容易导致经济和金融事故。因此，人们开始担心美联储可能错失三难困境中的所有目标：既不能把通胀率控制在2%的目标之下，也无法避免衰退，还可能引发银行业和金融体系的严重动荡。

沟通是美联储最强有力的政策工具之一。各国中央银行不只利用政策来提供指引，安抚经济和市场，也通过言辞发挥影响力。市场最厌恶的是不确定性，而美联储可以提供市场最需要的确定性。在此过程中，它可以帮助经济中的其他参与者以及时有序的

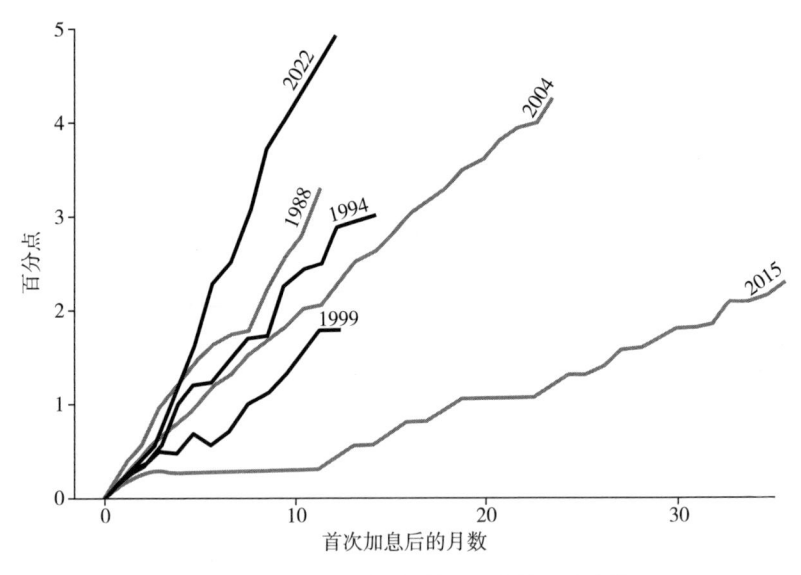

图 9.1 首次加息后联邦基金利率的累计变化

资料来源：Nick Timiraos, "Federal Reserve Hikes by 0.75 Point, Signals Slower Increases but Ultimately Higher Rates", *Wall Street Journal*, 2 November 2022。

方式做出调整。这在货币政策体系发生调整的时候会显得尤其重要。

尽管美联储关于通胀的初期看法明显存在偏差，但对于这一错误判断，后来也没有向公众做诚实而完整的原因分析。之前的政策指引框架显然没有考虑到发生更高和更长期通胀的可能性，也没有足够关注全球经济的深刻变化，即从总需求不足转向总供给不足，因而未得到及时修订。此类缺陷只会让本已出错和有害的政策响应变得更加糟糕。[7]

雪上加霜的是，美联储对银行体系中一个重要领域的监管出现了闪失：在各地经济生态中发挥关键作用的地方和社区银行。这些银行倒闭的数量越多，它们的融资功能被摩根大通银行、美国银行等中心地区的大银行充分替代的可能性就越小。由此可能导致信贷展期额度减少，给中小企业带来尤其严重的损害。

还有，中央银行的问责制度已出现扭曲。中央银行家固然要对自己的行动负责，特别是向任命自己的机构报告。另外，许多人从事这样的工作并不只是为了金钱回报，他们如果去私人部门会得到高得多的薪酬。但有一个简单的现实情况，中央银行家的职责本质上有极强的技术要求，有时候甚至带有某些玄妙，并不容易对其做恰当而及时的问责。

从组织结构上看，美联储缺乏英格兰银行和欧洲中央银行那样的认知多样性（cognitive diversity）。群体趋同思维在美联储占据主流，尽管经济活动和货币政策是在高度不确定、变幻莫测的环境中摸索，公开表达不同意见的人数仍非常之少。

在金融事故发生后，公众会把矛头指向政府负责人或企业。但从没有人站在超市里，看着标价昂贵的莴笋尖喃喃自语："感谢联邦公开市场委员会！"人们会批评美国总统或参议员——那些他们可以用选票赶下台的人，却很少把怒火引向中央银行家。

上述认知、制度和执行错误结合起来，严重制约了在控制通胀的同时尽量不损害就业、增长和金融稳定的可能性。那样的"最优"世界已不复存在，只给我们留下次优的办法和结果，政策错误、附带伤害与意外后果将变得更多和更加普遍。美联储忙于追赶通胀的步伐，而通胀已经从能源和食品等少数产品的价格扰动蔓延到更多的产品和服务以及工资水平，更深地嵌入整个经济体系，由此可能导致更坏的结果，包括经济衰退和金融体系紊乱。此时，一星半点的火花就可以引发巨大的雷暴。

著名的迈尔斯定律（Miles's Law）认为："屁股决定脑袋。"[8] 我们经常深陷于自己的思维模式，以至于我们秉持的立场和支持的主张都固化在原有的观点上。与所有人类似,中央银行家也需要让自己接纳新的视角,认识到过去的表现并不能给未来的结果提供保证。

步骤2:强化政策合作的构架

在分析视野狭窄的地方,往往缺乏充分的合作。当两者结合起来时,可能导致灾难性的后果。例如在44天的时间里,人们对于一个有良好制度的成熟的西方七国经济体的感受,变成了类似于制度薄弱、治理糟糕的发展中国家的印象。

这一事件是指2022年发生在英国的经济和金融波动,或者说疯狂现象。汇率大幅下挫,借款成本高涨,并引来国际货币基金组织的公开批评和一家征信调查机构的警告。事情始于伊丽莎白·特拉斯接任英国首相的时刻,不久之后,随着财政大臣夸西·科沃腾提交"小预算案",局势开始失控。

这一小预算案的目标是在高通胀压力下刺激经济,相比几十年前撒切尔夫人的某些最激进的建议,它更带有涓滴效应的色彩。该计划要求实施450亿英镑的无资金支持的减税方案,以刺激经济,尤其是给企业以及年收入超过100万英镑的个人提供优惠。小预算案绕开了制度上的制衡,包括关键的审核程序。难怪独立的英国财政研究所(Institute for Fiscal Studies)指出,这一计划甚至都没有假装把公共财政平衡做个样子出来。[9]

市场对此洞若观火。不到24小时,英镑对美元的汇率就下跌到历史最低水平。利率水平火速攀升,带来的附加影响是冻结抵押贷款市场,并威胁到养老基金的稳定,由此引发第二轮全面危机。英格兰银行行长安德鲁·贝利警告称,英国经济距离全面瘫痪只有数个小时。[10] 于是，该银行实施紧急干预，购入650亿英镑的债券，以平复市场情绪。特拉斯于是解雇了科沃腾，很快她自己也被保守党抛弃。人们说，她的政府的保鲜度还不如莴苣尖。而且有家小报确实发起了一场竞赛，看哪边先枯萎。结果是特拉斯。

如此密集的灾难对任何国家都极为沉重，哪怕是一个在全球有相当地位的西方发达国家。对这场危机的剖析揭示了三方面因素的汇合作用。首先，用特拉斯自己的话说，她在推动无资金支持的减税方面做得"过急和过度"，并试图让本已被全球流动性状况变化搅得心神不宁的金融体系背负更多债务。[11] 其次，政策制定者低估了金融体系的脆弱性，后者已经在太长时间里习惯于零政策利率以及中央银行大量注入流动资金的环境。再次，特拉斯与科沃腾在经济管理过程中闯了红灯，绕开了用来避免此类危机的政策协调与核审机制。

如果不是英格兰银行采取及时而迅速的行动，英国的境遇可能还要坏得多。当时的情形不只是由中央银行实施紧急干预，购入高度不稳定的、可能威胁整个金融和经济体系的政府债券，以防止金融市场的严重紊乱那么简单，而是需要中央银行公开抵制两方面的压力：一方是政府财政希望寻找轻松的出路，另一方是过度扩张的金融企业急于玩弄大而不能倒的道德风险把戏。唐宁街的政策制定者的行动动摇了国家的金融市场，而英格兰银行则为避免灾难蔓延发挥了中流砥柱的作用。

改进财政政策与货币政策的协调有助于防止此类动荡局面。这种协调不仅能帮助中央银行家与政府决策者做出适宜的决定，也能给任何政策措施提供更稳固的基础。另外至关重要的是，这种协调并不必然导致"财政支配型"的结果,即把中央银行变成屈从于政府意志的附属。

维持中央银行在关键事务上的独立性,避免政治干预,也是中央银行家自身的责任。的确,他们偶尔会在分析、预测、实施与沟通中犯错。以谦逊和诚实的态度承认错误,解释自己如何从中吸取教训以及采取恰当的纠正措施,对维护中央银行的独立性同样关系重大。

在落入"暂时性通胀陷阱"之后,英格兰银行是首批承认自身错误并做出解释的央行之一。该银行在自己的分析阐述中表现得较为诚恳,这在政治上令人感觉不佳,但对于面临明确而现实的危险,可能坠入严重、漫长的停滞期的英国经济而言,却是传递正确信号和激励的必要之举。

由于未能充分约束远高于大多数二十国集团成员的通胀率,英格兰银行遭受了严厉指责,但该机构仍抵御了财政支配与市场俘获两方面的施压。在特拉斯任期内发生重大金融动荡时,英格兰银行采取了紧急干预以安抚市场,也由此承受着延续扶持措施的巨大压力。但与美联储的一贯表现不同,英格兰银行行长安德鲁·贝利在一个周二的晚上站出来提醒大家,支持行动将如同最初告知的那样在周五终止。事实也的确如此,并且没有导致市场的更多波动。

所有这些都不轻松——发挥领导力通常如此。事实上,因为各国中央银行初期对通胀的误判,后续航向修正中几乎每个必需的行动都曾经并且依然是棘手的操作。次优政策制定的世界中充满了潜在的附带伤害与意外后果。

这一切把我们带回到实现问责、自主与合作的恰当平衡的核心议题。当前大多数国家没有采取在政府行政部门内部正式设立"国家经济委员会",即与中央银行决策机制并行的模式,这个现象很耐人寻味。国家经济委员会这类组织的核心任务是面向执行日常经济政策的各类机构,发挥指示、影响以及(在某些情况下)强力推动的作用。它可以增强众多政策制定机构的合作与自身建设,从而有助于多年期重大政策目标的实现。此外,国家经济委员会模式还能促进与私人经济部门的互动与交流。

没有人会否认及时的信息分享对改善经济和金融成果的重要意义,左膀右臂需要相互知道对方在做什么。政府可以通过国家经济委员来经常性地召集关键经济机构共同参会,确保每个人都在"安全范围"内开展工作,确保每个机构在追求自身目标的时候都能更了解各方面的情况。

由于长期形成的制度偏见和组织僵化,以及在性别、文化、教育和资历等方面的多样性始终不足,决策机构的认知多样性往往有所欠缺。在人事安排中,通常不会蓄意制造趋同思维,却容易在默会情况下造成那样的结果。上述安全行动范围能为此提供帮助。国家经济委员会可以在此处发挥关键作用,帮助揭示缺陷和误解,推动顺畅的对话。历史一再证明,这对于改进政策分析、行动协调以及提高危机管理效率是行之有效的。

通过开展对话与合作,运转良好的国家经济委员会还能影响政策效果,尤其是在某些关键政策目标没受到应有重视的时候。这方面的案例有很多,从全球金融危机发生后如何改善经济增长的前景,到应对气候变化挑战,克服新冠疫情导致的供应链中断,提高劳动力的经济参与率,以及降低通胀率等。对于上述每一种情形,改进机构之间的合作都有助于带来更好的结果。此外,以国家经济委员会作为连接其他各机构的轴心，可以减少发生金融事故的概率，同时提升经济增长的前景。

这方面的一个范例是，美国财政部借款咨询委员会（TBAC）给政府提供债务管理方面的建议。在债务高企、资本市场剧烈波动、金融风险难测的世界中，此类建议显得尤其重要。

财政部借款咨询委员会的组建与经验值得作为典型案例来研究，它包含来自银行、对冲基金、保险公司等机构的代表，负责给财政部的筹资计划提供咨询。这样的做法非常罕见，因为政策制定是国家权力的运用，往往依靠集权。接纳拥有一定广度和深度的知识与经验的外部专家参与，只会带来更好的决策效果。

我们可以把经济体理解为一位病人，罹患了可能危及生命的慢性疾病。在把病人送上手术台之前，你是愿意只采纳一种意见，还是希望让其他医生参与会诊？同理，把更多声音纳入财政政策与货币政策的决策过程，有望带来更理想、更具包容性的结果。

最后在一些极为罕见的情形下，为应对重大事故，要求各家机构采取某些共同的政策行动。例如在2008年9月的流动性危机中，支付和清算体系出现冻结和崩溃，以及当新冠疫情于2020年3—4月暴发时，整个国家被封闭，经济活动突然停止。遇到这些情况，如果没有制度化的合作协调架构，政策响应有可能太弱、太慢，或者缺乏充分的配合。

无论出于上述哪种原因，显然部分国家的经济政策架构有必要升级。有太多的政策机构，尤其是那些孤立开展行动、过分热心维护自身独立性的机构，陷入了常见的行为陷阱。

政策机构有时候会出现盲点，对其他人从不同立场看得清清楚楚的关键问题视而不见。这好比人们视觉中的盲点，其他人都能发现的东西，你在某个角度刚好看不到。另外还有思维框架错误的问题，发生这种情况的时候，我们脱离了自己的舒适区，急于回归，却经常忽略变化背后的根本原因。例如，美联储一度紧紧抓住暂时性通胀的"安慰毯"不放，周围的其他人则基于越来越多的证据指出，它需要放弃这种主张。封闭心态还容易导致路径依赖，即使人们知道自己需要改变做法，但由于行动的惯性，很多时候无法影响结果。

如果问责机制缺失，上述缺陷的影响将被严重放大。总体而言，通过解放思想的制度改革来改善合作与加强问责，可以减小发生严重经济扰动的概率，并且缓和不可避免的经济减速带的冲击。

步骤3：准备好展示领导力

变革是艰难的。人们在政策制定中见到的变革，更是远远少于生活中个人形象的改头换面。

国内经济管理具有广泛影响，领导力至关重要。看似拥有世界上各种有利条件的富裕国家，如今依然面临领导力缺失带来的严峻挑战，从美国的无家可归者和金融事故，到英国发生的养老金动荡。一个国家的经济表现和未来前景将越来越依赖领导能力，而非总体的财富与发展水平。

新加坡等国尽管初始经济优势有限，却在很短时间内实现了极高水平的财富积累和人类发展成就。其他一些国家，例如尼日利亚，虽然有某些优质先天条件（如丰富的自然资源），却未能推动经济、社会和人类发展的飞跃。阿联酋等国借助自然资源优势给国民带来了不错的福利。可是在太多的情况下，我们看到若干禀赋条件较差的脆弱经济体，始终在极为不幸地从一种灾难走向另一种灾难，并给周边国家和更广大区域造成负面溢出效应。

因此，这个因素似乎可以作为免责声明。我们在推动必要的政策调整时，必须记住在国家资源禀赋与发展结果之间不存在唯一且可预测的必然联系。即便有非常有利的初始条件、良好的制度以及合适的政策，如果不能以持续的方式妥善管理，如果领导者思想保守，且不能对"做什么"和"怎么做"问责，那也未必能得到理想的结果。世界上没有放之四海而皆准的方法，尽管某些道路可能适合若干国家。

在领导力薄弱、经济管理乏力的情况下，最好的结果不可能出现，最坏的结果反而有可能。认识到这一点，我们才能充分理解目前的处境以及挑战：为何总是从一场危机进入下一场危机，为何遭受如此多的摔打。

如果没有领导力，这些危机可能以愈加严重的方式一再爆发。美国证监会与商品期货交易委员会都没有维护市场安全和健康的授权，它们的行动更像是侦测欺诈行动的警察，而非给危险运动员亮牌的裁判。2010年的《多德－弗兰克法案》创立了金融稳定监督委员会来填补这一缺口，授权该机构给不受监管的金融企业或业务打上系统风险性的标记。但是，在我们在2023年撰写本书时，该机构连一个警告标记也没有发出过，这个结果令人困惑。离开问责与监督，我们看不到改变的希望。

不过，拥有出色领导力的其实大有人在。虽然领导与协调行动不力导致了全球金融危机的爆发，后续的稳定市场的迅速行动却避免了全球性经济衰退。虽然近乎经济自杀的鲁莽而错误的决策导致英国经济发生痉挛,英格兰银行的强大领导力却安抚了动荡的市场,避免了养老金体系的崩溃。虽然中央银行(特别是美联储)在历史上总是行动太慢,然后一旦采取行动又执行得过久,但它们也肯定能够做出改变。

第 10 章
更好的出路

投资委员会的表现

所有人都知道，2008 年 9 月 15 日那个周一很不平静。水中泛着血腥味，雷曼兄弟公司已走到生命尽头。之前那个周末，即 9 月 13—14 日，本书作者埃里安与太平洋投资管理公司投资委员会的其他成员齐聚加州纽波特海滩的总部，预测下一步的局势会如何演化。雷曼兄弟公司彻底失败的命运在当时尚未注定，多家有收购意向的机构在打探这家投资银行的消息，甚至还有最后一刻会得到救助的说法。但这些都没有定论，于是太平洋投资管理公司的团队推测了三种可能的情景以及各自发生的概率。

情景 1：按照投资委员会成员各自估值的平均数计算，雷曼兄弟公司有 85% 的概率不会倒闭，而是会重现贝尔斯登公司的情形：一家更强大的银行会参与进来，收购雷曼兄弟，到周一上午以后不会再有对手方风险。雷曼兄弟公司正在与至少两家银行谈判，所以这看似是最有可能发生的结果。情景 2：雷曼兄弟公司有 12% 的概率将以有序的方式倒闭，因为监管机构绝不会纵容无序倒闭给支付和清算系统带来危机，那样会使经济运行瘫痪，摧毁人们的生计。如果雷曼兄弟公司倒闭，或者说允许它倒闭，也会以有序的方式推进。最后的情景3是以剩下3%的概率出现无序倒闭的情形：美联储、政府或私人部门都不干预，发生冲击力十足的彻底的内爆。

实际发生的结果恰恰是情景3。太平洋投资管理公司并没有预见雷曼兄弟公司会倒闭，尽管埃里安与公司联合创始人、传奇投资人比尔·格罗斯（Bill Gross）对此做过解释，外面有些人却不相信。该公司能够在很大程度上避免客户的损失并在之后显著扩张资产规模，是因为他们对每个情景都做了推测，而且对于任何可能的结果都制订了详细的行动计划，从而能迅速做出调整。这里没有神秘之处，会议室内外的每个人都知道什么人需要在什么时候做什么事情。随着雷曼兄弟公司的无序倒闭在周一早上成为关注焦点，太平洋投资管理公司立即开始执行备用计划：从发出倒闭的提示，让你能够重新调整掉期头寸，到抢在他人之前通知客户和改变投资组合等。

在经济管理中做对事情，意味着当发生意外或者决策者面临特殊不确定性时不要陷于瘫痪，还意味着我们不能只关注85%的概率结果，而忽略3%的特殊情景，因为牵涉的利害关系太大。做好管理要求我们努力勾画出多种可能的情景并制订应对计划，所有工作都要立足于数据，尽管直觉往往是沿用过去长期采用的假设。为此，需要我们付出相当的努力和心血，但与准备不足可能承受的代价相比，这些付出不算什么。

如果领导人对新的观察视角保持开放心态，愿意开展合作与承担责任，并展示自己的领导力，很多事情都是可能做到的。这才是理想的经济管理该有的样子。

对韧性的追求

在好年景中做好规划和准备,对于确保经济在遭遇坏年景时存活下来并迅速反弹至为重要。各国的政策制定者迫切需要拿出更好的措施组合,以改善经济发展前景,降低金融危机发生的概率。进一步来说,这有助于增强应对更加频繁和激烈的外部冲击所需的韧性。

这一挑战的核心是实现高速与持久的经济增长,同时应对气候变化,确保做大的蛋糕能得到公平分配,以及维持低通胀和金融稳定。所有这些目标都必须依靠心态开放、合作与领导力的改善。要记住,如果我们依然不能达标,那随着中产阶级被继续掏空,富人变得更富,最弱势群体在每个方向都面临更大的不安全感,当前的社会结构将被彻底撕裂。

部分问题来自各国金融业的糟糕"罗曼史"。在全球金融危机爆发前,有太多国家陷入了与金融业的热恋,把看似神奇的金融创新当作增长赋能者。一个又一个国家渴望成为区域甚至全球的金融中心,其中包括冰岛和瑞士等体量较小的经济体。这样的恋情终结在眼泪和悲剧之中,大多数国家没有实现向真正的增长发动机转型,只是把债务从私人资产负债表转到了公共资产负债表。

各国中央银行发现自己承担起了推动经济增长的主要责任,但它们手里的政策工具在当时乃至今天都不适合完成这一任务。中央银行至多能够搭建一座资金的桥梁(即便这点也并非毫无问题),而没有办法兴修实体桥梁或其他基础设施,遑论改善劳动力市场运行和提高整体生产率。

这样的现实再度提示我们，金融化在过去和现在都不是应对增长挑战的答案。为实现我们迫切需要的增长前景，即持久、环境友好、收益被大多数而非极少数人分享的增长，需要前文所述的现代化改造的增长模式，并持续致力于提升劳动与资本两方面的生产率。

目前的经济环境充满危险，但政策制定者不是无能为力，他们拥有能提供更强韧性的政策工具。

公私合作模式与基础设施银行的威力

我们需要运行良好的公私合作模式来改进创新和生产率。如果没有这样的合作关系，各国政府将很难解决气候变化危机、推动能源转型、顺应全球化的变革以及改善劳动力市场的运转。从企业的角度看，它们将努力寻求更强韧性和提升经营效率。

洛杉矶与长滩这两大港口接纳了进入美国 40% 左右的集装箱。[1] 集装箱来到美国是相对轻松的，在抵达之后，它们将被港口的起重机卸下来，小心翼翼地装上卡车。然后开始短途卡车运输，集装箱及其中的物品将被转移到附近某个存放点，通常就在港区内部或附近。经过一段时间，在办理完海关及其他检查手续以后，集装箱可能被运出存放点，送上火车车厢，发往全美各地。这里有很多步骤和很多接触点，需要熟练劳动力参与其中。

但技术正在进步，自动化装卸机和卡车已经在东亚与中东的港口出现。对于马士基和长荣等全球航运巨头而言，洛杉矶港口只是选项之一，如果其他地方的运行效率更高，它们完全可以选择把更多的货物转向别的港口。麦肯锡公司的数据显示，自动化可以让运输费用降低 25%~55%，同时带来 10%~35% 的生产率提升。[2] 港口工人的工会有理由认为，自动化给他们的生计造成了威胁。此时，洛杉矶市没有逆潮流而动，而是牵头创立了第一个工人－管理层合作模式，不仅给员工提供有关先进技术的培训，而且通过在紧邻港口的社区开展招聘来促进社会平等。[3]

如果没有私人部门与公共部门的明智合作，如果没有信息乃至影响力提供的更好指引（许多人很容易将此贬斥为产业政策），我们将没有办法成功克服基础设施与创新的挑战。面对艰巨的任务，我们需要制度机制的协助。

各国可以设立自己的基础设施银行，在管理得到改进的区域以及多边国际组织能够和应该做的工作之外，发挥补充作用。此类新型开发银行不能只依赖政府对项目和计划的公共拨款，还需要以公共种子资金作为催化剂，动员正在寻求长期项目且可以利用的巨额私人资金。通过共同出资以及明智的风险配置和专业知识共享，把这些资源结合起来，刺激私人部门的经济活动。

美国通过进出口银行提供的公共资金和贷款获得了丰厚的回报，该机构长期支持其他国家购买波音飞机，因此被戏称为"波音银行"。如果没有进出口银行作为信贷窗口发挥的作用，波音公司的海外销售额不可能那么高，美国乃至全球的相关供应商将损失成千上万的工作岗位。当然欧洲的监管机构批评说，该银行是在不加掩饰地提供销售补贴，严重损害了空中客车公司的利益。另一方面，欧洲投资银行与欧洲复兴开发银行也在提供类似的服务。下面让我们设想，政府通过国内基础设施银行所做的投资如何能够挤入私人资金，然后会取得怎样的成果：创造工作岗位，推动经济增长与社会平等。

这不仅涉及公私合作模式。假设英国政府早在2021—2022年选择对石油公司加征暴利税，以创建一家国内的基础设施银行，它不仅可以加快生产基地的现代化改造，还能促进整个国家向"技术强国"转型——借用财政大臣杰里米·亨特的说法。[4] 挤入资产负债表的投入越多，实施迫切需要的改革的空间就越大。从应对当前气候变化危机的角度看，这方面的重要性最为突出。

当然，公私合作模式并不限于各国国内。老话说，乱世之中，难以独善其身。这可以经常提醒我们，在改进国内政策管理的同时，还需要辅以区域和全球的政策合作，才能充分发挥其潜力。

我们面临的诸多挑战要么具有全球的特性，从气候变化危机到供应链重组以及清洁能源转型，要么受到其他国家局势的深刻影响，包括通胀、金融稳定和劳动力迁移等。应对这些挑战都要求全球协同行动，而成败的关键是改进治理，即本书第三篇将聚焦的议题。

财政政策与货币政策的平衡

财政政策与货币政策经常被视为管理经济体总需求水平的杠杆，这个说法虽然不错，却远不是故事的全部。

总需求管理的第一个要点是改进财政政策与货币政策的平衡，既包括这两类重要的宏观经济管理措施内部的平衡，也涉及它们之间的平衡。这对货币政策而言显得尤为迫切，因为与财政政策相比，它受到的制衡更少。执政党可以借助财政政策落实自己的纲领，并最终向选民负责。而发达国家负责货币政策的中央银行在政治上具有独立性，在很大程度上不受公众意见和情绪变化的影响。

各国中央银行的资产负债表规模已经大到不可持续，现在是时候缩减了，但需要高度谨慎。采取此类行动要求中央银行态度坚决，打消市场的疑虑，不仅通过言辞，也包括用持续的行动来履行自己的坚定承诺：终结实施了过久的资产负债表扩张和利率压抑措施，因为这些措施造成了广泛的资源错配、过度的风险承担（如模因股票热潮和加密货币崩溃）、监管体系漏洞、令人担忧的局部金融脆弱性，以及过高的债务率等弊端。中央银行采取此类行动时还必须结合态度开放的研究分析、更好的预测、详细的预备方案，以及更为连贯的沟通交流。假以时日，这类做法可以带来迫切需要的风格转变：从高度战术应变式的决策走向更具战略眼光的决策。

数学家伯努瓦·芒德布罗（Benoit Mandelbrot）想出了一个巧妙办法来描述好年景与坏年景之间的相互作用，借用《旧约》中约瑟夫解释七头瘦牛吞噬七头肥牛的梦境的故事，芒德布罗发明了"约瑟夫效应"（Joseph effect）的说法。[5] 他想表达的精确含义是：在"约瑟夫效应"代表的一段美好时期过去后，将出现"诺亚效应"（Noah effect）代表的更为贫乏且混乱的时期。中央银行导致的过剩时期过去后，很可能出现更加混乱、经济失序的时期。经济学家海曼·明斯基（Hyman Minsky）提出了类似的理论，认为稳定时期的狂妄和投机将制造动荡，并最终引发危机。当然不能忘记，我们可以寄望于改革来缓解甚至从根本上改变这种来回拉锯的现象。

要想推动货币政策转向适度而非过度，就必须开展重大的制度现代化改革，尤其是针对美联储这个全世界最强大的中央银行。美联储的行动会不可避免地带来经济、金融、政治和社会的外溢效应，不仅作用在美国国内，还将远播于境外，相比其他国家的中央银行有超出比例的影响力。但这同时意味着美联储广受关注，它的任何改革都可能成为其他国家的榜样。

美联储邪恶的三位一体

首先，美联储必须从根本上改变货币政策框架。当前的框架虽然在 2020 年 8 月才启用，却是面向过去的世界，即以总需求不足为特征的世界，而非面对今天和未来的局势：供给侧约束发挥着关键作用，对经济增长与通胀有深刻影响。[6]

圣路易斯联储原主席詹姆斯·布拉德（James Bullard）总结称，2020 年的政策框架有两个核心变化。第一，美联储强调自己会对高失业率做出响应，但不会特别针对低失业率，除非通胀将给经济造成威胁。第二，美联储将在一段时期内把目标通胀率设定在略高于 2% 的水平，以弥补过去没有让通胀率达到最低目标的表现。[7] 美联储的《关于长期目标与货币政策战略的声明》完全没有提到"供给"一词。[8]

其次，美联储必须采取切实措施改进决策中的认知多样性，也就是说，借鉴英格兰银行货币政策委员会的做法，把高素质的外来成员纳入最重要的决策委员会——联邦公开市场委员会——以防止趋同思维或者美联储主席乾纲独断。这里的关键是，在相对独立的联邦公开市场委员会与国会的高层监督之间，美联储还需要增加一层问责机制。美联储内部出现的一些违规现象，包括近期有多名联储官员违反个人交易规则而被迫辞职,以及硅谷银行和第一共和银行暴露的监管问题,还有对通胀的误判问题,都凸显了加强问责的必要性。

再次,美联储必须以极其谨慎而可控的方式重新回到稳定的低通胀路径上。美联储应该认真分析让通胀率在一段时期内略高于2%既定目标的成本与收益,以及该目标在长期内的适宜性。

结合目前对全球供给侧的多年期展望,维持2%的通胀目标的好处并不是那么确定。美联储需要同时对通胀路径与目标加以管理,它要求慎重的设计、沟通以及争取认同。对于长期的经济福利而言,这些工作不仅是可能的,也是必需的。

2%的通胀目标最早是新西兰于20世纪90年代早期提出的,随后逐渐推广到其他几个发达经济体,尽管这些国家在国内形势、经济灵活度和资源禀赋方面各不相同。该指标的设定有主观成分,却似乎能满足多方面的需要。2%的目标设定足够低,可以锚定通胀预期,同时也足够高,可以给资源配置调整提供润滑剂,还能避免名义利率滑落到太低的零下限。未来我们可以考虑若干可能的调整方案,包括但不限于以对称方式扩大通胀容忍区间,以及采用更长的政策时间框架等。

如今,2%的通胀率可能不足以支持供给侧正在发生的许多变化,同时事实也表明它过于接近利率零下限。[9]是否将目标设定在更高的3%的水平值得讨论。当美联储在双重使命中的通胀方面一再犯错,声誉受损的时候,这一政策调整面临的挑战不容小觑。

转向3%的目标通胀率最有可能的路径是,在一段时期内把通胀率事实上稳定在那个水平附近,让美联储继续反复表达最终实现2%目标的愿望,但同时非常清楚实际通胀率将在更长时间内维持在更高水平。等积累了把通胀率稳定在较高水平的经验之后，美联储再正式调整目标通胀率，包括采用过渡期的安排，而不至于破坏市场预期。这个过程并不简单，但相比于回到20世纪70年代那样没有锚定通胀预期的情形，或者为快速实现主观臆断且已过时的2%目标而冲击经济金融稳定，却是更为可取的选择。

如果不能修订货币政策框架、改进认知多样性以及谨慎调整新的目标通胀率，美联储将发现自己越来越难实现既定目标。美联储将继续在无意中成为金融市场意外扰动的推波助澜者，遭遇美国国会方面日渐增加的政治干预压力，危及对成功的货币政策来说至关重要的运营独立性。

风险管理

目前该发出早期预警信号了。更多的政策错误会在全球反复回荡，给美国和其他国家都带来威胁，这凸显了尽早开展行动的重要性和必要性。各个国家的政策制定变得更加复杂，只会加剧"星星之火，四处点燃"的现象，例如硅谷银行在2023年3月倒闭以及几个星期后第一共和银行倒闭，随后让美国许多社区和地方银行感受到财务压力，又造成长期以来陷入困境的瑞信银行被瑞银集团紧急并购等。

更有效的货币政策不仅需要改善同财政政策之间的力量平衡，还应该帮助缓和金融动荡，减轻市场紊乱的风险。掌控财政政策的决策者则应该消除税收与支出体系中那些不利于税收和增长的因素，这方面的例子包括：美国对附带权益收益的税收优惠，英国对私立学校的税收减免（这个教育体系只面向10%的人口，而且绝大多数是上层家庭的子女）等。各种税收漏洞会窒息财政收入与经济增长，如何封堵它们是政府决策机构而非中央银行的任务。

为改进财政政策工具的效果，我们必须付出数年乃至数十年的努力。第一，我们需要更多关注社会部门的筹资，特别是医疗和教育，并采取能够促进生产率的方式。第二，财政政策应该逐渐从支持消费转向支持投资，我们不那么需要在经济刺激中鼓励消费者外出或购买电视机，而应该大力增加政府对教育和医疗等公共品的投资。第三，财政政策应该更多采用"菜单方式"来吸引私人资金挤入，通过政府的定向干预促进私人的创业、创新和融资。我们在新冠疫苗开发中已经看到了这种模式，利用睿智的风险分层给重大创新开辟道路，挽救人们的生命和生计。第四，财政政策需要更大的操作空间，以防止在艰难时期立刻默认采取某些严厉选项，如削减社会部门开支、提高家庭和企业税率，或者通过预算赤字来扩大债务规模等。这对欧洲国家尤其重要，它们更迫切需要对财政规则的反思，以及测算债务可持续性指标时对资产和负债的处理。

以上调整可以是可持续的。它们都是有长期效果的政策，能够促进经济增长与财政活力。

保护人类和地球，而不只是追求利润

经济和增长不能只盯住盈亏，还应该重视过程中的影响。然而在太多时候，我们见到的却是相反的场景：对利润的强调超过对人的关心。

由于无法实现高速、包容与可持续的增长，我们的社会中有太多成员被排挤和边缘化，由此引起严重的经济、政治和社会问题。这类不平等的增长还会加剧气候危机，让经济增长与地球环境必然相互冲突的错误观点大行其道。要让国内的经济管理措施充分发挥潜力，我们必须把对上述议题的思考放到核心位置。

新冠疫情留下的教训之一是如何实施或不实施收入转移支付。许多国家的政府在被迫采取忙乱的危机管理时，使用了向国民直接提供现金转移的办法，特别是美国采取的刺激性转移支付计划和英国提供的疫情工资补贴。在美国最初几轮的刺激性转移支付中，高收入者也成为补贴对象，这在后来导致了其他问题。但对于突然失去工作、难以靠失业金维持生活的人来说，刺激性支票帮助他们克服了财务困难，增加了银行账户上的资本。美国居民储蓄率因此从2019年3月的8.9%激增至2020年4月33.8%的创纪录水平。[10]储蓄的大幅增加鼓励消费者花钱，帮助美国经济重新启动。除一辈子难得见到的疫情外，这种政策工具也可以战术性地用于其他场合。

收入转移支付是一种重要的政策工具，因为从许多（虽非全部）方面看，它是保护最弱势人群的最有效率和效果的办法，特别是在数字时代，身份识别与目标定位变得更容易的情况下。关键还在于，与疫情期间不同，转移支付需要瞄准特定对象，并与"助推"（nudges）措施结合起来。助推是行为经济学的术语，意指通过激励来克服改善未来收入和福利面临的挑战。[11]转移支付使用的效率越高，政策制定者就越不需要采取与长期目标不符的有害的短期解决方案。

我们可以回顾一下，当俄乌冲突在2022年引发能源危机时，部分国家的政府采取了怎样的应对措施。尽管他们在之前已承诺，要逐步推动脱离化石燃料的能源转型，但多个国家的政府，尤其是欧盟的若干成员国，此时却选择为化石燃料提供价格补贴，以帮助居民家庭和企业摆脱生活成本暴涨的危机。[12] 石油公司则受到增加产量的压力。全球还有少数国家的政府做得更过分，包括重新启用原本关闭的煤矿，这标志着在气候变化减排承诺上大踏步后退。

无论从短期还是从长期看，让价格机制发挥作用应该是效果好得多的办法，同时应改进定向转移支付的使用和强化社会安全网的作用。这样做既能给最弱势人群带来保护，提供必要的资金，避免他们在燃气与食品上陷于两难，同时又能借用价格的力量，减少对化石燃料的消费，鼓励替代能源的更快发展。另外还可以用某些助推措施来增强转移支付的帮助[13]，包括改变或减少能源消耗，例如像东京都知事小池百合子建议的那样，鼓励居民穿上高领毛衣。[14] 不要干预市场价格，在价格上涨时不提供能源成本补贴，或许是减少能源消耗的最有效的助推措施。

转移支付还应该结合更广泛的议题，包括把应对气候变化危机置于国内经济管理的中心位置。气候变化不能列为事后议题，而应该与平等议题一样成为我们的优先考虑。如果没有更强有力的制度安排，在一系列政策决策时把气候问题列入议程，我们将很难把自下而上的发展与自上而下的可持续目标协调起来。我们并不需要在经济增长与保护地球之间二选一，只有在同时考虑这两个目标的情况下，才能实现它们。

我们不容有失

美国电影《阿波罗13号》中有句不朽的口号："失败不是一

个选项。"这种进取精神与冲锋号角生动体现了美国宇航局的不懈承诺：在极端不利的条件下，把受损的宇宙飞船安全带回地球。这句话在今天有了新的含义，我们正在见证各种各样数不清的危机，长期危机已成为当前世界的特征。然而为了子孙后代的幸福，我们必须把事情做对。如果不能改善国内的经济管理，我们将越来越远离自己的目标，跌入螺旋下行的灾难，破坏的方式会成倍增加。

我们不再生活在一个周期性的均值回归的世界：麻烦只是暂时的，影响可以被逆转。我们的潜在经济和金融结果的概率分布不再是一条正态钟形曲线：某些结果以较高概率发生，代表可怕或超好结果的极端情形只出现在小概率的"长尾"上面。今天的世界包含许多可能的结果，即经济学家所说的"多重均衡"：落入某个糟糕的结果，会使我们更容易滑向更糟糕的结果。这些结果不再整齐有序地分布在钟形曲线上，而隐伏于一幅线条极为混乱的画作之后，好比杰克逊·波洛克（Jackson Pollock）的抽象画。

我们业已生活在这种异常复杂的世界中。例如在本书写作时，针对增长、通胀和货币政策其中任何一类指标，我们都能想到三种可能的结果。如果说这样的 3×3 矩阵还显得不够复杂，那可以再考虑它们之间的相互依存也在发挥作用。

我们在采取行动改进国内经济管理方面耽误得越久，就会发现自己越处于更加不利的地位，在经济、金融、地缘政治、制度和社会等领域面临一长串恶性的相互作用，此等情形在近年来已太多次出现。这种状况无法持续，会使我们难以维持应对日益频繁和激烈的冲击（如新冠疫情与俄乌冲突）所需的韧性与灵活性组合。

好消息是，我们这里提出的诸多建议不仅有必要性，也有实现的可能性。为使其发挥效力，我们需要政治家与中央银行家的远见和领导力、有力而诚恳的沟通、对公众的说服劝导、不同机构之间的合作、更好的公私合作模式，以及在国内、区域和全球层面的自我强化的相互作用。

更多的好消息是，多重均衡的运动虽然可能导致恶性循环，但也给良性循环开启了出路。一个国家从积极政策中获得的动能越多，继续深化改革的前景就越光明，联合和拓展私人部门支持的空间也会越广阔。当更多国家走上这条路径以后，各国政策合作的空间会变得更大，从而更有希望取得卓越的全球成果。这样的可能性及其威力不容小觑。

我们正行进在通向不寻常的未知目的地的颠簸旅途之中，并在为此付出代价：社会凝聚力消散，经济和金融动荡，社会中最弱势人群遭受痛苦，以及对地球环境的加速破坏。这些都是我们面临的惨烈现实。当前的挑战是确保这一旅程走向更好的结局，摆脱长期危机。幸运的是，对于未来的路径，我们还有选择。

第三篇
全球秩序

第 11 章
新异态

摆脱困境

2021 年 3 月 23 日，一场沙尘暴袭击了苏伊士运河。在平坦、干旱、尘土纷飞的西奈半岛，沙尘暴时有发生。但这场风暴造成的后果与众不同，当尘埃平息下来时，一艘像纽约帝国大厦那般宏伟的货轮"长赐号"搁浅在运河里，堵塞了这条交通大动脉。

全球 15% 的远洋货物通过苏伊士运河运输。[1] 随着它的堵塞，从卫生纸到网球的各种商品的运输都中断了。更严重的是，当这场事故发生的时候，全球供应链本就因为新冠疫情处在一片混乱之中。

随着新冠疫情暴发，中国的许多工厂放慢乃至停止了生产。全世界许多超大型港口没有足够的码头工人来装卸货物，或没有多余的空间来堆放卸下的集装箱。而且在这背后，由于政府的刺激措施，消费者的强烈需求从未减弱。

此时，"长赐号"出事了。从现场图片看，只有一台挖掘机孤零零地在泥沼中行动，试图救援这艘超级货轮。在望不到边的绿色船壳背景中，挖掘机不过是一个小黄点，就仿佛巨人歌利亚脚下的大卫。

这艘装载了价值数十亿美元货物的巨轮给世界带来了难题。"长赐号"上有 1.8 万多个集装箱，堆满了毛毯、家具和台式电脑等商品。[2] 在这艘搁浅货轮身后排队的其他船只上，还装着更多类型的货物，从抗击新冠疫情所需的关键个人防护设备，到景观装饰品等等。新冠疫情暴发后，英国出现了花园侏儒雕像的销售热潮，此时因为原材料输入通道堵塞，这类雕像很快陷入短缺。[3]

那台孤独的挖掘机根本没法解决问题。有如此多的国家和企业因为"长赐号"受损，对于如何解救它，每个人都有自己的想法。"长赐号"是由一家德国运营商负责管理，所有权归属日本人，租借给了中国台湾的一家企业，由印度的船员们驾驶，在一家英国经纪人那里投保，然后悬挂着巴拿马的国旗。[4] 很快，挖泥船和拖船被动员起来，清除了数百万立方英尺的淤泥和污水。世界上体量最大、动力最强的两艘拖船（荷兰的 Alp Guard 号与意大利的 Carlo Magno 号）也加入了战斗。

专家们担心会延续数周或数月的运河堵塞，在 6 天之后就被解决了。救援战斗胜利结束，瓶颈被打通，众多货物重新运往各自的目的地。如果没有全球合作，结果可能会糟得多。在这 6 天时间里，"长赐号"是全球供应链中最为薄弱并出现断裂的一个环节，只有全世界的精诚合作才能迅速修补。

在一个相互依存的世界里，最薄弱的环节决定着我们的强大程度。这种相互依存带来了伟大的新机遇，也伴随着未曾预见的缺陷，只能通过各方的合作来迎接相应的挑战。

合作的难题

与"长赐号"事故类似的情形每天都在发生：需要全球性解决方案的全球性问题，需要合作行动来应对的全球性威胁，包括传染病、环境污染等等。

在此前几章，我们探讨了国家层面的问题：需要改变我们的增长模式，调整国家管理经济的办法，不能再纯粹追求财务回报和过度依赖中央银行。然而许多问题不能够被主要甚至完全当作单独冲击个别国家的国内问题。例如，污染肯定不会止步于各国的边境，一个国家的银行危机会迅速蔓延至其他国家，因此才有金融传染的说法，一个国家的战争和冲突也不可避免会危及邻国。这些都是我们共同面对的全球性问题，反映着相互依存的世界的本质。它算得上经济学家所说的纳什均衡的经典案例，即博弈参与者无法通过单方面行动来获益，只能采取合作的办法。

然而，合作涉及更深刻的超越传统假设的难题，即人们通常认为各国的主权是不受限制、不可分割的，而且只对本国负责。《联合国宪章》规定，各国有责任相互合作、维护人权以及平等对待少数民族。《联合国宪章》同时强调维护领土完整的重要性，意思是各国对自己的命运有绝对的控制权，以及更为明确的坚持互不干涉的原则，以"增强普遍和平"。[5] 这些内容让人感觉存在矛盾，在保证各个国家的独立自主与相互合作之间不容易找到平衡。

现实情况表明，我们在全球层面很少成功开展合作。这或许可以改变，知名学者斯科特·巴雷特在《为什么合作》一书中指出："了解某一种全球公共品的提供方式，可能给如何提供另一种公共品带来借鉴。"⁶ 在某个领域实现良好的合作不只能够证明联合起来的力量，还能给如何应对其他全球性挑战，从气候变化到疫情乃至金融动荡，提供行动蓝图。

当然，不是所有问题都需要全球范围的动员。共同问题和常见问题未必都是全球性的。当两个国家之间针对边境划分出现纷争或者试图降低贸易壁垒时，问题在它们内部就能得到解决。但如今我们看到，大量挑战都带有如下两个突出的特征：原因是全球性的，并且任何持久的解决方案必须包含全球性的重要内容。

即便各国领导人都已经认识到许多问题不仅是共同和常见的，而且具有全球性的特征，他们往往也不太情愿接受这一逻辑的自然结论：通过合作寻求全球性的解决方案。

在全球金融危机爆发后，杰弗里·弗里登、迈克尔·佩蒂斯、丹尼·罗德里克与欧内斯托·塞蒂略总结出了开展合作要克服的四类障碍：对合作要求的怀疑态度，呼吁采取保护主义措施的国内政治压力，各国关于目标的分歧，以及历史上开展国际合作的成功案例寥寥无几。针对上述障碍，这几位学者建议设定"渐进而非激进的目标"，认为各国之间的合作行动应该聚焦于"最迫切需要也最容易取得成功"的领域。⁷

这样的思路类似于戴维·米特兰尼关于国际关系的功能主义理论。米特兰尼的主张简单明了，给各国提出的解决方案也很直接："所有社会都存在和谐与不和谐的地方，在哪些领域推动进步，很大程度上取决于我们的选择。"⁸ 世界各国应该在力所能及的领域开展合作，让各方的努力协调起来。米特兰尼的著述在二战结束后不久完成，他认识到由于经常发生利益冲突，开展全面合作面临障碍。但看到战争的废墟，他坚信："我们为此必须重新出发,并明确意识到只有依靠相互联合而非相互排斥的力量,才能够把各个国家团结到一个世界共同体之中。"[9]

需要指出,包括国际合作在内的任何行动都带有正面和负面的外部性,即给其他人造成的溢出效应或副作用,有时是好事,有时是坏事。行动的收益或损失归属当事人,但其他国家或民众也会受到波及。当然,只要各国不采取教条主义的观点,不把为共同利益而让渡少量自主性当作出卖国家主权,国际合作带来的副作用就不会太大。例如,如果全世界没有共享新冠病毒的基因测序信息,疫苗开发的进度就不会那么快。如果没有及时分享疫情的各种消息,未能开展联合行动,病毒传播会更加迅速,会损失更多生命。

我们坚信,国际社会的集体行动可以带来更多好处而非弊端。在过去,当我们没有像今天这样在经济上高度融合、在社会上密切联结的时候,开展合作的回声或许还不够响亮。而今天相互依存的现实已经让过去的理想变得既可望又可及。借用人们经常提到的丘吉尔与凯恩斯的说法,当事情发生变化之后,我们的心态也应该随之改变。

因此,在这个相互依存的世界中我们面临双重挑战。第一重挑战是,我们不能只宣称全球性问题需要全球性解决方案,还应该更进一步,说服并争取怀疑派人士。如果各国的领导人能够接受这个观点,接下来的第二重挑战则是如何开展合作,以实现最优结果。今天很少有人会否认:在这个经济高度融合、社会密切联结、地缘政治彼此依存的世界上,我们的合作很不齐心协力,或者客气点说合作很不完善。如果发一张小学生的成绩卡,那我们的世界得到的评分就是"有待改进"。

我们相互依存的世界

让十个人给全球化下定义,你会得到十个不同的定义。

作为国际事务与政治学领域的学者,罗伯特·基欧汉与约瑟夫·奈对全球化的定义是:"世界在跨越多个大洲的距离上结成相互依存的网络。"[10]《金融时报》首席评论员马丁·沃尔夫把全球化视为:"经济活动通过市场走向一体化,驱动力来自技术与政策变革、运输和通信成本下降、对市场力量的依赖程度增加。"[11]托马斯·弗里德曼提出:"由于全球化给各个国家和民众创造了越来越平等的竞技场,世界变平了。"[12]我们对全球化的定义则是:世界正变得越来越小,这个过程可能通过贸易、旅行、知识和沟通交流来推进,跨越不同距离的相互联系会经常被创建或者被熔断。

与我们可以提供的任何狭窄或宽泛的定义相比,更重要的问题是全球化对每个人的日常生活有何影响。当你在网上下单购物时,你购买的产品来自哪里?如果说来自亚马逊网站的配送中心,那之前又来自哪里?当你通过 Zoom 软件参加网络会议时,参会者代表着地球上何等广阔的地域?你的汽车是哪里生产的?答案或许不那么显而易见,福特汽车可能在墨西哥制造,奔驰汽车来自美国亚拉巴马州的塔斯卡卢萨县,沃尔沃汽车则从中国进口。

全球化令人惊叹的广度和深度可能会让你怀疑,英国石油公司到底在多大程度上算是英国企业?大众汽车公司又算是德国企业吗?它们的总部遍布多个大洲,都在母国之外设立了运营中心和生产线,也都依靠海外业务来充实自己的财务报表。

在现代的全球化之前,在集装箱货船成为世界货物运输主力之前,在喷气式飞机实现各大洲之间的平价旅行之前,在互联网和电子邮件普及之前，在所有这些把世界变小的进步出现之前，各个国家就像浩瀚海洋中的一座座孤岛。当时的国家在相当程度上拥有独立性，人们很容易忘记在周边水域之外还有更广阔的世界，或者认为自己与之无关。

在莎士比亚的《理查二世》中，冈特的约翰发表了一段极富英格兰爱国主义精神的演讲。这段文字也提供了一扇窗口，让我们窥见莎士比亚眼中的不列颠群岛在几个世纪前的地缘政治思维：

　　这一个造化女神为了防御毒害和战祸的侵入而为她自己造下的堡垒，
　　这一个英雄豪杰的诞生之地，这一个小小的世界，
　　这一个镶嵌在银色的海水之中的宝石，
　　那海水就像是一堵围墙，或是一道沿屋的壕沟，杜绝了宵小的觊觎，
　　这一片幸福的国土，这一个英格兰……[13]

莎士比亚撰写的这段关于英格兰的文字——镶嵌在银色的海水之中的宝石——不只是一场戏剧中间激励人心的演讲词，也反映着当时的主流观点：英格兰在很大程度上不受欧洲大陆乃至更广阔世界发生的事务的影响。毫无疑问，英格兰对国际事务有所参与，并且像莎士比亚在上述文字的几行之后所述："他们仗义卫道的功业远震寰宇……声誉传遍世界。"不过在当时，英吉利海峡就像是一道天堑，可以给防范毒害和战祸的侵入提供相当程度的保护。

在多个世纪中，这种思维对英国和其他许多岛屿国家乃至大

陆国家都是适用的。但今天的情形已截然不同。

全世界近两百个国家都通过高密度的贸易和人员往来联系在一起，还有跨越大洋的光纤在给我们瞬时传递各种信息。利用飞机、高速公路和高速铁路，我们把物理距离从几个月和几周缩短到几小时乃至几分钟。虽然这些实际连接会因为停航或冲突被中断，各国经济依然被全球化的金融体系、供应链以及服务网络密切结合在一起。

美国的抵押贷款危机能在几天之内蔓延到其他发达国家，对此的唯一解释是它们之间的相互依存。一家银行可能把总部设在纽约，但债务可以发生在德国，资产配置在亚洲，技术支持则来自南美洲。如今，历史学家亚当·图兹的观点，即"推动全球贸易的不是各国经济之间的联系，而是协调全球价值链的跨国公司之间的联系"，越来越受到追捧，尤其是在全球价值链于新冠疫情期间故障频发的背景下。[14]

这样的相互依存还最能帮助解释，为什么联合国贸易和发展会议秘书长丽贝卡·格林斯潘（Rebeca Grynspan）在2022年10月呼吁美联储及其他主要经济体的中央银行着手解决加息对于通胀的影响。丽贝卡·格林斯潘谈到了各个经济体自行其是，却丝毫不顾及对世界其他地方的累积效应的危险，警告这会"伤害最弱势群体，特别是对于发展中国家，并可能造成全球性的经济衰退"。[15]

我们处在一个相互依存度前所未有并持续提高的世界。从全球贸易额看，2021年的总量超过28万亿美元[16]，高于美国当年的GDP总量（25万亿美元）。在2011—2019年，服务贸易的增速超过了产品贸易，服务业在发达经济体GDP中的占比达到75%，比1950年的40%左右大幅增加。[17]根据理查德·鲍德温汇总的全球贸易数据，产品贸易与 GDP 的比值在 2018 年前后达到峰值。[18] 而另一方面，全球服务贸易的金额仍在持续攀升，丝毫没有减慢的迹象。鲍德温指出这是"叫醒服务"，提示我们全球化的性质已经改变。即便在实物供应链被切断的时候，由于从呼叫中心到会计记账的各种业务被外包到海外，服务贸易仍在快速扩张。就像空中的云彩那样，云服务也没有国界的概念，除非我们强行干预。服务器基地可以从一个国家转移到另一个国家，用户体验却能够维持不变。

根据布鲁金斯学会（位于美国华盛顿的非营利性公共政策研究机构）汇编的数据，在美国与北美洲贸易伙伴和欧盟贸易伙伴开展的贸易中，分别有大约 50% 和 37% 是属于中间产品或部件，而非最终产品。[19] 我们看到的大量生产其实是联合生产。例如，福特公司广受欢迎的 Mach-E 电动车的各种部件是从全球各地采购的，而最终组装是在墨西哥北部的库奥蒂特兰伊兹卡利工厂完成，然后送到美国俄亥俄州代顿市的经销商那里。这体现了高度的一体化和相互依存。

所以，尽管今天世界上的某些大国还希望自己是大海中的孤岛，能够在开放的时候铺设桥梁，在封闭的时候收起吊索，但事实上，它们早已是密切连接的全球整体的一部分。标记了清晰国别边界的地图并不能揭示当今世界最具决定性的特征：从互联网到空中走廊的密切联系。

丁尼生爵士在诗歌《尤利西斯》中写道："我是自己全部经历的一部分。"[20] 在这个相互依存的世界中，每个国家都在与其他所有国家相互经历。我们不妨想象一下，世界各地相距数千里的银行和客户之间，每秒钟都在发生数百万次数字握手。再想象一下，邻国发生火灾，浓烟飘散到你家附近的天空。还有，遥远土地上爆发的战争，让全世界的食品和能源价格受到冲击。这就是我们身处的长期危机的世界。

把相互依存变成武器

凯恩斯有句名言："如果你欠银行 100 英镑，有麻烦的是你；但如果你欠银行 100 万英镑，有麻烦的则是银行。"全球范围的相互依存已变得如此紧密，使得这种力量也很容易变成弱点，因为相互依存越来越多地被用作武器。正如政治学家亨利·法雷尔与亚伯拉罕·纽曼所述，控制着"资金、产品与信息流动的国家处于特殊地位，可以给其他国家施加成本；如果它们国内有相应的制度，就可以把这些网络当作武器，收集相关信息，阻碍经济和信息的流动，发现和利用他国的弱点，逼迫对方改变政策，或者遏制不希望出现的行动"。[21]

由全球化推动的相互依存，加上市场力量鼓励垄断和寡头控制，造成了很难克服的"中心化网络结构"的雷区。法雷尔与纽曼指出，社交网络与广告业界的脸书（现更名为 Meta）、互联网搜索领域的谷歌、全球支付体系中的维萨卡和万事达卡等，都在相关市场中形成了支配性力量。截至 2022 年 9 月，有超过 37.1 亿人在使用 Meta 公司的某种应用程序，接近全球总人口的一半。[22]三家企业控制着上万亿美元的云服务基础设施市场中大约三分之二的份额，其中亚马逊网络服务公司的市场份额达到 34%，微软云服务的占比为 21%，谷歌云服务的占比为 11%。[23]虽然 SWIFT（环球银行金融电信协会）与上述案例不同，不属于私人机构，却也占据着市场支配地位。在 2022 年底，每天经过该系统传递的金融信息多达 4 480 万条。[24] 你刚刚发出的海外银行汇款，不管是为了预订宾馆还是给朋友贷款，都离不开 SWIFT 系统的支持。

法雷尔与纽曼恰如其分地指出，互联网在过去长期被视为"以开放交流与合作为特征的基本自由的空间"，但在如今高度相互依存的世界中，"合作的焦点已变成控制的急所"。[25] 这种控制可以有多种形式，从监视到切断连接等等。

2022 年底，美国禁止英伟达公司向中国出售某些高端人工智能芯片，除非有联邦监管机构的事先授权。然后在 2023 年中期，中国出于"严重的网络安全"考虑，禁止若干中国企业购买美国存储芯片制造商美光科技的产品。[26] 此类禁令正变得日益普遍。[27] 我们已经看到中央银行与支付体系的政策发生了重大变化，在俄乌冲突爆发后，许多国家行动起来，把敌对方的银行逐出 SWIFT 系统。还有冻结外国银行持有的国家储备资金，例如美国针对伊朗和阿富汗就采取了此类措施。货币战争正在酝酿中。中国于 2022 年启动了数字人民币，这也被认为削弱了国际贸易中美元的支配地位。当前集权机构控制互联网的能力促使人们纷纷讨论采用去中心化的 Web3.0 网络，利用点对点的区块链技术来绕开国家和垄断机构的控制。

相互依存正在被武器化。欧盟今天的产业政策禁止年营业额超过 5.2 亿美元的企业被有政府背景的外国企业收购。[28] 某些国家提高了关税水平，甚至脱离世界贸易组织，不惜以牺牲他国来维护自身的经济利益。因为俄乌冲突而遭受全球性制裁后，俄罗斯对若干国家和外国航空公司关闭了自己的领空。原来希望借助自身地理位置优势开发欧亚之间最短直飞航线的芬兰航空公司，本已投资十多亿美元修建快捷联运的航站楼，但随着俄罗斯的领空关闭，芬兰航空的整个商业模式被彻底颠覆。从赫尔辛基到日本东京的航班之前只需要飞行9个小时，如今增加到毫无竞争力的13个小时。[29]

相互依存及其被武器化的威胁，无论是感受还是已变成现实，都可能升级成另一种形式的全球军备竞赛：这里的争夺不是制造武器装备，而是宣扬对立观点。西方国家占支配地位的互联网可能很快会看到一种分散化、无监管的另类网络的兴起，可以命名为"分割网"（splinternet）。它能够在突然间减轻政府面临的全球脆弱性，却可能增加人们承受的风险，便于恐怖活动和非法交易的开展。另外，还有可能看到作为超级全球化时代基本特征的全球供应链完全破裂和退潮，并让位于生产回迁、友岸外包和近岸外包。尤其令人担忧的是，试图重构脱离中国的供应链和国际贸易体系不仅是为去风险化，还可能导致东西方脱钩。当我们思考贸易体系的时候，也不能忘记金融体系及其如何可能被利用（如遭遇网络攻击），尤其是敌对方可能瞄准美国这样的开放式金融体系。许多人推测，美元在世界储备货币中一枝独秀可能让位于多种储备货币分立竞争的格局，这种情景有可能出现，直至某个不习惯承担储备货币角色的主要经济体发生违约。

如果人们担心使用美元存在风险，美元的角色就会发生改变。包括美元与国际支付系统在内，各国的货币都应该尽量不作为武器，特别是在有其他更具效力的武器的情况下。例如，相比于把美元用作武器，乃至禁止俄罗斯参与 SWIFT 系统，对某些个人提出战争罪的指控不会导致太广泛的反弹后果。支付系统禁令也似乎没有产生预想的短期效果，因为原本以为将下跌10%并持续低迷的俄罗斯经济，在一段时间里比英国经济的增速还更快。俄罗斯被迫绕开美元开展交易，结果做得还不错。它向印度和中国出口油气，以对方的币种收款，再将其兑换为沙特或土耳其的货币，最后得到卢布。这给世界传递了怎样的信息呢？它表明我们的世界在全球力量极、民族主义和全球化等方面发生了巨变，并证实绕开美元是可行的，或许还预示了美元霸权的溃败。

我们可以想象这样一个未来：贸易战、技术战和资源战注定将加剧。它并不必然导致全球秩序的全面解体，但确实意味着在长期危机的世界中，我们管理各国相互依存的方式必须与时俱进。

三大结构性巨变

三大历史巨变已开始在相互依存的时代重新定义世界秩序：地缘政治、经济以及意识形态的巨变。这一显著事实意味着我们必须对所谓的基于规则的自由主义秩序加以反思。在完全自由放任的超级全球化时代到来之前，从1945年到20世纪70年代，各国实施的关税和固定汇率制度制约了全球化的推进。而今天，新的关税与非关税壁垒正在重新界定全球化的程度和范围。

巨变1：从单极世界走向多极世界

首先，地缘政治正在从美国居于霸主地位的单极世界，转向有更多政治重心的日益多极化的世界。尽管在未来一段时间内，美国仍不可或缺，没有可匹敌的对手，并能够高效组合自己的军事、经济和文化实力，却不再能随心所欲地发号施令，而必须尽量发挥说服力。

在美国成为全球霸主、开启超级大国时代前夕的 1945 年，它在全球 GDP 中的占比高达 50%，到 20 世纪 70 年代，这个数字已下跌了一半。[30] 美国的实力建立在当时的世界经济秩序之上：各国控制着贸易、汇率和金融活动，在很大程度上限制了超级全球化。但在整个 20 世纪 70 年代，随着高通胀持续、贸易赤字恶化以及新自由主义思潮的兴起，另一种类型的超级大国格局出现了，美国没有把权力让渡给其他国家，而是交给了市场。尽管美国依旧维持着军事霸主和工业领先地位，却暂时需要世界其他国家为其提供能源，需要世界各国的储蓄以支撑其债务。1985 年，日本野村证券的一位首席投资官介绍说，日本投入了数百亿美元购买美国国债，"可能是世界历史上规模最大的单笔资本流动"。[31] 换句话说，美国此时已不再是傲然独立的巨人，而需依靠与世界其他国家的通力合作。

美国无法退出这种相互依存的世界，于是不得不确保全球的运行符合自身的利益。尽管经济失衡在加剧，但随着冷战在 20 世纪 90 年代落下帷幕，美国依然成为无可争议的军事霸主，实力投射无可匹敌，并依靠美元霸权在经济上占据支配地位。可是在今天的新时代中，伴随着国际化势力的增长，美国在军事和金融上的超级地位已经不足以阻碍多极化世界的推进。

多极化的推进一再表现为非结盟国家弱化对某个大国的承诺。我们可以看看印度的例子。在 2022 年 3 月的一次访问中，中国外交部长王毅说："中印用一个声音讲话，全世界都会倾听。"[32] 而在东道国方面，莫迪政府的外交部长苏杰生则表示，印度追求的是"多边结盟的模式"。苏杰生在他的《印度道路》(*The India Way*)

一书中提出："在这个时候，我们需要吸引美国，协调中国，建交欧洲，让俄罗斯安心，让日本加入，与邻国合作，拓展周边和传统的支持阵营。"[33] 苏杰生希望，印度能够在其他大国的相互角逐中游刃有余，并总结说："只有一个多极化的亚洲才能引领一个多极化的世界。"

印度拥抱多边结盟的策略让人回想起美国动画片《超人特攻队》中令人难忘的一句格言："当每个人都是超级英雄的时候，就没有超级英雄了。"当某个国家选择不结盟的时候，实际上也就是多边结盟。这样做当然有战略性的理由，50 年前兴起的不结盟运动源自反对殖民主义、反对核武器、增进世界平等的普适性原则。如今多边结盟国家的出现和增加，则是从本国利益出发，希望大国之间的角逐，特别是中美之争，能够给自己带来更合算的外贸交易、更有利的债务重组和其他好处，并改进全球态势。除了印度、南非、巴西、阿根廷、马来西亚等其他众多国家都有类似的考虑。

我们正在见证此类"机会主义联盟"的兴起，还有所谓的"摇摆国""对冲国""骑墙国"的说法。这些国家利用自己掌控的资源禀赋、资本通道或战略地理位置，来追求本国利益最大化。最近重新当选巴西总统的卢拉主张，巴西同哥伦比亚、阿根廷、玻利维亚和智利等国更紧密地联合起来，在南美洲建立一个新的力量极。[34] 卢拉还建议金砖国家创立自己的储备货币并扩容成员国，而沙特、阿联酋、埃及和阿尔及利亚等二十多个国家已经表达了加入的意愿。* 全球力量极还在发生新的演变，伊朗可能

---

* 此处为截止到作者写书时的情况。2024 年 1 月 1 日，沙特、埃及、阿联酋、伊朗和埃塞俄比亚正式加入金砖国家。——编者注

加入中国牵头的上海合作组织，并与俄罗斯一起在它们遭到排斥的SWIFT之外创建新的支付体系。2023年，中国帮助沙特和伊朗达成了新的和平协议。中国、俄罗斯与南非开展了海上联合军事演习。正当我们从石油时代转向矿产密集型时代的时候，拥有大量镍、铜等资源的印尼和智利等国已开始推行资源民族主义，试图借助自身经济谈判地位被强化的杠杆。鉴于中国的稀土、刚果（金）的钴、智利和秘鲁的铜以及印尼的镍等资源都各自占据全球已探明储量的近三分之一乃至更多份额（见图11.1），上述现象可能越来越常见。[35]

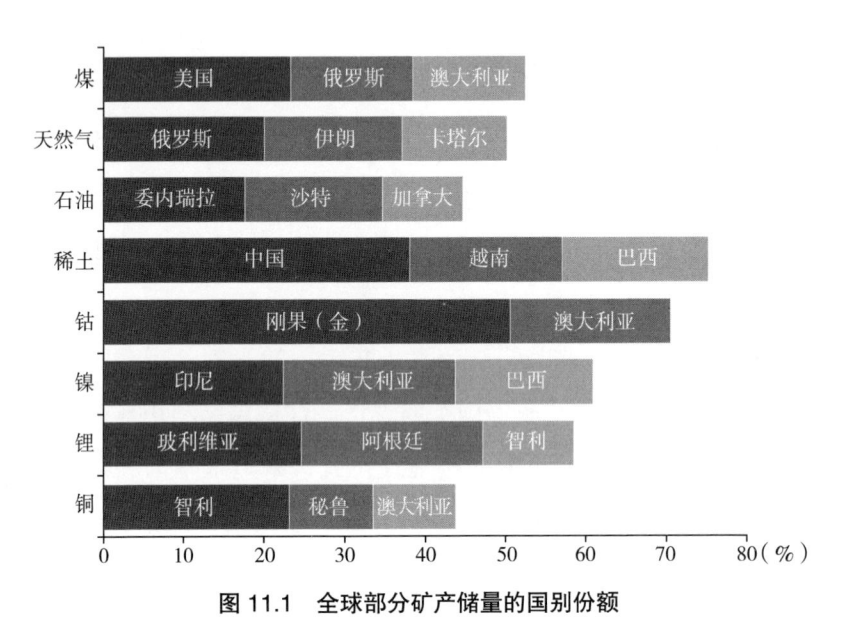

图11.1 全球部分矿产储量的国别份额

注：2020年若干国家在已探明储量中所占的份额。其中，锂矿指资源总量。
资料来源：Alberto Americo, Jesse Johal and Christian Upper, "The energy transition and its macroeconomic effects", Bank for International Settlements, May 2023。

单极世界的终结造成了其他各种势力急于涌入的真空。但在下个十年的某些时候，随着各个国家必须在美国、中国以及日益多边结盟化的世界中做出真正的选择，尘埃终将落定。

巨变2：从新自由主义转向新民族主义

政治逻辑与经济逻辑在分离。在过去30年间，经济驱动着政治决策，如今政治正在主宰经济决策，一个接一个的国家把贸易、技术、产业、供应链与竞争当作武器来使用。[36]

因此，第二个结构性巨变是民族主义取代新自由主义成为时代的主导意识形态。互利商业活动的双赢经济学逻辑，正在被有输有赢的零和博弈取代，诸如"美国优先""中国必胜""印度第一"之类的运动有可能升级为"我们对抗他们""我的国家第一且唯一"之类的地缘政治路线。尽管特朗普时期倡导的"美国优先"口号在拜登政府时期变成了"购买美国国货"，也没有从根本上扭转民族主义的趋势。

爱国主义是一种积极的力量，植根于人们对自己的国家、历史和价值观的热爱，同时能够接纳在如今相互依存的世界中定义人们身份的各种标签。爱国者可以接受多重身份认同，民族主义者则不然。作为一种意识形态，民族主义经常倡导我们和他人处于对立的思想，强调外来者的罪恶，播撒仇恨的种子，煽动敌视外国人。他们贩卖极端思想，仇视外来者，要求单一身份认同。用乔治·奥威尔的话来说，民族主义"与对权力的渴望密不可分"。[37]民族主义的这种泾渭分明的界限会让我们无法应对时代的挑战，无法在民众想要的自主权与世界急需的国际合作中找到平衡。

就像历史上常见的那样，在我们如今生活的时代，爱国主义正在被侵略式民族主义改造成武器。对于自己国家的正面热爱与自豪,在许多地方变成负面的民族主义情绪,成为仇恨的工具,用以发现甚至发明本来不存在的敌人,并给更多来自想象而非现实的愤怒拱火浇油。许多国家内部不同族裔和宗教群体之间关系紧张,俄乌民族主义矛盾激化,以及越来越多的其他冲突。全球传统上的紧张焦点包括:印度与巴基斯坦,埃塞俄比亚与厄立特里亚,苏丹与南苏丹,摩洛哥与突尼斯。此外还有刚果(金)与卢旺达之间的代理人战争(Proxy war),苏联解体后的十多个国家的各种民族冲突,以及大片可能出现归属争议的领土。

防御式民族主义可能带来保护主义倾向,这在2016—2019年成为世界各国的典型特征:贸易壁垒、进口管制、边境检查站林立以及合作意向减弱等。侵略式民族主义更是鼓励许多国家把不合作与单边主义当成优点。

侵略式民族主义的一个表现是,保护主义退变为更严重的重商主义,即动用国家的全部力量和资源来单纯追求自身利益,不惜损害国际合作。这种"非我族类,其心必异"的侵略式民族主义已经腐蚀了真正的爱国主义,让许多国家的领导人不敢抗拒哪怕完全缺乏合理性的行动。贸易禁令正在激增,包括禁止向不友好国家出口某些产品和技术,以及试图保护本国供应商等。许多国家通过移民管制来禁止劳动力流动,最近还出现了更多针对特定人群的旅行限制。有些国家制定了对内的投资禁令,以阻碍来自他国的投资,包括直接投资以及参与股票市场。还有的推行对外投资的禁令,防止本国企业向不友好的其他国家投资。

如果放弃承认国际合作价值的健康的爱国主义,我们将看到侵略式民族主义甚嚣尘上。因此，我们真正需要的是摆脱民族主义阴影的爱国主义，这个任务极为艰巨。

巨变 3：从超级全球化转向有管理的轻度全球化

我们关注的第三个结构性巨变是指从重度全球化或者说超级全球化转向有管理的轻度全球化。它部分源自世界秩序走向分散和碎裂，其典型特征包括：供应链调整、近岸外包、友岸外包以及新型重商主义，各国在政治上转向与自己最主要的贸易伙伴国结盟。[38]

重度全球化依赖的基础不只是资本、劳动力、能源和技术的自由流动，还包括资本、能源和劳动力的低成本供给。但在今天的世界上，我们四处所见都是新增加的对劳动力、资本和技术自由流动的限制，包括直接的禁令、间接的壁垒和抬高的成本等（见图 11.2a 和图 11.2b）。作为一个对内的自由贸易区，欧盟大部分国家目前依然信守并支持自由贸易、平等待遇、互惠与法治的原则，而美国的公众舆论则始终在对外开放与保护主义、国际主义与孤立主义之间来回摇摆。1945 年以后，美国帮助构建的全球贸易架构最终达成了国际贸易协定。可是在今天，美国之前的贸易顺差已变成不断增大的逆差，以至于被当作宣扬"美国优先"的煽动式言论的焦点话题。

当前已经不是贸易在改变我们的政治行为，而是政治在改变我们的贸易行为。在 1990—2009 年的超级全球化时代，贸易增速达到经济增速的两倍，然而贸易推动的经济一体化没有带来某些人期待的更加和谐的世界。1996 年，正值西方国家在苏联解体后顺风满帆的时候，托马斯·弗里德曼提出了"预防冲突的金拱门

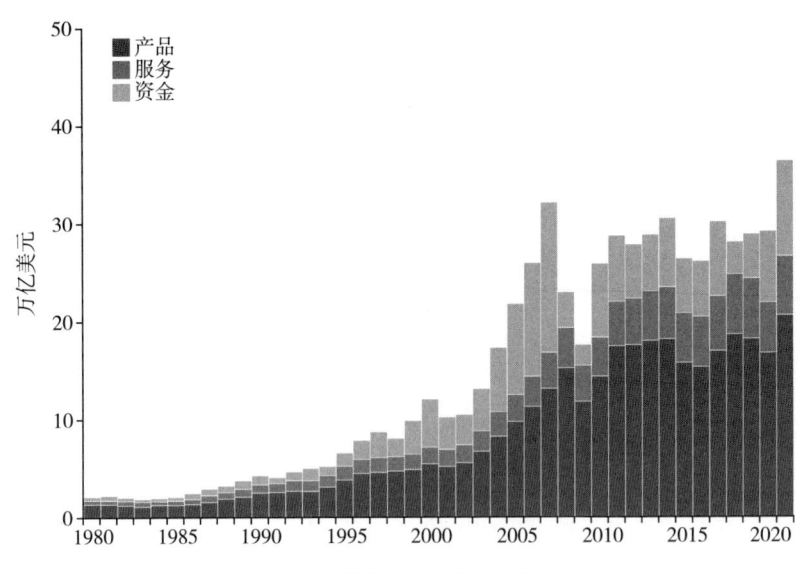

图 11.2a　全球的产品、服务和资金流动

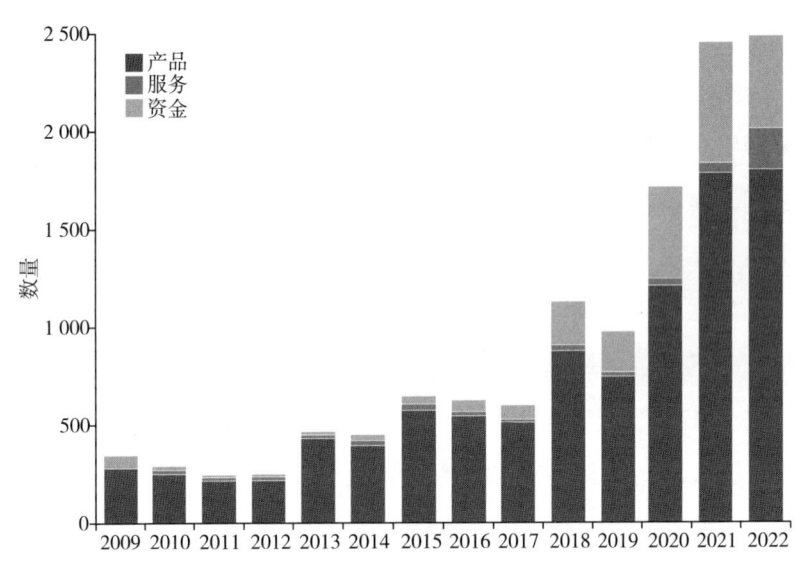

图 11.2b　全球实施的贸易限制措施

注：图中只显示了出口的情况。

资料来源：Kristalina Georgieva, "Confronting Fragmentation Where It Matters Most: Trade, Debt, and Climate Action", IMF, 16 January 2023。

理论",意思是两个都开设了麦当劳连锁店的国家之间不会再发生战争。[39] 在过去 30 年的大多数时候,这个理论看似成立。然而,俄乌冲突及其衍生冲击推翻了弗里德曼的结论。它或许是对我们时代的一个比喻,尽管麦当劳已在乌克兰重新开始营业,但这家提供巨无霸汉堡的餐厅,这家在柏林墙倒塌后首批进入俄罗斯的美国企业,与大约 1 000 家西方企业一起于 2022 年共同撤出了俄罗斯市场,其位置很快被名为"只有美味"的当地山寨连锁餐厅取代。[40]

过去一些反全球化的政治运动,尤其是在世界贸易组织峰会举办地或美国内陆城市爆发的反自由贸易运动,如今已远远不限于街头抗议。在游行运动爆发的地方,会场内的某些领导人也感受到了同样的不安,例如匈牙利的欧尔班·维克托、英国的鲍里斯·约翰逊、土耳其的埃尔多安以及美国的特朗普,他们纷纷反对开放世界给自己国家造成的伤害。

自由贸易让我们变得更加自由,西方国家民众享有的权利和机会能够也应该变得更加普遍可及,这样的理念如今却似乎极具毒性,借用反对保护主义的加拿大财政部长和副总理克里斯蒂娅·弗里兰(Chrystia Freeland,又译方慧兰)的说法:"讲这些词汇的时候不可能不带着羞愧的表情。"[41]

全球化依然极富活力,尽管程度不同并正在改变。《经济学人》杂志描述了一个跨境贸易和投资放缓、银行贷款枯竭、供应链萎缩的世界,由此认为"全球化的黄金时代"已经终结,并将如今的新时代称作"慢球化"(slowbalisation)时代。[42] 在这样的时代中,企业和国家强调韧性高于效率,强调保证供给的"以防万一"新策略,而非节约成本的"追求时效"的老思路。全球化正面临认同危机。但我们不赞成用快或慢来描述全球化，而主张以"轻度全球化"（globalization-lite）来定义未来，最优结果取决于我们能否对全球化实施有效管理。

虽然遭遇了新冠疫情和俄乌冲突的打击，虽然有流血、疤痕和变化，全球化仍在坚持行进。前方会有起起落落、高峰低谷，但与商业周期并无太多不同。在全球化发生巨变的同时，飞机高度并没有下降，铁路上也没有亮起更多红灯，而数字通信还越跑越快。

全球化仍在持续，但超级全球化的时代已经终结。如今以安全为重的轻度全球化仿佛某种调光开关，可以调得更亮或更暗、更深或更浅，让各个国家在一体化与独立性之间寻找平衡。超级全球化的高光时代让我们看到，过度凸显一体化和独立性中的任何一方都不可取。

在美国，全球化的光芒已有所减弱。国家安全顾问杰克·沙利文在近期的一场演讲中质疑了一切贸易和增长都是好事，并会带来和平与繁荣的新自由主义观点。[43]美国两党共同支持的2022年《芯片与科学法案》将投入500亿美元，以重振国内制造业，创造有良好收入的本国就业岗位，强化美国的供应链以及加快未来产业的发展。[44]美光科技公司宣布将投资1 000亿美元，在纽约建设一家计算机芯片厂。英特尔公司则将在俄亥俄州投入类似的金额。[45]根据国际货币基金组织的分析，自新冠疫情暴发以来，各家企业报告中提及生产回迁、业务回流、近岸外包的次数几乎增加了10倍。[46]"中国+1"的战略被更多跨国企业采纳，意思是避免只把投资放在中国，而寻求业务布局的多元化。但如果东西方脱钩变成现实，这个战略只会是一种临时性安排。

从宣布加强保护主义到实施具体行动还需要时间，包括借助生产回迁、近岸外包和友岸外包来缩短全球供应链。不受保护主义限制的跨境数据流动、在线服务贸易可能继续扩张，数字连接的进步将帮助我们从实物贸易为主导转向在线贸易为主导，数字信息将大大增加，而实物产品数量相对变少。不过，目前仍在运转的供应链规模庞大，仅中国就控制了四分之一以上的全球制造品。就像新冠疫情的封控场景所示，中国的任何波动都会给下游造成严重后果。供应链转移不是浮华的表演，而是一场重大的经济动荡。在今天支配经济活动的政治因素的作用下，这样的转移正在快速发生。

大约 30 年来，各国政府始终把开放贸易作为自己的使命，这正是新自由主义运动的核心。但如今，各国政府正在要求市场用安全替代经济，用韧性替代效率，用以防万一替代追求时效，尽管效果参差不齐。例如美国财政部长珍妮特·耶伦表示的顾虑："我们不能容许中国那样的国家利用它们在重要原材料、技术或产品上的市场支配地位来干扰美国经济，或者发挥地缘政治杠杆作用。"[47]

贸易和地缘政治在未来数年都会变得不同，并被更具保护主义色彩的全球化重新定义。杰克·沙利文一方面在倡导双边、区域或特定议题上的联盟，例如"印太经济框架"，另一方面对于发挥国际组织网络的作用，以全球性方案来解决全球性问题，他的政策却更带有怀疑色彩。[48] 如果我们不能控制好平衡，国际货币基金组织所说的"失控的地缘经济分裂"可能导致新的冷战局面，让世界分裂为彼此对立的经济集团。[49] 这种分裂会带来很高的成本。国际货币基金组织的数据表明，在未来数年不同程度地强化经济安全将使全球总产出减少 0.2%~12%。[50] 欧洲中央银行根据生产回迁国家的不同工资弹性，测算了回迁对于通胀的潜在影响，发现可能导致通胀率增加 0.9%~4.8%。[51]

这种情景并不必然会发生的，新的冷战及其严重的经济后果应该是可以避免的。事实上我们面临的挑战正在于：把推动持续经济增长的必要行动与维护国家自主权的必要行动区分开来。

危机与复苏

以上的结构性巨变会带来怎样的结果？

当我们撰写本书时，全球贸易本该因为走出新冠危机而喷涌，实际上却处于低迷状态。世界贸易组织总干事恩戈齐·奥孔乔－伊维拉在 2022 年 9 月表示，由于众多因素的影响，全球贸易的前景不容乐观：从俄乌冲突到供应链瓶颈延续，再到极端天气现象和新冠防疫政策。[52] 世界银行则警告，全球经济行走在剃刀边缘，有陷入重大衰退的风险。[53] 国际货币基金组织不仅预测全球经济增长率将从 2022 年的 3.4% 下降至 2023 年的 2.8%，而且认为五年期全球增长率将达到多年来的低谷。[54]

这些都是我们身处长期危机世界面临的挑战，对此没有单一链条式的解决方案。但我们依然有可能实现对现存全球架构的变革，从而改变世界的面貌。这些讨论将在本书后续部分展开。

第 12 章
轻度全球化：美味而减量

避免高难度任务

对于全球化最大胆、最乐观的表述或许来自波音公司的787型飞机。

这一"梦幻机型"于2004年发布，计划于2008年投入运营，号称要带来航空旅行的革命。革命不是指速度，例如像协和式超声速客机那样把纽约与伦敦之间的飞行时间减半，也不是像波音747那样，通过增加航班上的座位数，让航空旅行变得更为平价可及。

波音787承诺带来的革命在飞机的外壳上面。此前的绝大多数飞机是用铝合金板作为材料，以铆钉固定起来。787机型则采用了复合材料的全新工艺。这是商业飞机在历史上首次以先进复合材料作为主体，将使飞机重量减少20%，维护成本减少30%，机械复杂性下降50%。[1]

总体来说，这些改进将推出一款明星机型，能够高效而平价地为200~300名乘客提供远程交通服务，油耗大大减少，运营成本更低，并可以选择航程更远、拥堵更少的点对点服务，避开伦敦希思罗机场那样密集的枢纽。

依靠上述数字和承诺,波音开始力推这款飞机。结果也很不错,波音787成为历史上销量来势最猛的宽体喷气式飞机。[2] 显而易见,波音787抓住了全球化的要义,能够把之前无法实现的遥远距离连接起来,例如从亚的斯亚贝巴到里约热内卢、从阿姆利泽到伯明翰,从洛杉矶到洛美等,无须中转,也不像商务飞行服务那样过于昂贵。[3]

此外还有一场革命,波音787不只要把全世界连接起来,自身也是由全世界联合制造出来的。在最初的大型喷气式客机波音747中,仅有5%的部件来自海外,而波音787中达到了创纪录的30%,如果加上美国境内的非波音公司的供应商,外来部件的占比会达到70%。[4]

法国赛峰集团生产起落架[5],德国代傲公司生产舱室照明设备,意大利阿莱尼亚公司生产一部分水平安定面。在日本,三菱公司负责机翼,川崎公司负责前机身,富士公司负责中翼箱。这一切分包都是波音公司为降低成本所做的冒险,可能增加利润,也可能扩大风险,但最终为此付出了代价。

利用全球供应链来支持一个突破性的机型遭遇了波折。波音公司管理层试图用一种新办法来管理供应商,《哈佛商业评论》对此有详细记录:"他们不是先有完整的拼图,再让供应商做出相应的拼图模块,而是要求供应商自己为飞机部件设计蓝图。作为历史上首款采用复合材料制造的机型,来自五花八门的供应商的各种部件无法很好地拼接起来,这一点并不令人意外。"[6]

由于各种延误的叠加,波音787进入商业服务的时间从2008年推迟到2016年。在该机型的项目启动时,专家估计研发费用将达到 85 亿美元。[7] 到 2021 年，考虑了延期与搁浅的因素后，这个数字可能已接近 500 亿美元。[8] 波音公司在许多地方不得不进行干预，把若干部件重新转入内部生产。

全球化并未失败。事实上，如果离开全球化，波音 787 飞机可能永远造不出来。但全球化和波音公司都需要得到妥善管理，这是容易出问题的地方。你不能光喊喊"让我们跨越大洋，精诚合作"之类的口号，然后毫无章法地推动一体化进程，而是必须用高度协同的方式进行管理，远远不止把订单分撒到世界各地那样简单。然而与常见的情形一样，妥善管理并没有实现。

在 2014 年反思 787 项目的惨痛失败时，波音公司的 CEO 吉姆·麦克纳尼谈道，给未来留下的教训是，"我们从心态上应该避免过于高难度的任务"。[9] 他指出："我们其实应该像苹果公司那样"，寻求渐进式的发展。确实自那之后，波音公司就采用了渐进路线，对波音 737 与 777 机型做迭代升级。但这两种机型都面临欧洲空中客车公司的新产品带来的压力，使波音的市场份额下滑。截至 2023 年，波音公司还没有在 787 之后推出新的机型。

更友好、更温和、更妥善管理的全球化

英国《经济学人》杂志认为，全球化的这种新型迭代"将比之前的时代变得更简易和更不稳定"。[10] 这很可能会出现，但只是在缺乏良好管理的情况下。随着超级全球化时代走向终结，我们需要在此后争取实现妥善管理的轻度全球化。

2005 年的电影《辛瑞那》中有个场景，一位负责并购业务的石油公司高管对如下观点表达了赞许："使劲盯住那笔债务，不久

之后，它就会变成资产。"[11]创造机会而非引发焦虑的妥善管理的全球化也可以成为资产，而非负债。现在的问题绝非要不要全球化，而是能否对其加以妥善管理。

如今，拒绝超级全球化的部分国家有机会把全球化改造成可以妥善管理的模式。我们可以回想下之前提到的英特尔公司与美光科技公司的例子，它们投入数百亿美元来增加美国的芯片生产。美国并没有作茧自缚，选择自绝于全球化，而是决定通过对自身的投资，即对本地经济、本土工人和本地制成品的投资，来改变对全球化以及外向缺陷的管理。假以时日，随着半导体产品向海外输出，这些在美国腹地的投资将向外产生辐射效应。最高效、最合理的产业政策不会让美国或其他国家断绝同全球供应链的联系。我们必须做的是改善对全球化的管理，在民众要求的本国自主权与国际合作之间找到恰当的平衡（见图12.1）。

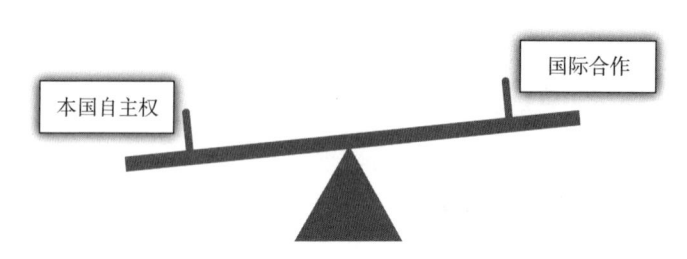

图12.1 本国自主权与国际合作的平衡

我们不能奢望各国放弃似乎与全球化相悖的改进自身竞争力的战略，因为全世界大多数国家都在制定和实施自己的产业政策，包括占全球GDP份额合计超过90%的100个国家。这其实是一个机会，不仅可以提高各国的竞争力，而且能更好地帮助那些在过去太长时间里被发展进程抛在后面的人群。[12]

转向轻度全球化，即依然保持开放，但更具包容性、更妥善管理的全球化，也意味着转向更关心生态环境、更注重社会责任的经济活动。我们很少从自己丢弃的废品角度去思考以邻为壑的政策，例如日常生活带来的一次性塑料制品、破旧轮胎、腐败垃圾等副产品。但实际上，这个世界上有种垃圾全球化现象，而且已经持续了很长时间，其含义是富裕国家把各种废品出口到欠发达国家。我们丢掉的东西并没有都送到自己当地的垃圾填埋场，每年有数十亿磅重的废品和垃圾被分门别类，装进集装箱，用船舶运送到世界各地的许多国家。欧洲的废品可能送往土耳其，美国的垃圾可能抵达马来西亚，韩国的可能交给越南。

然而这种废品运输流近期已经转向。中国在 2018 年禁止此类进口，马来西亚紧随其后，泰国停止发放许可证，还有些国家则将垃圾送回原地。[13] 这个例子表明，世界各国树立起了之前没有过的贸易壁垒，但总体上对全球有好处。原因在于，本就应该迫使富裕国家处理好自己的废品，而不是将其转嫁给他人，哪怕市场上存在对此类物品的需求。这样的转折可以迫使全球最大的污染方（如美国）直面自己的废品问题，并开发出更好的解决方案。

由于全球航运业每年排放的温室气体总量高达 10 亿吨，上述转折对缓和气候变化问题也会有所帮助。[14] 在此前接收废品的国家，它们的环境和人群将不再付出牺牲。对于从超级全球化转向有管理的全球化这个过程的反思，可以提高世界各国和我们每个人的成本意识：不仅是财务回报意义上的成本，还包括给环境带来的各种成本。

垃圾并非富裕国家向贫困国家出口的唯一不健康产品，金融传染也是，金融市场上的肆意挥霍会导致全球的经济衰退。由于利率飙升以及美元汇率创历史新高，西方国家还在输出通胀。可是在技能和教育方面，西方国家则没有充分输出，对这些产品的投入被限制在国境线内，并未渗透给全世界最贫困的人群，即保罗·科利尔（Paul Collier）所说的"最底层的10亿人"。

米勒低度啤酒有句著名的宣传语："味道好，不胀肚。"管理得当的轻度全球化应该保留超级全球化的优点，而放松其包袱，提供同样的好味道，同时大大减轻饱腹感。如果名副其实，这种管理得当的新型全球化有望从各方的出气筒变成保证各国经济发展与稳定的支柱。

开启自己的全球秩序冒险旅程

今天的新全球秩序的成功，要求我们利用各种协议来有效管理各国的相互依存，通过全球化的拓展来最大限度地实现包容性，且不损害其开放性。我们面临的议题不是解除日常生活中无处不在的相互依存，而是如何有效管理这种相互依存，并增进大多数人的利益，而非只为极少数人服务。

2022年底，随着俄乌冲突的持续，有导弹落入北约成员国波兰境内，中美关系在巴厘岛的二十国集团峰会后仍处于不信任状态，身兼记者与外交政策专家的詹姆斯·特劳布此时提出了一个疑问："在发生近乎第三次世界大战程度的事件过后，世界秩序将会以及应该如何重建？"[15]特劳布把多个参数输入这个思想实验中，包含我们会生活在基于规则的自由主义秩序中的情景。这一假想实验很有必要，因为与我们当前经历类似的重大地缘政治变革曾在过去促进了新机构的诞生和改革，从联合国到世界银行等。

针对特劳布的问题，有许多人的回答值得认真品味。全球秩序重构及其可能实现的成果，也是促使我们撰写本书的主要推动力之一。

首先，我们看到了成立由美国领导的自由贸易区的构想。来自彭博社的米思伟与专栏作家阿德里安·伍尔德里奇认为，应对当前挑战的答案并非"放弃经济自由主义"，而是对其重新设计。[16]他们设想的具体重构方案是："自由世界联合起来，创造另一个比此前任何时候更加团结、更加密切联系和更加可持续的模式。"[17]但鉴于最近对经济一体化的偏离以及保护主义政策的兴起——从提高关税到近岸外包和生产回迁，更不用说美国内部对于实施共同农产品标准等贸易协定的反对势力——他们的建议很可能遭遇强大阻力。而且，即便这一美国领导的自由贸易区可以取得成功，也很可能把中国排除在外。借用托马斯·弗里德曼发明的说法，这属于"中国退出式"（Chexit）策略。[18]

第二种构想是成立民主国家联盟。美国领导的自由贸易区在很大程度上与政治无关，民主国家联盟则以价值观为基础。亚当·珀森认为这好比"民主国家建立的尽可能广泛而深入的共同市场，包括产品、服务乃至劳动参与机会"。[19]约翰·伊肯伯里与安妮-玛丽·斯劳特主张建立"民主国家联盟"，要求自由民主国家"承诺担当起对彼此的一系列严格义务"。[20]这听上去有些类似于詹姆斯·特劳布自己设想的成立"和平与正义联盟"，面向愿意"接受国际私法机构管辖，改革自身经济中的重商主义和掠夺行为，并且减少对海外的残暴独裁者的支持"的所有国家。[21]

目前的数据支持主张建立自由主义联盟的构想。美国及其盟友占全球 GDP 的一半以上（全部加起来近 60%），所以西方国家面临的任务将是"深化志同道合的国家之间的经济一体化，同时对灵活性有改善的专制国家敞开大门"，通过推进自由贸易，把自由世界更紧密地联系起来。[22] 然而从定性的角度看，这种构想会遇到麻烦。基于价值观而非利益的联盟带有绝对主义的色彩：要么加入，要么出局。而对于希望建立符合当前多极化时代要求的新全球秩序的各国来说，任何由西方领导的模式都可能被视为新瓶装旧酒。还有一个难题是：对民主的定义各有不同。如果为了美国的利益要把沙特之类的国家纳入联盟，他们肯定能够找到理由。

在2021年拜登总统召开的"民主峰会"中，我们就见证了这种定义上的尴尬之处。缅甸和朝鲜等国缺席会议并不令人惊讶，但在112个受邀国家的名单中，也有些出人意料的情况。新加坡与孟加拉国未获得邀请，但若干在民主与法治方面存在明显缺陷的国家却出席了会议，诸如菲律宾、巴基斯坦、尼日利亚和刚果（金）等。拜登政府没有公开邀请参会的标准，布鲁金斯学会的研究报告则指出："决定谁应该加入的首要标准应该更加客观，而不是基于条约、宪法和原则之上的主观判断。"[23]

理查德·哈斯与查尔斯·库普坎提出了第三种构想：不是用自由贸易把世界结合起来，也不依靠意识形态僵化的民主国家联盟，而是依靠新的大国合作作为联合的力量。哈斯与库普坎看到了欧洲协调机制在1815—1914年发挥的稳定作用，法国、俄国、奥地利、普鲁士与英国在那个时期相互保持交流与合作，和今天的不确定时代参差相似。让这个合作体系与众不同并且非常适合如今的对立世界的是两个决定性特征：政治包容性与程序宽松性。[24] 这样的合作体系并不采用约束性的协定，而代之以对话平台，成员可以在私下坦诚发表意见，而无须承受决策机构经常面临的各种压力。民主国家与专制国家之间的界限也会在其中被淡化。

欧洲协调机制据称确保了一个世纪的和平，远远超出其他假想情形，但最终没能阻止第一次世界大战爆发。哈斯与库普坎在《21世纪全球协调机制》一文中提议，由六大势力占据主导地位，包括中国、欧盟、印度、日本、俄罗斯与美国，合计占全球GDP的70%以上，也就是之前的八国集团加上中国和印度。[25] 这些势力联合起来，可以通过对话达成共识，即使在没办法开展合作的时候，也可无拘束地彼此提出批评。可是这两位作者假设六大势力会寻求"维持而非推翻领土现状"，鉴于当前的世界局势，该假设似乎显得过于乐观了。

第四种构想是通过中国和美国联合而成的两国集团（G2），并对它们的支配地位做重新安排。该理念出自卡特政府的国家安全顾问、已故的兹比格涅夫·布热津斯基（Zbigniew Brzezinski），他主张用两国集团把中美两国更密切地联合起来。彼得森国际经济研究所的弗雷德·伯格斯滕（C. Fred Bergsten）也支持此观点。布热津斯基在2009年就指出："中美两国必须成为全面的伙伴，与我们同欧洲和日本的关系并列。所以，两国的最高领导人应该按照预定日程开展非正式会晤，加强个人之间的深入交流，不只针对两国关系，还应包括世界范围的普遍议题。"[26] 布热津斯基反对静态的关系，认为两国之间的关系会不可避免走向拓展或收缩。与当时相比，拓展中美关系的意义在今天变得更加重大。

美国前财政部长亨利·保尔森曾警告，要防止中美两国"脱钩"，因为这会让我们在经济上更缺乏竞争力，并给世界的稳定与和平带来威胁。[27]本书作者戈登·布朗在《改变世界的七种方式》(Seven Ways to Change the World)一书中指出,更大的分裂或脱钩可能表现在如下10条断层线上:贸易、货币、知识产权、产业政策、技术、人权、台湾问题、核武器、气候变化,以及亚太主导权和网络对抗带来的安全挑战。[28]这一分裂还可能导致亚洲货币基金组织与国际货币基金组织的竞争,亚洲基础设施投资银行与世界银行的竞争,人民币与美元作为全球储备货币的竞争,以及不同互联网标准的竞争等。不过两国集团的构想有一个核心缺陷,即没有考虑中美之间在价值观上的差异,以及创建该集团和开展行动会面临的政治障碍。

那么,这些构想给我们留下了何种启示?两国集团的构想无疑会激怒被排斥在高层协商之外的日本、法国、德国、欧盟等其他主要经济体。美国领导的自由贸易区同样难以实现,因为美国国会不愿意放弃现有的产业保护政策,给欧洲和亚洲经济体更多特权,另外这样的贸易区只能覆盖不到一半的世界区域。经济上的民主国家联盟的构想必然会陷入挣扎,因为美国自己对民主的定义也不统一。它在"人权"问题上对中国横加指责,却又容忍沙特和卢旺达等国的制度。这很难给成功的全球治理提供坚实的基础,最终结果可能因为各成员方未能在自己境内坚持民主准则而将其逐一开除。全球协调机制也有自己的难题,因为把部分经济体排除在外就永远无法实现全球性,只会加剧会员俱乐部式的东西方意识形态对立的理念。

目前还有一个构想很有吸引力,即中国和美国之外的国家联合起来,利用它们作为摇摆国的力量来管理全球经济。与之相关的构想是,非政府组织和企业等民间力量可以在全球联手,提供一种开展全球治理的渠道。此类构想同样要克服挑战，为什么？以包含众多小国的《禁止核武器条约》为例，由于核大国都没有参加该条约，这一控制核武器扩散的努力几乎注定失败。因此，从民间力量联合起来到各个小国结成对抗性的集团，其他各种选项也没有给世界秩序的有效管理找到可行的思路。

所有上述建议的最大缺陷或许在于，它们构想的都是新的排他性俱乐部，都没有覆盖更广泛的世界。联合国和国际货币基金组织等全球机构的影响力尽管在目前有所下降，但它们仍是发挥积极作用的力量。忽略国际组织的作用的任何建议都会招致失败。

由此带来了我们构想的第六种重要选项：通过改革现有国际组织，以及通过更少考虑各国内部安排、更多考虑遵守国际共同规则的合作尝试，来重新建设全球治理架构（见表 12.1）。

表 12.1 针对国际新秩序的各种构想

美国领导的自由贸易区	×
民主国家联盟	×
大国协调机制	×
中美两国集团	×
民间力量发挥领导作用	×
现有国际组织的改革和强化	√

面向多极化世界的新型多边主义

无论你是在重新更换屋顶，还是从地基开始修房子，搞建筑都需要得到许可。国际治理架构的大修同样如此：应该有一整套标准来确保所有人（国家）都在场，根据同样的设计图纸来建设需要翻新修整、可以长期维持的制度。

但在世界各国联手工作之前，它们需要确认：能否就指导新型全球秩序的最基本规则达成共识。前文已经指出，对于开展国际合作行动的情景不能做简单设定，而必须根据不同案例和不同议题做具体安排，包括在不诉诸武力的情况下解决国际争端，避免以邻为壑的政策，以及应对流行病、污染、移民和其他危害人类和地球的威胁等。

任何国际规则都必须考虑民族国家保持合法性所依赖的自主权。而在决定合作范围的时候，我们还必须考虑世界上有不同的价值观体系、不同的政府组织体系，以及不同发展阶段的国家的不同要求等。与冷战结束时很多人的预期相反，世界各国并没有在意识形态、利益和身份认同上出现走向统一秩序的普遍趋同。

未来有可能找到一条能实现自主与合作恰当平衡的发展道路，但这需要我们首先承认：各个国家的独立自主都受制于所有国家之间的相互依存。

如果有机会前往美国犹他州的鱼湖国家森林公园，你会走入面积达 107 英亩、包含 4.7 万棵随风摆动的白杨树的丛林深处。那里的每棵树都独具特色，但它们在基因上都与同一个根系有关，使这片丛林成为世界上最大的活的有机体。[29] 如果从国际事务的视角看，我们的世界很像这片白杨树林。

相互之间距离最近的树木，就仿佛我们跟自己的家人、朋友、邻居之间的关系。再向外走，我们在树林中会看到有类似价值观、政府体制和民族使命的其他国家。最典型的例子是欧盟，它在几十年里从关税同盟发展为共同市场,再到成立单一市场与货币联盟。尽管欧盟还不是财政联盟,但各成员国的一体化已足够深入,可以实施从较富裕国家到较贫穷国家的资源重新配置。与加入联合国或者世界卫生组织相比,成为欧盟成员国承担的相应义务明显更为广泛而深远。在我们所处的树林中继续向远处走,会超出欧盟那样的已经实现国家主权部分让渡的范围,但各国仍需遵守一套国际规则,在涉及共同利益的领域约束自身的行为。

在树林中走到最远的地方,抵达边缘位置,我们可能会见到采用不同生存方式的国家,与自己缺乏共同点,但也需要和平共处与互不干涉。对各个国家而言,肯定在某些涉及特殊重要性的事务上无法达成多边协议,但在某些涉及共同利益的事务上仍可以开展合作,尤其是避免以邻为壑的政策以及提供全球公共品。

丹尼·罗德里克与斯蒂芬·沃尔特提出了"元体制"(meta-regime)理念,认为这可以作为一种工具,围绕各国赞同或不赞同的事务组织对话,并促进共识或谅解,作为全球秩序改革的基础。[30]

他们全面总结了引导全球行动的四大类构想:最小化重大战争的风险,尊重人权,保护人类可以持续生存的环境,以及管理商品、资本、信息和人员的流动。[31]对比我们提出的建议,即彻底改造现有国际组织(从国际货币基金组织到世界银行、世界贸易组织、二十国集团、联合国等)以及改进全球公共品供给,上述基本原则有诸多相通之处。罗德里克与沃尔特还指出,全球一体化加深、国家主权与民主制度这三者之间有内在的矛盾,这是对三难问题的另一种表述。他们似乎认为,必须在全球政府与自治政府之间做出选择。

我们相信有可能实现合作与自主权之间的平衡,且无须破坏任何国家对自身民主价值观的坚持，办法就是对现有国际组织加以改革和重组。毫无疑问，只有在利弊权衡之后，各国才会同意汇集和分享国家权力。我们当前所处的不再是单极、新自由主义和超级全球化的世界，现有国际组织缺乏改革，难以满足新国际形势的需要，所以我们必须对它们做现代化改造，使它们能够实现目标并提高效率。为了所有国家的利益，这是可以做到且应该做到的。

人们常说，英国宪法在理论上行不通，但至少到最近之前，它在实践中却能够有效发挥作用。在当今世界，国际合作或许属于类似的情况：受到意识形态、民族、经济和历史等各种障碍的困扰，我们难以清晰描述未来应该如何开展有效合作的完整理论，但如果我们针对问题和制度逐一寻求突破，仍可以在实践中推进合作。

在本书开头部分，我们承认理想的方式并不总是可行。在全球秩序的全面改造方面，理想与现实的缺口尤其突出，但困难并非完全不能克服。

我们并不主张回到冷战后时代的旧多边主义模式。如今强调韧性胜于效率，安全方面的顾虑经常压倒曾经是时代特征的自由贸易流动，这样的情况看来不会很快得到改变。因此，我们需要由一套更新后的全球组织界定的新型多边主义，以处理当前没有解决或者没有很好解决的问题。

我们必须把这方面的事情做好。中美关系非常紧张，我们甚至不难想象如下情景：世界主要超级大国之间的关系完全破裂，停止贸易对话，停止关于疫情的信息交流，不再尝试为防止饥荒开展合作，不再分担维持和平的成本。那会是一个完全破裂的世界，并且很有可能发生。

对全球组织的更新改造可以开启我们急需的乘数效应增益的大门。这样的全球组织可以为环境目标筹集资金，让世界各国为行动负责；可以促进负责任的全球投资；不只对危机做出响应，还能提前监测和发现风险。组织建设经常是在重大故障之后才会发生，例如在战争或者金融危机之后。但在今天，鉴于世界各国紧密的相互依存，对国际组织的改造不再是可有可无的选择，而是必须完成的任务。

第 13 章
国际组织的重生

避免大分裂

对国际组织的改造取决于我们的合作意愿。

古希腊历史学家修昔底德在《伯罗奔尼撒战争史》一书中谈道:"雅典崛起及其给斯巴达带来的恐惧日增,使这场战争变得不可避免。"对斯巴达而言,和平的选项原本优于战争。但斯巴达担心雅典势力增强会挑战自己的地位,于是和平愿望被击得粉碎。战争爆发了,斯巴达在付出沉重代价之后击败了雅典。不过从世界历史看,这场战争的爆发本身要比战争的结果重要得多。

美国政治学家格雷厄姆·艾利森(Graham Allison)提出了"修昔底德陷阱"这个术语,以描述"当一个新兴大国威胁要取代一个守成大国时,会自然而然、不可避免地发生的混乱"。[1]艾利森在《注定一战》中对此做了详细探讨,并认为中国与美国的关系已处在风雨飘摇的境地:

> 自二战结束后的70多年里,世界秩序是由华盛顿领导的基于规则的框架定义的,并造就了一个大国之间没有直接爆

发战争的时代。当代的大多数人认为这就是世界的常态，历史学家则称之为罕见的"长期和平"。但在今天，日益强盛的中国正在动摇这一秩序，对几代人视为理所当然的和平提出了疑问。[2]

对于和平能否延续，人们普遍抱有疑虑。俄乌冲突让台湾问题再度成为焦点：美国会在多大程度上加以干预？中美之间目前经常展开唇枪舌剑的交锋，涉及从半导体到社交媒体的各种技术领域。从世界贸易组织到联合国，两国在多个全球论坛上的分歧也凸显了关系的裂痕。包括欧盟在内，美国的各个盟友和伙伴以不同的热度参与到这场角力中，不仅把中国视为"强劲竞争对手"，还贴上政治对立面的标签。[3]

当东西方关系恶化到足够程度的时候，战争还不是唯一的风险。我们已经看到未来滑向"一个世界，两种制度"的趋势，出现对立的全球组织、对立的联盟阵营、不同的资源调配计划和不同的应对艰巨挑战（从气候变化到经济增长）的计划。联合国秘书长安东尼奥·古特雷斯警告："我们的世界无法承受两个最大经济体给全球造成巨大分裂的前景。"[4]那么，我们如何能够引导世界避免这一巨大分裂？

有一个领域的答案是显而易见的。虽然用了很多年，但中国和美国如今都已认识到环境污染是生死攸关的大问题，如果没有双方的通力合作（它们合计占全球近一半的总排放量），将无法得到解决。这是双方都表达了合作愿望的一个关键领域，并且在政治上没有那么敏感，不至于严重阻碍进展。污染只是我们需要合作机制的众多议题中的第一个，但如果中美两国能在该领域成功开展合作，就有望为更深入的协调配合打开大门。

我们必须把护栏建好。中国和美国都应该认识到，它们的竞争和冲突包含内在的危险。美国前国务卿亨利·基辛格曾指出，一旦达成这种共识，"就可以开辟合作通道，设立新的机制，让两国能够在危机早期阶段相互通话，商讨如何控制或者避免危机，以及如何处理某些一般议题，其中最突出的依然是如何应对气候变化"。[5]

在冷战时期，华盛顿与莫斯科通过对话来避免核战争。如今，华盛顿与北京也需要通过对话来避免任何毁灭性的后果，从偶发冲突到气候灾难等等。加强沟通是必要的，但仅此还不够。双方应该创建中国倡议的"安全网"，以减少灾难爆发的可能性，当然我们不应忘记现实之中仍充满风险。

关于开展合作的渠道，可以有两种理解方式：双边视角和全球视角。对于双方都表达过合作愿望的领域，例如疫情防控和缓解气候变化等，中美两国能够并应该在双边层面力争达成共识。而在全球层面，中美两国应该通过国际组织来携手合作，使这些机构变得更为强大也更有效率。通过增强而非削弱的国际组织来推进合作，才能让我们取得最佳的成果。

关于中国和美国如何看待与对待二战后形成的国际组织，我们需要纠正一条错误的路线。二十国集团、联合国、世界贸易组织、国际货币基金组织与世界银行设立的目的都是支持各国的国家目标和国家公共品。我们如今面临的挑战则是如何改革这些组织，以拓展其视野，提供全球公共品，即对所有国家和所有人有益的事业。[6]此类公共品可以被每个人享有，同时不会损害对其他任何人的好处。例如，保护热带雨林就不只是一个国家的公共品，而是全球公共品，疫苗开发与健康水平改善也与之相似。根据定义，全球公共品的提供不会导致相互竞争，而是共同受益。所有现存国际组织都需要改革，鉴于它们是分享国家权力的机构，其改革只有通过各国的合作才能推动。

世界贸易组织的改革

我们如何在负责国际商业活动的组织中恰当实现各国自主权与相互合作的平衡？如今并没有一个国际权威机构明确负责制定投资、数据、劳动力流动、国际转账和支付限制等方面的规则。在发达国家组成的经济俱乐部经济合作与发展组织之外，没有其他组织负责制定全球税收规则。尽管有各种行动，包括新达成的关于公司所得税最低标准的全球协议以及联合国牵头达成的税收协议，在约束税收天堂方面依然进展有限。这些税收天堂的存在严重破坏了包容性全球化的理念。

在历史上，全球贸易协定是多边主义模式在商业领域取得的重大成果。世界贸易组织能够发挥的作用来自成员方之间达成的抵制保护主义和重商主义的基本共识，包括去除关税壁垒，实施知识产权保护，防范从产业补贴到汇率贬值等各种以邻为壑型的政策等。在1948—1995年，由于美国国会没有支持设立预想中的国际贸易组织，《关税与贸易总协定》（GATT）承担起了建立国际公平竞争环境的任务，尽力消除给国内厂商提供优惠、限制外国竞争对手的现象。这一公开的暂时性妥协安排依靠外交、谈判和自愿协议来解决国际纠纷。《关税与贸易总协定》把各成员方的关税率降到历史最低水平，却没有干预成员方的社会与经济制度安排。而当世界贸易组织根据新的可强制规则创建后，各成员方的自主权与国际合作之间的平衡发生了改变。

如果说 2009 年的二十国集团峰会是支持自由贸易的国际合作的高光时刻，那么这一精神并没有外溢到世界贸易组织。自 1993 年乌拉圭回合谈判达成最后一次多边贸易协定以后，始终没有新的全球贸易协定出现。在如今更为一体化和更加相互依存的经济中，我们反而不能像在 20 世纪较为松散的全球经济中那样达成全球贸易协定。这是因为民族主义的影响，各方没有做好将被世界贸易组织管辖的准备。

我们看到的不只是贸易合作的停滞，还有倒退，这并不令人诧异。各国在近年来总共引入了约 443 项与新冠疫情有关的贸易管制措施，其中数十项在我们撰写本书时仍在执行。[7] 俄乌冲突给国际贸易造成了又一轮打击，其他的还有生产回迁、近岸外包和友岸外包，都代表着对全球贸易精神的明确背离。如今，中国与美国都在越发远离世界贸易组织。这同样不让人意外，因为越来越多的专家认为，贸易收益在国家之间以及国家内部的民众之间的分配并不公平。发达国家的公众舆论把自己的制造业岗位流失归咎于贸易开放，而非技术开放。发展中国家则苦恼于高薪制造业岗位的承诺始终没有变成现实。许多人感觉，发达国家待遇优厚的工作岗位是被贫困国家的低收入岗位所取代，并且抱怨在半个世界有所进步的同时，发达国家的半数民众却陷入了停滞。

世界贸易组织在总干事恩戈齐·奥孔乔-伊维拉的领导下取得了各种成就，包括成功地利用仲裁结束对人道主义机构的食品供给限制，保证把更多疫苗供应给贫困国家，终结大多数渔业补贴，以及推进覆盖数字贸易和气候变化内容的前瞻性工作议程等。

但上述问题遮蔽了他们的业绩。[8]

贸易协定需要充分认识到世界经济在最近数十年发生了多大的变化。当中国于 2001 年加入世界贸易组织时，它在全球贸易中的占比还不到 5%，如今已提高至原来的 3 倍以上。[9] 在同一时期，美国在全球贸易中的份额从 11% 下降至 8%，落到中国之后。也是在这个时期，美国对不公平竞争的抱怨逐渐升级。美国贸易代表戴琪新近的发言向中国方面放出了狠话："中国没有采取行动，像 20 年前加入时的表态那样接受世界贸易组织及其规则所依赖的市场导向原则，反而在经济与贸易活动中保留和扩展了政府主导的非市场模式。"[10] 彼得森国际经济研究所发现，在 2002—2018 年，美国官员有 23 次在世界贸易组织中挑战中国的做法，目前取得的战绩为 20：0，还有 3 个案例尚未裁决。[11] 这是让任何参与体育比赛的队伍都会眼红的成绩。

有人或许会指出，无论《关税与贸易总协定》还是世界贸易组织的设计都没有充分考虑中国这样的国家的崛起，后者在今天仍被归类为发展中国家，却不再属于低收入国家行列。还有人认为，当我们在应对完全相左的意识形态与殊为不同的政治体制时，将不再有普遍适用的规则。这样的冲突助长了美国在世界贸易组织中采取带有蓄意阻挠倾向的做法，如有时因为不满世界贸易组织的法官有权推翻成员方的政策，而阻挠上诉机构的人事任命。借用美国贸易代表办公室的话来说："世界贸易组织没有权威在事后评估成员方对涉及安全的广泛威胁做出反应的能力。"[12] 这引出了一个更为基本的疑问：以规则和裁决为基础的体系能否给各成员方提供它们想要的自主权。由于没有人对任何可行的改革方案达成共识，整个世界贸易组织的体系目前陷于停滞状态。

世界贸易组织的麻烦部分源于单极时代已经终结。在二战后的大部分时期,世界贸易组织(及其前身)被广泛视为"有类似政治观的成员方的俱乐部",国际货币基金组织与世界银行也属于类似的情况。[13] 在某种程度上,的确存在这样一个以美国为主导的俱乐部。

如果你不能在这样的俱乐部中获益,那就与观点和利益接近的其他人组建另外一个俱乐部,由此还可以维护自主权。全球各地目前正借用这种办法兴起区域化的贸易组织。例如,《区域全面经济伙伴关系协定》(RCEP)包含亚太地区的15个成员国,是当前最大的区域性贸易组织,占全球GDP的近30%。[14] 该组织没有太多要求成员国必须遵守的规则,并由于印度决定不加入,其实力受到了一定限制。

中国目前还试图加入《全面与进步跨太平洋伙伴关系协定》(CPTPP),该组织包含11个成员国,是美国首先提议但后来放弃的《跨太平洋伙伴关系协定》的后续成果。避免出现一个世界、两种制度之未来的关键措施是让中国和美国共同加入《全面与进步跨太平洋伙伴关系协定》,这不仅对中美两国有利,也能助益整个环太平洋地区。世界贸易组织必须与这些区域性贸易组织联合,且并行开展工作,绕开它们已经没有现实意义。

很自然,中国方面也希望看到世界贸易组织的改变。习近平主席曾呼吁:"要推进世界贸易组织和国际金融货币体系改革,促进世界经济增长,保障发展中国家发展权益和空间。"[15] 中国认为自己应该在各个全球组织中得到更多的尊重。与之相对应,美国方面则感受到中方带来了持续的威胁。

那么,我们该如何在世界贸易组织中寻求自主权与国际合作的平衡？我们当然需要多方面的改革，包括"修订世界贸易组织的补贴规则，以应对农业、工业、服务业乃至快速发展的数字经济对公平竞争环境的顾虑"，不过，更为紧要的是改革争端解决机制，使其能行之有效。[16] 正如世界贸易组织的一位前任法律事务官员所述，美国这样的国家应该探讨如何改革争端解决机制，加快速度并提高透明度，"把多项议题综合起来处理……这样会带来更多讨价还价机会，从而高效解决分歧"。[17] 但这要求更大的灵活性，更频繁采用仲裁程序，并可能意味着把更多时间投入谈判，更少依赖法院判决。此类工作已有某些进展，世界贸易组织总干事恩戈齐·奥孔乔-伊维拉还计划在2024年对争端解决机制进行全面改造。

要让世界贸易组织发挥作用，所有成员方都需要重新遵守并鼓励各方通过（而非绕开）该组织来解决问题的基本原则。因此，除改造争端解决机制和界定国家地位，活跃的成员方还应该让贸易代表们联合起来，给未来的第二代世界贸易组织（WTO 2.0）制定大纲。[18] 彻底改造后的世界贸易组织必须充分考虑当前的地缘政治格局与生产回迁和友岸外包趋势，以及区域贸易协定继续扩展的可能性。如果能采用更为全面的做法，在自主权与国际合作之间找到平衡点，尤其是保护好贫困国家的劳动和贸易权利，将有助于平息当前对世界贸易组织目光过于狭隘、过于关注富裕国家利益而牺牲贫困国家的指责。

另外最关键的一点是，正如丹尼·罗德里克建议的那样，世界贸易组织即使不能拥抱，也必须接受"经济模式的多样性"。[19] 世界贸易组织及其成员方应该面对现实，放弃狭隘的"唯一道路"的思维。产业政策正在回归许多国家的议事日程，在中国和其他一些新兴经济体采用的经济模式中，至少有某些重要部分是西方国家在历史上曾经用过的同类政策工具。当然，区域贸易协定将比包含整个世界的基本协定的内容更为丰富，但我们应该努力确保贸易领域的决策少一些"我们对抗他们"的对抗色彩，多一些"我们联合他们"的合作色彩，并找到共同制定竞争规则的出路。

二十国集团的重塑

上一章谈到，关于中国和美国结成两国集团的讨论应该给落后于时代的二十国集团敲响警钟。与私人经济部门的情况类似，拒绝改变会带来"扰动"，这个常见术语被用来描述各种震荡现象，从多嘴的小学生到优步和来福车等应用程序给出租车行业带来的冲击。

从二十国集团历届峰会可以看出，无论是在各成员层面，还是借助世界银行之类的多边组织，该集团对解决全球公共品问题的作用很有限。二十国集团的成员未能持续拿出联合行动来应对重大问题，如从通胀到能源价格飙升等。而在提出某些建议的时候，例如2009年的"多边行动计划"试图联合全球力量来推动无通胀的增长，成果并不显著。另外如名称所示，在今天这个相互密切联系的世界中，二十国集团已成为一个过于排外的俱乐部，少数人的决定影响到太多人的命运。

中国、美国和欧盟作为二十国集团中最具实力的成员，应该带头提出改革计划以提升该集团采取行动、发挥影响的能力。最起码的一点是，二十国集团没有设立秘书处，缺乏开展行动的固定基地。其他多边组织都设有秘书处，如联合国总部在纽约，世界贸易组织和世界卫生组织在日内瓦，北约组织在布鲁塞尔等。在二十国集团的现有架构下，没有一个永久性的总部来协调事务，而是由轮值主席国在其任期内设立临时秘书处，经常以轮值主席国的首都为基地。来自其他成员的会议筹备代表则被戏称为"夏尔巴人"，在这个临时机构里开展工作。如此缺乏效率和效果的体系制约了透明度与合作行动。

二十国集团应该有一个永久性基地，并把权力分散到不同职能领域，借鉴世界银行、国际货币基金组织和联合国的做法，交给专家团队，而非集中在少数临时筹备代表手中。各方应该设立对应的办公室，由专家组成，负责政策推进。二十国集团目前缺乏这样的架构。虽然官僚机构经常被人们当作一个带有贬义色彩的词，但这样的职业能够延续数千年时光，自有积极的理由。

还有个悬而未决的问题涉及二十国集团与国际货币基金组织之间的关系。应该划出明确的界限，即二十国集团是政治领导人的会议，而国际货币基金组织是由经济体系的管理者负责的。国际货币基金组织重点关注经济稳定、先进经验交流、技术支持和监管，二十国集团的任务范围则广泛得多。我们可以设想，把二十国集团扩展为一个带有自身"选区体系"的论坛，由政治领导人来制定战略，然后交给世界银行、国际货币基金组织和世界贸易组织等机构的国际公务员去执行。

还有，二十国集团非常需要一个连贯的行动纲领，不是由轮值主席国的临时兴致来决定，而是反映更广泛群体的诉求。目前实施的主席国每年轮值的体系缺乏效率并导致会议公报的内容过于狂乱而分散，经常过度倾向于主席国关注的议题，而非更广泛群体面临的挑战。延长主席任期以及采用联席主席制度，在轮换之前让一个以上的国家共同担任主席职位，此类措施有可能增强会议公报的代表性和谨慎程度。

二十国集团目前约占全球 GDP 的 85%，国际贸易额的 75% 以及全世界人口的三分之二。[20] 然而非洲的埃及和尼日利亚*，亚洲的新加坡和越南等一些重要经济体还不是永久成员。尽管主席国可以邀请其他国家参与峰会，但这主要反映它们自身的利益，算不上包容性的做法。虽然二十国集团的公开目标是"确保经济增长和繁荣"，而最需要援助的全球最贫困国家在其中却没有被充分代表。美国如今已承认应该支持非洲国家获得更多的代表性。

能够覆盖更广泛发展中国家的改进后的二十国集团最终将具有更大的代表性，乃至合法性，并需要有效发挥全球经济主要决策论坛的作用。为此可以扩大成员规模，到 2050 年，全球前 20 大经济体中将有 11 个亚洲国家，它们需要被纳入二十国集团。同时，非洲将占据全球总人口的 25%，它们不会满足于只有一个成员的席位。因此，未来的最佳出路或许是形成一个"选区体系"，把各个经济体归入地域性的群组，并采取轮转的方式，从各个群组中每年选出一个经济体作为参会代表。目前有太多经济体被排斥在二十国集团的决策圈之外，建立更具代表性的体系恰逢其时。

增强联合国的灵活性

联合国的改革面临一个特殊挑战，这恰恰来自它通过一致共

---

* 这两个国家作为非盟成员，已于 2023 年 9 月成为二十国集团正式会员。——编者注

识而创建起来的方式。事实上，寻求全体一致的共识很可能走向死胡同。众所周知，前任秘书长达格·哈马舍尔德就间接提到过这种挑战："一切都会好起来，你知道什么时候能做到吗？就是当人们不再把联合国想象成毕加索的古怪抽象画，而是当成自己的作品之时。"[21] 假如说依然有某些人把联合国当作抽象画，那我们确实该着手对它做重新思考和解读了。

我们不能忽视或轻视联合国。过去 80 年来，联合国在国际社会发挥了核心作用，包括维持和平、减少贫困以及设立可持续发展目标等宏大的全球性行动。为了给世界创造更美好的未来，它的若干事业仍在推进之中。如果没有联合国，人们的自然反应会是创立一个由各国共同参与的类似大会。联合国也遭遇了诸多失败，从全球目标的资金短缺，到对暴政和种族灭绝行动反应迟缓。尽管如此，联合国依然具有重要意义。多边机构独立委员会主席陆克文在 2016 年的报告中详细阐述了联合国改革的路线图。他提出，联合国举足轻重的地位来自诸多理由，其中之一是它不能被轻易取代，并有能力自我改造。[22]

安全理事会在联合国众多改革事项上排在首位，它是负责维持国际和平与安全的主要机构。与二十国集团类似，安理会也是一个包含特定国家的特殊俱乐部：中国、法国、俄罗斯、英国和美国五大常任理事国，再加上另外十个轮值的非常任理事国。安理会派遣的联合国维和部队帮助实现了全球诸多热点地区的和平，从西奈半岛到南斯拉夫地区等。然而，安理会作为最强大和最具影响力的联合国机构，却受困于两个长期被诟病的结构性缺陷：成员数量太有限，以及一票否决权，即只需要一票否决就可以阻止决议通过。这样的设计造成了组织的虚弱。例如在 2022 年，当安理会针对俄乌冲突试图通过决议时，俄罗斯就行使了否决权。

2006年，约翰·伊肯伯里与安妮－玛丽·斯劳特针对联合国改革提出了一整套建议。他们期待建立一个"有代表性和高效的"安理会，在增加理事国数量的同时废除一票否决权，以便能够对危机做出迅速响应。[23] 他们在当时谈到了承担保护责任、制止达尔富尔种族屠杀、解决伊朗核危机以及化解以色列与黎巴嫩真主党紧张关系等热点问题。时间已过去良久，问题却依旧存在，并愈演愈烈。面对从叙利亚内战到缅甸种族屠杀与俄乌冲突等复杂局势，一个强大和负责任的安理会有望帮助我们化解类似的危机。

从长期看，增加安理会理事国数量是可以实现的目标。自五大常任理事国在1945年最初确立以来，世界已发生了天翻地覆的变化。法国和英国的经济实力持续衰减，印度、巴西、印尼、尼日利亚、南非和埃及等成为新兴的经济与区域性强国，它们都渴望获得常任理事国的地位，这可以让安理会决议变得更具包容性和代表性，同时弱化西方中心式权力架构的印象。扩大安理会规模还有助于解决否决权带来的另一项挑战，在涉及人权或侵略的议题上取消所有国家一致同意的要求，以重新强调保护各国国民免受屠杀和虐待的责任。

联合国面临的挑战还有很多。它有自己的预算难题，这不足为奇。各会员国分摊的会费是根据国民收入和人口规模来估算的，美国需要负担数十亿美元，博茨瓦纳只有数百万美元。还有给联合国各机构单独拨付的资金，从世界卫生组织到世界粮食计划署等。可是许多会员国并没有一贯按时缴纳自己应付的费用，或者说力所能及的部分。例如在特朗普总统任期内，美国就暂停向联合国人口基金会拨款，并削减了拨付给联合国艾滋病项目以及世界卫生组织的资金。[24] 随着各会员国的政治风向发生转变，它们缴纳的经费时有波动，但联合国的支出却在持续增加。

更糟糕的是，会费只能覆盖联合国预算中有限的一部分，资金缺口必须由会员国及其他赞助方的自愿捐款来填补。例如在美国的节假日里，你经常能看到有孩子拿着联合国儿童基金会的捐款箱在向路人募捐。陆克文在报告中指出，联合国的预算审批程序与世界上任何其他机构都不同，在预算年度开始前两年零三个月即启动，有11道决策流程，超过8 000页的建议方案。[25] 这种情形必须改进，四处求施化缘的日子必须结束，必须形成专用资金流。联合国在全球的作用不能因为预算难题而被压垮。现任秘书长古特雷斯很长时间以来呼吁各成员国承担起更大的拨款责任，并采用金融创新，这些措施有望产生作用。

外星人来袭

在许多领域，开展合作的需求显而易见，我们欠缺的只是政治意愿。

那么，中国和美国能够联合起来应对重大议题吗？苏联领导人戈尔巴乔夫在1985年日内瓦峰会过去多年以后，回忆起跟美国总统里根的一场值得纪念的对话。那是在会议间歇期，里根问他，如果遭遇外星人入侵，苏联会不会放下对美国的敌意，出手相助。[26] 戈尔巴乔夫回应称："毫无疑问。"里根于是说美国也同样会帮助苏联。尽管这样的场景从未发生过，但那场对话的精神流传了下来：某些事情的重要性足以融化冷战中最厚的坚冰。

里根和戈尔巴乔夫愿意在面临外星人入侵时放下仇恨，精诚合作。与之类似，中国和美国作为当今世界最主要的两大强国，能否放下分歧，联手拯救地球呢？这是能够做到的，但它们是否真会做到，只能留给时间去证明。

在有共识的领域抓住机遇，在缺乏共识的领域努力寻求变通，从而取得进步。这就是约瑟夫·奈说的"局部和平"的含义。[27] 一个领域的进步可能给其他领域产生外溢效应，并协助构建持久的和平，或者至少能够降低冲突的风险。积跬步以至千里，这样的合作不仅有益于中美两国，也可以造福全世界。

第 14 章
给未来筹资

做好事与做得好

假如你想了解夏威夷群岛的历史,詹姆斯·米切纳的小说《夏威夷》会是本很好的入门读物。该书从这些岛屿如何从火山喷发中诞生讲起,直至它们成为美国的一部分,波澜壮阔的叙述中包含各种有趣的启迪与丰富的细节。

我们今天了解的夏威夷群岛的经济力量格局,在许多方面是由若干传教士塑造的,他们构成了这些岛屿上的"创始家族"。米切纳的描写出色地捕捉到了那个时期的情绪:

近年来,谈论传教士变成了一种时尚:他们到这些岛上来做好事,而且做得很好。但有些人则借用传教士们的宣传语"他们来到一个黑暗的国家,给那里带来光明",挖苦说:他们偷走了所有搬得动的东西,当然是让夏威夷变得光光的了。[1]

这是个很有意思的教训:做好事与做得好不好没有多少必然

联系。它表明家长式等级结构可能给文化与社会造成多么大的破坏和毁灭，帮助行动经常会变成自利行动，市场力量又始终在发挥作用。

现有国际组织诞生于二战结束之际，在苏联解体后，帮助实现了"美国治下的和平"，并在减贫、抗击疾病和促进经济增长方面做了大量的好事。但是，当我们跟这些干预措施的接受方的人们交谈时，却总能听到不同版本的故事：把痛苦的结构性改革作为提供紧急经济援助的前提条件，援助集中在少数受青睐的对象，其他众多国家则无人关心，如此等等。

为应对和克服未来数年极其艰巨的挑战，以及在此过程中做点好事，当前的国际金融机构必须进行全面改造。

布雷顿森林体系的姊妹机构

世界银行与国际货币基金组织都诞生于1944年的布雷顿森林会议。世界银行最初的名称是国际复兴开发银行，负责帮助欧洲国家进行战后重建。直至20世纪60年代后，世界银行才把重心从重建（复兴）转向开发，成立了国际开发协会（IDA），给贫困国家提供高度优惠的贷款或信用额度，帮助给电厂和公路等大型基础设施项目筹集资金，以及为减贫、医疗和文化普及等项目助力。世界银行的援助为数亿民众摆脱贫困发挥了积极作用，例如在中国。

国际货币基金组织设立的初衷是承担其他任务：充当最后贷款人，给爆发危机的国家提供支持。但与该组织的英国设计师约翰·梅纳德·凯恩斯最初设定的远大目标相比，它作为全球宏观经济合作的促进者的角色被大大压缩了。

世界银行与国际货币基金组织虽然扮演着不同角色，但有必要把它们放到一起讨论。这两个机构是真正的全球性经济组织，有着共同的历史，未来也会携手同行。问题在于，它们的未来会是什么样子。

近 80 年来，世界银行与国际货币基金组织并不总是给各国提供紧急贷款或支持发展项目的救世主。即便在财务状况最好的时期，例如 1960 年，世界银行相关部门能发放的贷款也只相当于中等收入国家 GDP 的 1% 多一点。有时候还伴随着结构性调整计划的要求，让借款国实施财政紧缩、推行私有化或放松监管的自由市场政策，以及出售国有企业等。

如今，各国主导的模式无法应对全球性问题。从气候变化到大流行病，都需要全球性解决方案来提供全球公共品。正如美国财政部长珍妮特·耶伦说的那样："我们现有的多边发展融资架构本不是为解决此类跨国挑战而设计的。"[2]

在太多情况下，我们看到各国通过世界银行与其他开发银行来追求自身的利益。这种自利行为本身没有什么错，但如果考虑到外部性，我们会发现有些麻烦：一个国家的支出会给另一个国家乃至更广大的世界造成副作用。解决全球公共品的问题要求采用全球性的筹资模式，世界银行可以在这方面牵头推进。而面对相互依存和一体化程度加深的世界，国际货币基金组织需要发挥关键的补充作用：对全球经济的运行做好监控。

美国和德国呼吁推进世界银行的改革，金砖国家金融体系扩展大大削弱了西方国家在世界银行与国际货币基金组织的主导地位，它们能否就这些机构的重组达成共识，让这些机构在新的时代承担新的使命？

这方面的需求强烈且迫切。在几十年的不凡成就之后，世界银行最主要的减贫目标已变得停滞不前。如今大约有6.5亿人（约占全球人口的8%）仍生活在每天2.15美元的绝对贫困线（世界银行目前设定的标准）之下，且看不到在2030年之前获得大幅改善的希望，那是国际社会确立的消除绝对贫困现象的最后期限。[3]如果我们把标准提高至每天6.85美元，即中等偏上收入国家的水平，则全世界接近一半的人口仍未达到。尽管市场需求在新冠疫情后有所增强，低收入国家和中等偏下收入国家要让国民摆脱贫困，并支持高质量的教育、医疗和就业，依然面临诸多不利条件。2020年发展中国家的总负债达到其国民总收入的42%，使它们严重缺乏推进减贫项目所需的财政空间。[4]

除了上述目标，即在"宜居的地球上"消除绝对贫困现象尚未实现，世界银行还有第二个关键目标：提升全球底层40%人口的收入份额。[5]这个指标能够在一定程度上反映经济增长的包容性，当然各国的总体增长率同样重要。贫困国家与富裕国家之间的差距越大，提升国内下层群体收入水平的难度越高。

不仅绝对贫困人口增多，国内不平等程度恶化，而且环境污染和新冠疫情等问题也要求我们关注提供全球公共品。因此，世界银行必须承担起更大的使命——为全球公共品筹集资金。当前的所有全球优先任务都面临艰巨的融资挑战，例如在2022年，医疗项目仅占世界银行年度融资金额的15%，教育项目更是不及5%。也就是说，对于这两个最迫切的全球公共品，世界银行只投入了不到其20%的资金。

世界银行依然是全球发展投资的最大单一来源，并且在改进全球公共品供给框架、帮助实现可持续发展目标方面扮演着独特的角色。然而面对必须满足的需求，它可以利用的资源还很不充足。为支持可持续发展目标和提供全球公共品，每年所需的费用将达到 4 万亿美元。[6]

即使我们把各国国内的资金来源和国际援助都累加起来，官方的发展援助经费也仅维持在每年 1 800 亿美元左右，只是所需投入的 4 万亿美元的一小部分。在新冠疫情期间，世界银行提供的条件苛刻的贷款等其他类型的发展经费增加到了每年约 1 500 亿美元，但危机前仅有 1 150 亿美元左右。若以实际人均水平测算，目前对中等收入国家的扶持甚至低于 20 世纪 80 年代。

虽然世界银行有发挥良好作用的巨大潜力，它提供的贷款占全球经济的比例却在缩水。1960 年，世界银行集团的主要部门国际复兴开发银行的贷款余额超过中等收入国家 GDP 的 1%，如今占比只有当时的一半左右。在 1995 年之后的十年中，世界银行给低收入国家和中等偏下收入国家提供的年均发展融资金额达 190 亿美元，相当于这些国家国民收入的 1.1%。而在 2019 年之前的十年中，它提供的年均发展融资金额为 470 亿美元，仅占受援国 GDP 的 0.7%。非洲国家的总人口到 2050 年可能翻番，但世界银行估计，通过国际开发协会提供给低收入国家的援助却会减少一半以上。

人们提出了多种倡议，试图把国内的支持措施与全球公共品的提供连接起来。最近由巴巴多斯总理米娅·莫特利（Mia Mottley）牵头提出的"布里奇顿倡议"（Bridgetown Initiative）建议公共部门与私人部门采取共同行动，包括发展碳交易市场，在主权国家、开发银行与私人部门的债务合同中增加自然灾害相关条款，作为更广泛的债务重组倡议的组成部分等。不过，给我们提供全球公共品的主要责任依然落在世界银行与国际货币基金组织的肩上。

国际货币基金组织现任总裁克里斯塔利娜·格奥尔基耶娃把保持韧性、可持续性与健康运营作为优先任务。该组织需要改进为面临支付危机的国家提供贷款的制度设计，目前还听到更多设立缓解信托基金（Mitigation Trust Fund）的呼声，希望筹集新的资金来确保各国的发展目标不会因为违约风险而发生偏离。当然在这项工作中，世界银行应该成为尖兵，努力扩大贷款规模，具体办法包括增加资本金，在现有资源和杠杆担保的利用上加强创新，以及让发展中国家有资格获得更多优惠贷款等。

世界银行的改造及资本结构调整

总的来说，世界银行目前有 2 680 亿美元股本，支持着 4 700 亿美元的贷款存量，从面向发展中国家的条件苛刻的贷款和优惠贷款，到支持私人部门的股份和贷款投资，以及防范政治风险的担保等。

美国前财政部长劳伦斯·萨默斯把世界银行的彻底改造视为拜登政府"实现关键外交政策成就的最大机遇"，并认为该银行可以成为"危机响应、冲突后重建以及至关重要的支持全球可持续健康发展的必要巨额投资的主要工具"。[7] 为此当然需要付出代价。世界银行有无与伦比的潜力成为全球公共品银行，进一步强化其承担的发展使命，这种角色转换要求在新任行长彭安杰领导下开展一整套综合改革。幸运的是，彭安杰行长已认识到了这点。

接受提名后不久，他在《金融时报》撰文指出：气候变化、移民和疫情等问题强烈地提示我们，世界银行"在今天必须顺应变化，以迎接创立者当初想象不到的挑战"，同时也需要私人部门在这些工作中发挥核心作用。[8]

彭安杰说得没错。世界银行必须在资金动员方面成为积极的催化剂。2015年，国际货币基金组织与世界银行联合发表了题为《从十亿到万亿：发展融资转型》的报告，提出发展融资需要做出"范式调整"，对发展援助预算发挥催化和杠杆的作用。[9] 在医疗、教育和环境等各种类型的全球事务中采用更开放的融资模式，将迫使世界银行与捐助国改变对各个国家提供零散项目的做法，转向由更宏大策略和更全面发展观指引的新模式。

世界银行还必须成为我们动员私人资金的平台。但如今，世界银行的官员缺乏应有的激励去动员私人资金支持公共资金项目。可以采用的方式包括与私人部门联合融资、通过次级贷款和担保来减轻潜在投资项目的风险，以及改进各国内部的公共投资能力等。

世界银行在这里面临一个真正的挑战：给提供全球公共品所需的融资创造挤入效应。为做到这点，不仅需要从私人部门动员资金，还应发挥各成员方的力量。我们需要扩张世界银行的资本金和资产负债表，使它不仅能够宣传提供全球公共品的重要性，还可以拿出真金白银把事情做起来。实现全球发展目标与提供全球公共品意味着我们需要在看似没有可能的地方找到资金，需要从目前有限的资金池中挤出所有可用的部分。

让我们首先来看看世界银行集团负责为中等收入国家提供贷款的主要机构国际复兴开发银行。该机构在新冠疫情危机中提供的贷款达到创纪录的 300 亿美元，而在 2011—2020 年的平均水平约为 210 亿美元。与我们实现可持续发展目标所需的数万亿美元相比，实在相去甚远。[10]

问题还不止于此。该机构的资金池太小，行政审批程序太冗长，一般项目需要两年多才能获得贷款。当某个国家遭遇紧急情况时，无法等待那么长时间，因此各国纷纷转向作为最后贷款人的国际货币基金组织。相比之下，后者的资金拨付可以达到光速，当然伴随着更苛刻的条件，并带有耻辱的意味。国际复兴开发银行的另一个问题是，它提供的是有息贷款，而非拨款。

与利率提升把购房者逐出市场类似，各国的财政部长到那个时候也会选择削减公共品投资。低收入国家可以获得国际开发协会（世界银行面向最贫困国家的资金窗口）的支持，其贷款利率仅为 1.25%。而一旦这些国家达到中等偏下收入水平的及格线，贷款方通常就会从国际开发协会调整为国际复兴开发银行，贷款利率随之提高，优惠条件减少。于是在这些从国际开发协会的优惠贷款转向国际复兴开发银行的昂贵贷款的国家，我们会发现用于人类发展项目的资金大幅减少了 60%。[11] 它们对减缓气候变化和促进教育的支出意愿也随之下降。

世界银行目前的贷款结构安排不利于那些在经济发展阶梯上取得进步却仍需继续投资的国家。我们可以把国际复兴开发银行与国际开发协会的贷款窗口想象成市场上的柠檬水小摊，后者的价格要优惠得多。

人们很早就知道对上述问题的解决方案：扩大资本金基础，让世界银行可以提供更多贷款。这要求世界银行普遍增资，让股东们缴纳更多资金。全球发展中心（Centre for Global Development）

估计，同比例增加 320 亿美元的资本金将使年度贷款金额在 2030 年达到近 500 亿美元。对于筹集足够资金，以解决人力资本和气候变化等各种问题的任务而言，这可以是个起点。

世界银行要扩大自己的贷款能力，还可以更有力地利用国际开发协会的股份作为杠杆，以加大对低收入国家的援助。国际开发协会目前没有像传统银行那样使用杠杆，其运转更像是补助金和借贷基金。它发放的许多贷款是基于协会的如下立场：这些长期项目能够在数十年后带来回报，并以此提升贷款能力。总体而言，国际开发协会的股本的保守价值超过 1 800 亿美元。若能利用杠杆，可以给世界银行增加约 1 000 亿美元的可用资金。

世界银行还有一个选项，就是合并面向低收入国家的国际开发协会与面向中等收入国家的国际复兴开发银行。

这样做可以让我们充分利用杠杆这个未被重视的强大工具，同时在操作得当的时候继续保留世界银行的 AAA 评级。在日常生活中，使用信用卡或申请学生贷款都属于利用金融杠杆。国际发展行动面临的挑战则是，信用卡的支出上限在历史上设定得过低。国际复兴开发银行当前能够利用的 5 倍杠杆率是件好事，但还不够高，是较为陈旧的发展融资架构。

如果把国际开发协会与国际复兴开发银行合并，可以使后者的资本金翻两番，在目前约 500 亿美元的基础上加入国际开发协会的 1 800 亿美元股本，达到 2 000 多亿美元的规模。如果因为信贷风险，给国际开发协会的股本按 25% 打折扣，仍可以给国际复兴开发银行带来约 1 000 亿美元的资本金，从而给中等收入国家提供约 5 000 亿美元贷款。如果再加上普遍增资带来的约 1 000 亿美元，将使贷款总额达到约 6 000 亿美元。当然，这依旧不足以填补可持续发展目标的资金缺口，所以政策制定者还需要寻求其他方案。下面我们将探索有哪些新的融资模式。

到 2023 年下半年，我们终于看到了国际融资机制（International Financing Facilities，IFF）的推出。亚洲开发银行宣布，依靠美国和其他八个国家的担保成立了新的气候基金，并将很快采用这种模式来为教育筹资。[12] 印度的二十国集团工作小组（劳伦斯·萨默斯担任联席主席）在报告中提出，到 2030 年把年度多边投资金额增加两倍，并且利用类似的担保支持融资机制来筹集 300 亿~400 亿美元，以响应二十国集团 2022 年关于全球健康事业的报告的要求。米娅·莫特利的开创性"布里奇顿倡议"2.0 版也讨论了类似的融资建议。另外按照彭安杰行长的新思路，世界银行已宣布设立一只新的投资组合基金，把股东自愿提供的担保转化为总额达 300 亿美元的新投资。[13] 所有这些项目都是明智地利用担保作为基础，并表明各方对国际融资机制的支持日渐加强。

国际融资机制的威力

追求伟大要求新的思维，国际融资机制正是为此而设计。它的特色是利用股东提供的担保，继而把多边开发银行的资本金释放出来，用于其他贷款。决定借款数额的杠杆率始终是与信用风险挂钩的。就像财务状况良好的人经常有不错的信用评分一样，较发达的贷款国往往有很好的信用评级，从而可以用最低成本借款或贷款。

国际融资机制的做法不是全额吸收资本金，而是按照 0.15 实收资本加上 0.85 担保的比例来筹资，这就是它的力量来源。这一融资机制还可以被世界银行等多边开发银行采用，进一步提高投资组合的杠杆，利用世界银行的 AAA 评级把 1 美元放大到 4 美元。总体而言，通过少量实收资本加上强大的担保支持，最初的 0.15 美元可以通过杠杆放大到 4 美元（见图 14.1）。与国际复兴开发银行目前 5 倍的杠杆率相比，用低成本的实收资本创造出 27 倍的开发贷款将是前所未有的进步。

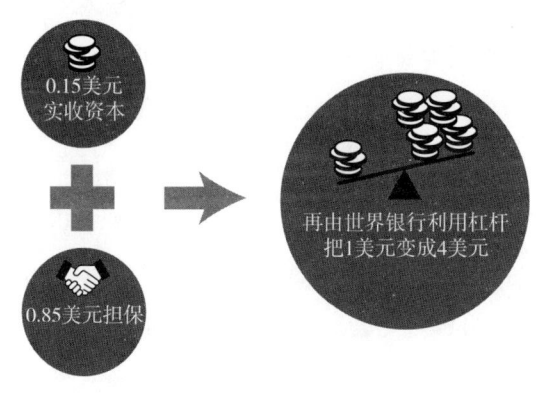

图 14.1　国际融资机制

这是一个不容我们错过的机会窗口。针对大量的特定发展事业，都可以设立多种国际融资机制。今天全球仍有 1.3 亿人面临严重饥饿，2.6 亿儿童不能上学，三分之一的人缺乏安全饮用水，导致对发展援助的需求极为迫切。[14] 事实上，如果有若干国家希望对某个特定领域带来切实帮助，它们完全可以通过担保来做出贡献，与多边开发银行合作，动员各方资金，以确保儿童入学、提供清洁饮用水以及消除饥饿等。

对于这些迫切需求，让我们把各种未得到利用或未得到充分利用的资源都动员起来吧。

国际货币基金组织的早期预警和危机防范职责

我们不可遗忘布雷顿森林体系的另一个姊妹机构。毫无疑问，国际货币基金组织必须继续承担它在后布雷顿森林体系世界的主要职责：作为危机管理机构，给遭遇金融冲击的国家提供紧急流动性支持。克里斯塔利娜·格奥尔基耶娃的进步派领导风格对国际货币基金组织是好事，但未来还必须有更多行动。国际货币基金组织在新冠疫情期间做出承诺，将充分利用 1 万亿美元的资产负债表来拯救世界经济，事实上只批准了 2 670 亿美元的新融资。

没有人会否认危机管理和危机预防应该携手并进，但人们却抱怨，国际货币基金组织在与汇率波动、资本外逃和国民经济平衡表脆弱的国家打交道时，经常不能在尊重各国的自主权与提供合作方案之间找到恰当的平衡。一方面有人批评国际货币基金组织侵犯了各国的独立性，因此在债务国那里很不受欢迎，甚至不具有合法性。另一方面，又有人批评国际货币基金组织在有更多正当理由开展行动的领域做得太少。

1997 年亚洲金融危机后，本书作者戈登·布朗作为西方七国财政部长会议的主席访问了所有主要亚洲经济体，并发现了一个显著的模式。在每个经济体，国际货币基金组织的干预都明显过度，坚持把经济自由化纲领作为提升信誉和实现繁荣的唯一途径，凌驾于各经济体政治家以及资深机构之上。这些干预的效果很糟糕，以至于催生了应由中国牵头建立亚洲货币基金组织的呼声，以提供比国际货币基金组织更有吸引力的货币互换，还使得亚洲经济体相信，它们必须积累起超出必要水平的更多外汇储备。借用广受敬重的中央银行家保罗·塔克的话来说，国际货币基金组织在当时"看起来更像一个超国家治理的工具或机构，而非开展国际合作的代表"。[15]

国际货币基金组织的危机预防使命要求它更加积极进取。在2007年春季之前，戈登·布朗曾担任指导该机构的委员会主席。在此岗位上，他推荐了一份关于监督和识别全球经济风险的新报告。这种类型的监督当时还在起步阶段。布朗推荐的新报告不止一次明确警告：过度承担风险和过高杠杆率的金融机构可能引发动荡。犹如宿命一般，国际货币基金组织在全球金融危机爆发前错失了发出早期预警的机会。

亚洲金融危机后，德国中央银行与英国和美国方面达成协议，于1999年发起了金融稳定论坛（Financial Stability Forum），同国际清算银行一起提供经济监测服务。集中应对全球金融危机的2009年伦敦二十国集团会议以后，金融稳定论坛被升级为一个委员会，即金融稳定委员会（Financial Stability Board）。时间又过去了十多年，这一监控雷达仍不够完善，金融危机和金融事故仍在世界上兴风作浪。金融稳定委员会显然必须再度得到强化，国际货币基金组织应该加入其中，全心全意地填充当前缺失的全球经济监控和早期预警机构的角色：识别各种风险和威胁，并预测对全球经济的潜在冲击。

在这方面，注重借鉴先进经验会带来实实在在的好处：改进各国应对未来冲击的准备，从而降低申请紧急贷款的可能性，减轻维持巨额储备以偿还债务的成本。我们比过去任何时候都更需要密切的经济监控，这背后有充分的理由。

如今，国际货币基金组织有可能忽略前方更令人担忧的一场金融风暴：全球影子银行业危机。影子银行又称非银行金融机构（NBFIs），它们在美联储之类的金融监管当局的管辖范围之外开展经营，较为隐秘地利用缺乏保护的储户资金，其资产负债表也不受银行法规的约束。此类机构利用储户资金开展的风险业务基本上不受监管。对其中某些类别（特别是负债驱动型投资基金）所做的压力测试只考虑了1个百分点利率提升的情景，这远远小于实际情况，而即便如此，许多影子机构也难以通过测试。

监管体系下的大银行需要接受压力测试，以确保它们在经济下行期能够继续正常经营，不会给全球金融和经济运转带来风险，影子金融机构则不受同样的约束。金融稳定委员会于2021年发布的一份报告估计，影子金融机构的份额已接近全球200多万亿美元金融资产的50%。[16] 这不是我们凭着胆子大就可以糊弄过去的地方。除了国际清算银行与金融稳定委员会，国际货币基金组织也应该带头发出相关的警示。

从历史渊源看，国际货币基金组织的监控使命可以追溯到该机构在二战之后的初创期。从紧急贷款发出前开始，到整个借款期，国际货币基金组织都需要持续监控对方的国际收支平衡表。当时，国际货币基金组织基本上是在私下里追踪，没有做太多公开发布。而在今天这样相互密切联系的世界中，国际货币基金组织必须对自己掌握的情况有更多公开透明的介绍。有些国家的账目可能没有公开，但紧密的全球相互依存却已经改变了游戏规则，信息的缺失不只会威胁个别国家，还可能损害所有人的利益。

信息不对称是多次危机的根源或者说影响因素之一。例如在全球金融危机爆发前，不同利益相关方对于坏账、问题杠杆和巨额市场赌注掌握的信息各不相同，都想利用对手方的信息不足来获利。在"9·11"事件发生前,美国各情报机构相互之间非常封闭,没有共享本可能避免灾难的关键信息。我们只能基于自己掌握的信息开展决策和行动,但信息的共享能改善全人类的福利。

监控在使用得当的时候是强有力的工具。因此,国际货币基金组织应该努力"拓展自己的研究分析边界",包括考察和预测气候变化、疫情以及新型贸易壁垒的负面影响等。[17]这方面的工作不会遭遇太多阻力。

从减贫到给全球提供疫苗、抗击致命疾病,在世界银行为全球公共品筹集资金的时候,国际货币基金组织必须给予支持,并积极宣传此类投资的缺失可能带来的严重后果。

风险建模不仅对确保财务回报结果至关重要,也能提供过程中的参考,帮助各国为前方的挑战提前做好规划和准备。全球发展中心于2016年发布的一份报告指出,"提升疾病监控以及流行病预防管理"的潜力可以带来重要的溢出效应,让众多国家受益。[18]从事后看,我们很容易理解这样的监控本可以帮助世界大大减轻新冠疫情的冲击。还有一份新报告提示说,在未来十年暴发新疫情的风险概率达到28%。[19]监控不仅对防范流行病具有重要意义,也关系到应对气候变化等其他领域的全球公共品。的确,气候监控已经被列入许多国家中央银行的责任,也应该成为国际货币基金组织的关注焦点之一。

相互评估程序(Mutual Assessment Process,MAP)最早是在2009年二十国集团伦敦峰会上引入的,以合作制定全球增长规划。国际货币基金组织应该重新启动这一工作,协调世界各国推动无通胀的增长。全球金融危机后不久,各国尚未恢复元气,当时的许多挑战一直延续至今,从增长率低迷到不平等加剧,现在还要加上通胀恶化。利用升级更新后的相互评估程序，可以鼓励并制定出一份更有抱负的全球增长规划。

如今，国际货币基金组织作为全球最重要的最后贷款人的地位及其恰当设定贷款条件的能力正受到威胁，特别是来自中国的挑战。中国的"一带一路"倡议则对世界银行构成了直接挑战，给广大发展中国家的基础设施项目投入了数千亿美元资金。或许是受该倡议的影响，中国又进入了提供紧急贷款的领域。自2017年以来，中国已经为巴基斯坦、斯里兰卡和阿根廷提供了总额超过320亿美元的紧急贷款。[20] 国际货币基金组织的贷款往往带有条件，要求接受国做出痛苦的政策调整。相比之下，中国的紧急贷款更像是不附带苦药的一大勺糖。在俄乌冲突以及俄罗斯卢布因为制裁而严重贬值的背景下，出现了追求安全货币的热潮。各国把更大部分的储备从本地货币转化为美元，这当然提升了美元作为全球储备货币的地位，让美国获益。不过中国也成功提升了各国对人民币货币互换的兴趣，向着成为更成熟的储备货币继续迈进。

在这些行动中，中国均表达了与国际货币基金组织合作的准备和意愿。如果国际货币基金组织希望真正充分发挥关注世界经济失衡和机会的作用，那么它的投票权和代表权结构就必须反映世界经济的现状，这将对中国有利。但即便能够解决中国的问题，国际货币基金组织仍会看到自身的贷款业务将继续受到其他国家的挑战，这进一步说明了强化其监控功能的重要意义。

就世界银行与国际货币基金组织的改革而言，美国的领导力是必要但非充分条件。任何有实质意义的改革都只能通过说服并与世界其他国家合作来实现，尤其应该包括中国。对联合推进变革的需求极为迫切，不只是为世界的和平与繁荣，也是为急需国际金融组织支持的发展中国家。

十年宽松货币时代的终结不仅会冲击全球最能赚钱的各家企业，还会让世界上最贫困的国家为偿还贷款、避免违约而挣扎。国际货币基金组织 2023 年初发布的数据显示，25% 的新兴市场经济体面临违约风险，15% 的低收入国家已经陷入债务危机，另外 45% 处于高风险状态。[21] 为减小灾难性违约的概率，国际货币基金组织——加上世界银行和二十国集团——正在牵头创办全球主权债务圆桌会议。这样的会议不仅要把借款方与公共部门贷款方聚集起来，还应充分认识到低收入国家借款模式的深刻变化。例如，截至 2021 年，世界上最贫困国家有超过 1 000 亿美元的债务（约占总额的 57%）来自中国。[22] 中国正在以惊人的速度取代发达国家和国际组织成为主要的债务来源地。事情的另一面是，面对 100 多个受援国，中国因为之前做出的承诺而背上的负担日益沉重。而且由于国内增长放缓，我们已经看到中国贷款的慷慨程度也有所减弱。

做些好事

我们的世界完全知道如何团结起来，提供援助，并产生效果。

当新冠疫情来袭时，世界各国纷纷下调利率，全力开动印钞机，以维持经济正常运行。当一个大陆野火肆虐时，多个国家联合起来阻挡火势。当强烈飓风侵袭某个岛国时，国际社会联手施以援助。火灾和水灾也许没有疫情那样广泛的冲击或震撼，但危害可能同样严重。实际上，大多数潜在危机都较为隐蔽，并不表现为巨大破坏,而是随时间逐渐积累,例如腐朽的管道、受污染的饮用水,以及一代代儿童在成长过程中缺失学校教育,没有改变命运的机会等。

但我们有能力做些事情,也就是做些好事。有太多时候,发展基金被当作应急创可贴那样来使用,以对付低速增长和严重贫困导致的后果。如今我们有机会反思国际组织的设计,将重心转向全球公共品提供,用援助资金来消除制造停滞和贫困的根源。

第15章
实现我们的全球目标

挽救了10亿生命的人

"养活全人类的战斗已经失败了",这是保罗·埃利希(Paul Ehrlich)于1968年出版的著作《人口爆炸》的开篇语。[1] 埃利希认为食品供给和环境承载已经达到并超过了临界点,人类正在迈向死亡,食品产量的增加只不过带来"缓期执行"而已。在他看来,倒计时正在进行,数亿人面临饥饿,迫切需要采取严厉的人口控制措施,从对养育子女的家庭征税到大规模推广避孕。埃利希最后总结说:"在悔之晚矣的今天,没有什么能阻止全球人口死亡率的大幅攀升。"然而,埃利希的结论没有考虑到诺曼·博洛格(Norman Borlaug)博士的作用。

当《人口爆炸》一书出版时,博洛格博士正在巴基斯坦的田野里工作。作为农学家,博洛格培育出了一种抗病性能极好的高产小麦。它是半矮秆品种,可以避免普通小麦常见的一个问题:成熟后由于谷粒重量而倾倒,造成无法收获。由于倾倒、疾病和低产导致的小麦产量损失,在当时让贫困国家越来越多的人口遭受饥饿。博洛格所说的"人口怪物"需要填饱肚子,他也确实找到了解决方案。[2]

1964 年，印度收获了 9 800 万吨小麦。[3] 而在采用博洛格的半矮秆品种 5 年后，产量飙升至 1.8 亿吨。同样在 1964—1969 年，巴基斯坦的小麦产量从 400 万吨跃升至 700 万吨。美国国际开发署负责人威廉·高迪（William Gaud）在 1968 年的一场演讲中为如此巨幅的粮食生产飞跃起了个名字："农业领域的这些和其他卓越成就孕育着一场新的革命，它不是苏联那样的激烈的红色革命，也并非伊朗国王推动的白色革命，我想称之为绿色革命（Green Revolution）。"[4]

福特基金会和洛克菲勒基金会等私人部门的机构，像博洛格那样有着专业知识和技能的个人，以及美国和墨西哥等国家的政府联合起来，共同对付"人口怪物"。在埃利希看到不可战胜的歌利亚巨人的地方，乐观主义者发现这个全球性问题可以得到解决。

如今，半矮秆小麦占到全球种植面积的 99%。对于接受含麸质饮食的人来说，它就在我们的麦片粥和面包里。博洛格因为这个研究成果，于 1970 年被授予诺贝尔和平奖，并被大众赞誉为"挽救了 10 亿生命的人"。他在颁奖致辞中引用了另一位和平奖获得者、联合国粮农组织首任总干事约翰·奥尔勋爵的名言："你无法在饥肠辘辘中构建和平。"[5]

半个世纪之后，这些话听上去依然铿锵有力，并同样具有现实意义。当世界充满不幸的贫困时，我们无法构建和平。当我们的生存环境与共生物种面临危险时，我们无法构建和平。当我们不能给自己追求的目标筹集到资金时，我们无法构建和平。

博洛格与全世界在绿色革命中取得的成就提醒我们：创新与

合作会产生不可阻挡的力量，帮助我们克服最艰巨的困难。绿色革命不仅是农业领域的一场革命，也是全球合作领域的一场革命、知识共享的革命、正和博弈思维的革命。我们今天需要同样性质的革命。

分担责任

在探讨完改造世界银行与国际货币基金组织等国际机构，以及寻求来自各国的新资金投入后，我们必须把眼光聚焦到投资市场的另一类补充资源上，以确保可持续发展目标的实现。

各国对海外发展援助做出的承诺应该得到落实。但即使所有这些承诺都兑现，恐怕也难以弥补日益扩大的资金缺口。全球5 000亿美元的慈善资金和7 000亿美元的侨民汇款虽然相当重要，依然无法完全填补。[6]

不过，我们只需要把全球金融资产的1.1%用于发展中国家的可持续发展目标，便足以填补实现全球目标所需的每年4万亿美元的资金缺口。[7] 全球约85万亿美元的专业化管理资金以及类似数额的养老基金和保险基金中，有一部分可以引入特定的与可持续发展目标相关的基金，包括绿色债券、冲击挂钩债券和贷款，以及致力于最大限度减贫的结果伙伴关系组织（outcomes partnerships，由社会影响债券来筹资）。这些都是可行的办法，但要想足够迅速地推进和转型，还需要各国政府通过恰当的政策激励来大规模吸引私人资金。

根据慈善家、风险资本家与影响力投资人罗纳德·科恩（Ronald Cohen）的估计，如果在全球股票市场上投资的100万亿美元中，有占据 20% 份额的机构会测算其投资对可持续发展目标的影响，另外如果与绿色和可持续发展挂钩的债券与贷款能占到 10% 的市场份额（目前在 80 万亿美元的债券市场中已达到 2.5 万亿美元），那就足以筹集到实现可持续发展目标所需的大部分资金。让我们看看石油和天然气公司的情况，它们的利润在近年来翻了一番多，从 1.5 万亿美元激增至 2022 年的 4 万亿美元，保持在历史最高纪录附近。这些企业及其所在的国家——主要在中东地区——应该为缓和及适应气候变化、加强人力资本投资支付很大一笔税费。[8] 在格拉斯哥举行的《联合国气候变化框架公约》第 26 次缔约方大会上，英格兰银行前行长马克·卡尼提出了一份创新计划，要求把 40% 的全球投资管理资金用于解决气候变化问题，使筹资额达到 130 万亿美元。[9]

与国际金融组织合作的时候，我们能够也应该借助各种新式工具，用私人资金来弥补资金缺口。例如，"社会责任投资"（socially responsible investment）把捐助方的资助与保证结果捆绑起来，让私人资本能够在实现市场回报的同时支持发展事业。"影响力投资"（impact investing）的出资方选择追求某些方面的社会影响，而不只是财务回报，既做好事，又把事情做好。"有条件融资"（conditional funding）设定系列业绩目标，与资助金额、债务互换和项目结果挂钩。"催化融资"（catalytic funding）具有巨大的动员潜力，在捐助国担保带来的拨款和贷款之外，用杠杆撬动更多资源。所有这些创新的私人部门融资工具都可以并且应该放到世界银行改革的优先次序上。

在上述四个融资模式中，催化融资的前景最让人看好。它目前已取得了巨大进步，公共部门与私人资本结成伙伴，共同利用捐助国的担保。全球疫苗免疫联盟（Gavi）就采用了这种融资模式，通过国际免疫融资机制（International Finance Facility for Immunization，IFFIm）筹集到 80 亿美元资金，来支持全球的疫苗推广。这给我们在医疗和气候领域如何更多更好地利用援助资源提供了模板。

无论选择何种融资模式，成本显然必须由各方共同承担：国际金融组织、各国政府以及私人部门。我们需要国际组织提供更强大的平台，让创新融资发挥更大的作用。无论援助资金是来自私人、双边还是多边渠道，我们都必须让世界上最富裕和最强大的各个国家做出公平分担成本的承诺。要想产生可预测、可持续的初始资源，在此基础上开展创新融资，实现全球健康目标，达成成本分担协议是关键所在。美国和中国可以争取成为先行者，共同占据道德制高点。

从联合国的人道主义援助，到人们经常讨论却从未实现的面向发展中国家的 1 000 亿美元气候变化基金，这一切都要求我们结束四处化缘的传统做法。联合国安理会的各个理事国，国际货币基金组织与世界银行理事会的各成员，以及世界上最富裕的其他一些国家，应该承担起主要的财务责任。

当世界各国在 1966 年试图消灭天花病毒时，它们达成了成本分担协议。而在 21 世纪过去快四分之一的时候，我们对于哪些能够做到、哪些需要去做的认识当然加深了许多。关于如何分担成本与如何改进多边银行融资的新协议可以打下基础，产生可预测、可持续的初始资金，再借助创新融资办法，帮助我们在同贫困、疾病和健康损害的竞赛中最终胜出。

对公共卫生投资

全球公共品筹资失败在卫生领域影响巨大。

卫生领域的发展援助从 2019 年的 404 亿美元增至 2020 年的 548 亿美元,很大程度上是由于新冠疫情的响应措施。[10] 但这一提升无法掩盖全球卫生状况的糟糕现实:为持续抗击疾病、提升福利以及防范大流行病,我们今天的投资水平与未来需要的水平之间存在巨额资金缺口。全球人均卫生支出凸显了这个差距。

2019 年,美国的人均卫生支出高达 11 345 美元,委内瑞拉是 94 美元,索马里则只有 7 美元。[11] 虽然全球卫生支出在 2020 年显著提高,但短时期内的援助增加并不代表已经成为趋势。事实上,《柳叶刀》杂志指出,健康发展援助在 2012—2019 年处于停滞状态,年化增长率仅有 1.2%。[12] 即使在近期的通胀率高涨之前,这一增速也低于全球平均通胀率,而且随后的汇率贬值让资金增加的所有效果都化为乌有。

毫不奇怪,世界上大多数最贫困国家目前毫无希望在 2030 年的可持续发展目标期限截止时达到健康领域的要求。这意味着有更多母亲将在生育时死去,传染性疾病将无法得到遏制,医疗工作者得不到必要的经费,营养不良将继续拖累未来数代人的发展前景。

我们可以从不同渠道增加全球卫生事业的融资。世界银行与国际货币基金组织等国际金融组织需要增加对全球卫生事业的投入。美国"9·11"事件爆发后,所有旅行者都发现飞机票里多了一种税:"9·11"安全税。这笔资金用于机场安全防范和人员配备，以确保航空旅行的安全。很少有人对此表示抱怨。2006年，法国率先实施一种航空税，以支持重点防范艾滋病、肺结核与疟疾的全球卫生事业。现在让我们借鉴同样的逻辑，设想更宏大的图景。基于新冠疫情期间得到的教训，已经有全球卫生经费拨款的美国等国应该考虑用税收来弥补资金缺口。我们必须把官方援助作为平台，以动员数万亿（而非数十亿）美元资金投入全球卫生领域，私人投资与资本市场同样可以为帮助发展中国家的进步做出贡献。

负担必须由各方分摊。任何地方的疾病都会给其他地方带来威胁，每个人的安全都依靠其他所有人的安全。美国、欧洲和中国应该带头做贡献，而且不限于提供资金。它们可以更进一步，不只是分享传染病防控方面的经验，还应该联手做好准备，给缺乏卫生危机响应经费的国家提供贷款。比尔·盖茨在《如何预防下一次大流行》一书中详细分析了紧急筹资的必要性。[13] 他提到的教训与我们的看法不约而同。如果不能给集合各方力量以应对全球卫生问题的机构即世界卫生组织提供必要的经费和支持，人类仍将苦恼于未来的大流行病。

给面向所有人的教育筹资

年轻人注定要成为今天一系列重大危机的最主要的长期受害者：俄乌冲突、巴基斯坦洪水、非洲饥荒和气候变化引致的干旱，以及近年来难民和流离儿童数量急剧增加等。

等迫在眉睫的上述危机从新闻头版上消失良久之后，它们造成的教育缺失的消极影响还会终生延续，让孩子们无法掌握从事未来职业所需的技能。这不仅会拖累他们的生活水平，也会影响国家的财富创造。任何教育贫乏的国家都不可能真正致富。

国际社会对于最需要教育的年轻人提供的帮助最少，这是多边组织的援助中无法辩解的缺陷。乌克兰与巴基斯坦有一个共同点，都是中等偏下收入国家，属于类似情况的还有约旦、黎巴嫩、孟加拉国和印度，它们都是难民转运中心。这些国家在提供食品、医疗和安全网方面已不堪重负，本国的资金不足以支持新建学校和招募教师。当前，中等偏下收入国家的辍学儿童数量最多，但它们无法按照自己能够接受的条件获得国际金融组织的教育援助经费。

全球教育落入了陷阱，一方是忙于应付基本需求（食品、住房和医疗）的人道主义体系，另一方是资金不足的发展援助体系，这导致教育援助所占的份额在近年来跌落到10%以下。

世界银行面向中等收入国家的机构国际复兴开发银行的年教育支出仅为每名学生略多于1美元，还不够给整个班级购买一本教材，更不用说教师的工资及学校建造费用。而且，世界银行能够提供的这1美元是属于贷款而非资助，年利率高于4%。

实际上，国际复兴开发银行目前的贷款能力中仅有6%可用于教育，而国际开发协会的比例几乎是其两倍，达到11%。这种现状从许多方面来看是非常糟糕的，尤其体现在损失的教育回报上。教育投资的回报表现为就业水平的提高、生产率的提升、性别平等和健康状况（尤其是母亲健康状况）的改善等。综合来看，1美元的教育投资会给国家带来12美元的回报。

国际货币基金组织估计，乌克兰的经济近来大幅下挫了35%，但仍被视为中等偏下收入国家，使它无法为教育重建获得世界银行的优惠贷款。巴基斯坦虽然有资格从国际开发协会和国际复兴开发银行两方面获得贷款，却无力承担比国际开发协会的低利率更高的费用，因此在人均国民收入仅略高于1 500美元、儿童教育成本将占据很大收入比例的情况下，失学人数多达2 500万，这还是在2022年的大洪水冲垮数千所学校之前。

我们如果仔细看看哪些需求最为迫切，哪些贷款最为优惠，会发现两者并不重合。有研究估计，在接近9 000万流离失所的民众之中，41%是18岁以下的孩童。另外全球难民总人数的83%居住在低收入国家和中等收入国家。

我们应该增加援助，也必须动员各国国内的资源，包括推行税收改革和改善公共支出使用效果，让教育获得应有的投入份额。国际社会还必须更进一步，鼓励更多的国内教育支出，而这首先要求把援助低收入国家和中等偏下收入国家作为优先事务。解决方案可以考虑前文介绍过的国际融资机制的模式，包括专门的国际教育融资机制（International Finance Facility for Education，IFFEd）。

如前文所述，国际教育融资机制采用的参数估计（已经通过评级机构的审查和确认）要求捐助方提供15%的现金和85%的担保，然后让世界银行等发展金融机构利用杠杆将其继续放大。这样，国际融资机制中每15美分的实收资本就可以带来最多4美元的贷款，以支持发展事业。总的算来，根据不同的承诺水平，这种新模式可以在未来两年筹集和发放100亿~150亿美元资金，从而达到或超越实现第四个可持续发展目标，即给全世界的儿童提供优质与包容性教育所需的资金水平。

这一投资非常值得。如果不能兑现给所有人提供优质教育的承诺，将辜负整整一代必须用不可思议的方式去改变世界的梦想家。我们需要开发他们的天赋和潜力，这只能通过教育来实现。

非洲的机遇

如果历史会重演，那么今天的非洲将像印度一样成为下个阶段的现代化与工业化中心。当世界其他地方的劳动力陷入供给短缺时，人口的年龄中位数仅约 19 岁的非洲有着大量年轻劳动者等待发挥作用。

要让非洲各地的低收入国家发展起来，迈入中等收入阶段，我们必须把经常提及的"非洲马歇尔计划"变成现实的行动纲领，能够应付这片大陆面临的各种相互缠绕的紧急状况：食品和能源短缺、干旱、洪水以及巨额债务。当我们撰写本书的时候，非洲有大约四分之一的人口（超过 3 亿）受食品短缺困扰，12% 的撒哈拉以南非洲人口迫切需要食品救助。问题远不止于贫困和政治动荡，未来仍充满危险。非洲的生育率是全球平均水平的两倍，必须准备好在未来几十年养活比中国和印度还多的人口。综合上述因素，我们发现非洲的人类发展指数于近期出现了几十年来的首次下降，这并不太令人意外。

非洲需要投资来推动经济增长。今天的债务问题表明这片大陆迫切需要资本，却难以用可持续的方式确保资本流入。戈登·布朗曾参与 2005 年的非洲国家历史债务削减谈判，当时就出现了提高援助水平、帮助改革国内税收制度的承诺。然而由于西方国家不愿意继续提供贷款，非洲转向其他地方寻求帮助，包括来自私人部门和中国的债务。这些债务逐渐到期后又带来了新问题。事实上，通过世界银行提供的发展援助从来不足以支持非洲所需的投资。而中国的贷款在2017年达到峰值时已经高于世界银行提供的贷款数额。

以加纳为例，它是在教育和治理方面做得最好的非洲国家之一，此外还是重要的可可与黄金的出产国。凭借如此多有利的条件，加纳的债务却增加至其GDP的78%，尽管还不及英国等西方国家的债务水平，但它的偿债利息支出却消耗了近60%的政府收入。加纳还远不是债务负担最为沉重的非洲国家。卡门·莱因哈特近期一份研究报告指出，加纳等国面临的挑战不是短期的流动性问题，而是长期的偿付能力问题，如果没有债务重组，这片大陆将在未来数十年里继续在贫困中挣扎。[14]

受过良好教育的劳动力将是开创非洲未来的最大希望。只有通过教育，农业才能变得更有效率，服务业和信息产业才能成长，制造业才能生根发芽。在新冠疫情暴发前，全球的低收入国家和中等收入国家中有近一半的十岁儿童不识字，如今更是增至70%。布鲁金斯学会指出，学费打击了上学热情，近期对撒哈拉以南非洲国家居民的调查显示，84%的受访者认为，对于支付教育方面的费用感到"有些担忧"或"非常担忧"。[15]给受疫情危机影响的国家提供人道主义援助的行动筹集到的经费，还不能弥补教育资金缺口的7%。卫生领域的情形同样令人感到不安，36个非洲国家中只有4个，即卢旺达、加纳、加蓬和布隆迪的医疗保险覆盖面超过20%。[16]

我们能够也应该脚踏实地地推动变革。在非洲联盟的推动下，2018年成立了非洲大陆自由贸易区，覆盖大部分非洲国家，并有潜力让大陆内部的贸易额翻番，实现9%的收入增长率，创造1 800万个新工作岗位，尤其是如果把重心放在扶持有能力供应整个非洲的食品和化肥生产国上面。[17]引进新技术的意愿可以提振低迷的增长趋势,让整个大陆的增长率提升至目前的两倍。卢旺达、塞内加尔、科特迪瓦和肯尼亚等国就增加了这方面的投资与政府扶持。不过如果没有国际援助,非洲的发展依然会阻碍重重。防止非洲与世界其他国家的分化加剧也符合我们自身的利益。

众人拾柴火焰高

在携手合作中,我们可以证明团结的力量,显示尽管世界各国在为贸易、移民和汇率问题争吵,我们依然可以联合起来跨越大洋,打赢那些最美好的仗:对抗贫困、愚昧、疾病和饥荒。

有一个关于瑞典首相奥洛夫·帕尔梅与美国总统罗纳德·里根会晤的传说。里根在会谈开始前问属下帕尔梅是不是共产主义者,属下回复说不是,他是反共产主义者。然后里根说:"我不管他到底是哪种类型的共产主义者。"等双方会面时,里根又问帕尔梅是不是打算消灭富人的那种领导人,帕尔梅则回应称:"我打算'消灭'穷人。"

富人应该帮助穷人,我们从道德上完全可以理解:这么说不算仇富。要求身体健康的人多做些事情,以帮助身体不适的人,并没有什么不对。出于同样的道理,投资那些以人为本、利润次之的事业并不是坏事。我们的生活智慧告诉自己,当强者愿意帮助弱者时,所有人都会变得更加强大。

结　语

拥抱不完美的世界

器皿打碎后，它们的归宿通常是垃圾桶。但对于更有情感意义的碎片，无论是从中国带回的精美瓷器，还是上小学时留下的艺术创作，人们可能会用强力胶把它们复原。即便如此，器皿也已不是过去的样子，我们都喜欢完好无损的东西。

金缮修复技艺采用了另外一种办法。从 500 年以前开始，有些破碎的瓷器不再被扔掉，而是通过一套新奇工艺来挽救和加工。这种工艺的大致含义是"以金黏合"，即用金粉把破碎的残片焊接起来。在修复的瓷器表面，金色的脉络像地图上的高速公路般纵横交错。匠人们并不打算把曾经破碎的器皿装作完好的原件，而是将不完美平直却含蓄地展示在观众眼前。

事实上，人们欣赏的恰恰是其中包含的不完美。这件器皿有过生命，有过复活，它的故事来自金缮工艺的补救。通过这个加工过程，器皿既得到挽救，又被重新改造。

我们同样面对一个破碎的世界：被各种冲击震撼的长期危机的世界，越来越深地陷入低速增长、高度不确定性、气候紧急事件频发，以及各国内部和相互之间分歧加剧的状态。然而，这些挑战的严峻程度不应该阻吓我们努力创造更美好的未来。全世界有许多善良的人在如此热心地参与大大小小的事业。我们这本书的目标是指出哪些干预措施能够帮助摆脱长期危机的困扰，把破碎的世界重新黏合到一起。

冲击

当我们在2022—2023年奋笔疾书时，世界看起来正日益滑入更深重的长期危机。全球的各种峰会接踵而至——西方七国与二十国集团峰会、世界银行与国际货币基金组织会议、联合国大会、《联合国气候变化框架公约》缔约方大会等等，然而面对全球经济增长率减半、通胀、气候危机以及向多极化世界转向带来的国际秩序挑战等问题，各国仍未能就全球合作行动的实际推进计划达成充分的共识。

尽管许多问题只有通过联合行动才能解决，但曾经创立国际组织以开展合作的世界各国，目前却相当缺乏合作精神。全世界在亟须联合起来的时刻，却被民族主义及其附加作用冲击得四分五裂，从各种争端纷起到保护主义抬头。

这些事件都发生在一个相互依存、高度一体化和密切联系的世界中。我们反复强调，全球性问题需要全球性解决方案。解决方案可以也应该从采用新的经济增长模式和管理模式以及对全球秩序的改造入手。这样的解决方案并不局限于某些特定领域，例如只通过经贸联系或国际关系来实现，而具有多领域的特征。

在某些时候，我们的世界似乎能够得到片刻放松，情况没有那么糟糕，但现实更像一场没有尽头的打地鼠游戏，挑战并不会轻易消失，而是转移阵地，并在太多的时候痼疾重现。

木材价格下降了，但鸡蛋价格又涨上天。通胀在一个国家降温，在另一个国家又加速。经济局势看似趋于稳定，然后某家银行突然倒闭。一项劳资协议达成之后，自动化生产的新突破又给整个产业带来威胁。毁于前期风暴的住房被重新建起来，却又在干旱引起的火灾中化为乌有。气候变化融资协定签署了，必要的后续行动却举步维艰……

我们的世界丝毫没有变得更加简单、更少挑战。我们迫切需要的是一种妥善管理的全球化。在长期危机中，其实不存在真正不可避免的永恒宿命，我们完全有能力修补这个破裂的世界。

利害攸关

有些现实是我们必须接受并需要勇敢面对的。

第一，在二战后数十年的财富增长、让数十亿人摆脱贫困的时期过后，我们不再能保证经济的继续繁荣。如果路线没有改变，贫困现象有可能增加。增长放缓不仅会带来收入的不确定性，而且增长率下降与生活成本压力加大的结合会使政策响应变得更加为难。主权债务负担加重，劳动力供给收紧，全球化的性质发生改变，气候危机以及地缘政治关系紧张加剧，这些因素混杂起来，会以直接或潜在的方式拖累全球经济增长。

上述变化不只会影响发展中国家，还会波及更广泛、更富裕的世界。曾经处于追赶阶段、有大量人口跨入中产阶级行列的新兴经济体，如今面临被抛在后面的风险。试图登上经济发展阶梯、创造更多财富的全球最不发达国家,实现进步的难度比过去更大。脆弱经济体可能崩塌,最富裕的国家也会发现提高增长率变得异常艰难。

世界的北方国家与南方国家之间正出现一种新的差距。如今的主旋律变成了分化与分裂,而非趋同与合作。若没有新的增长模式和国民经济管理模式,增长速度会变得过慢,无力确保生活水平的改善和繁荣的持续,无力确保包容性和适应地球环境的现实。我们子孙们的处境将比他们的前辈更加糟糕。只有新的模式能够带来新的繁荣、更高的生产率、更好和更可持续的发展。

第二,在人力和金融的韧性均有所下降的时期,我们必须为迎接冲击做更充分的准备。冲击不再属于例外情形,而是正在变成常态,不仅更频繁,而且更剧烈。在过去十年的宽松货币时代过后,世界各国已消耗了大量财政政策和货币政策的储备,造成了近些年来创纪录的通胀,并埋下了银行与金融不稳定的种子。因此当下一次冲击到来时,我们的解决方案不能继续采用大水漫灌式的救助或发行货币。通过下调利率来提供救助的做法也可能带来反噬,加重通胀的压力。

韧性远不止于资金方面,我们切不可忘记人的韧性。无论作为个人还是社会集体,我们的韧性都正在经受考验。更炎热、更潮湿、更干旱的天气正在凸显气候问题的紧迫性,不仅表明我们的星球正走向生态临界点,也表明气候问题在冲击着人们的日常生活。这可能导致一个绝望的十年,让千百万人在恐惧和焦虑之中丧失希望。我们固然拥有改变当前轨迹所需的资源和知识,但迄今为止采取的行动还太不完善、太缺乏合作、太犹豫不决。

冲击将继续到来,这毫无疑问。我们应对冲击的能力则很不确定。今天的规划和准备是成功应对明天的扰动和灾难的唯一办法。

第三，在很大程度上由于我们面临的各类挑战，今天的世界有着多种可能性和多种均衡结果，一个糟糕的结果更有可能带来更加糟糕的结果。如果说过去的世界具有周期性和均值回归的特性，冲击的影响具有暂时性，那么今天已截然不同。

在我们所处的多重均衡的世界，糟糕的情形之间相互反馈激化。洪水不仅会夺走人们的生命和房产，还会摧毁其谋生手段，加剧分配不平等，让巨灾保险更难以普及。疫情迫使经济活动中断，不仅造成工资减少和失业增加，还让大量年轻人无法获得良好的教育。这是一个毁灭版本的牛顿第三定律：每次冲击都会带来相应和放大的反作用力。

因此，我们需要增强在许多可能结果之间做横向思考的能力。我们不能只想着对付前方的火焰，还必须注意保护周边的树木。结合之前的第二点，就意味着要清理杂草，构筑韧性。如果不这样做，我们有可能失去对集体命运的掌控。无所作为则相当于给子孙后代购买一张彩票，指望他们能够在几十年后刮出幸运的数字，而成功的概率微乎其微。

第四，如果我们保持目前的路线，以邻为壑的政策将变得更加频繁、更具诱惑力，为救助自己而不惜伤害他国。我们目前的合作本就很不充分，没有认识到略微放弃点自主权能让自己获得丰厚回报。而在少数开展合作的场合，我们的合作行动也没有持续产生最大效应。

世界上大部分国家认为通胀是件坏事，但我们有没有尝试通过改善供应链管理来共同克服这个难题？世界上许多国家认为俄

结 语　255

乌冲突是不应该的，但我们是否做了足够多努力去寻找解决办法？全世界都希望终结疫情，只有当所有地方的所有人都接种疫苗，消灭病毒变种的传播途径后，这才能实现，然而疫苗并没有足够迅速地供应给最贫困人群。

离开合作，我们不仅会损失联合行动的收益，还将更深重地滑入民族主义和保护主义泛起的躁动世界。对各种维度安全的追求，包括国家安全、经济安全、能源和食品安全、人身安全，以及在全球疫情过后的卫生安全，都会被用作走向孤立的借口。

我们面对的不是在独自向前与携手同行之间做虚假选择。我们可以也必须在自己珍惜的自主权与世界迫切需要的合作之间找到平衡点。

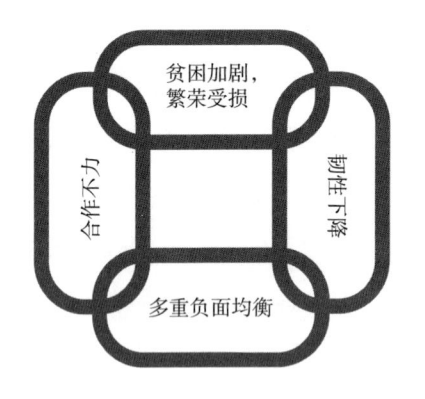

```
         贫困加剧，
         繁荣受损
合作不力            时代不稳
        多重负面均衡
```

摆脱长期危机

在航空界，事故原因很少来自单一的问题点。调查员会拓宽视野，关注整个事故链条，即导致灾难的一系列事件。

历史上死难人数最多的航空事故发生在1977年，一架起飞中的荷兰航空公司747班机与一架滑行中的泛美航空公司747班机

256　长期危机

在特内里费机场相撞。这两架飞机当天都不应该出现在那里，但附近的拉斯帕尔马斯机场发生爆炸，迫使许多航班转场，也包括这两架命中注定发生悲剧的飞机。规模不大的特内里费机场的设施难以应付如此多的航班涌入，很快达到了承载极限，迫使许多飞机停留在滑行跑道上。让情况更加复杂的是，浓雾使得机场能见度下降，给机组成员在陌生机场穿行以及空管人员的地面交通监控都增加了难度。航班延误让机长们变得愈发不耐烦，因此急于离开的荷兰航班在跑道没有清空的状态下就开始起飞，而泛美航班此时仍在跑道上滑行。另外，飞机与机场塔台的无线电通信混杂不清，等两架飞机能看到对方的时候，相撞已无法避免……

如果拉斯帕尔马斯机场没有发生爆炸，迫使众多航班转场，事故链条就会中断，灾难就不会发生。如果天气状况良好，两架飞机就总能处在可视范围内。如果泛美航空的航班在滑行中早点离开跑道，荷兰航空的飞机就不会撞到它。如果荷兰航班的飞行员没有违背机场的指令，耐心等待起飞时机，583条生命就可以幸存下来。

这就是整个事故链条。只要链条上的任何一个节点发生偏离，整个链条就会断开，事故就可以避免。当然，链条上也会有负面的连接，从糟糕的运气到糟糕的决策等，但只需要一个明智的选择就能改变整个路径。我们共同面对的挑战也是如此：驾驶这个面临越来越多冲击的世界，断开可能导致更大灾难和分裂的无休止的循环链条。

长期危机的解药：经济增长

全球生产率下滑，老年人口增加，劳动力总量缩水，国内不平等恶化，全球化的性质因为生产回迁发生改变，以及越来越多的全球冲击事件……所有这些显著变化都给增长造成了巨大阻力。如果这就是故事的全貌，那我们可以合理地推测前方将是漫长的供给约束型增长时期，生产率低迷，通胀持续。然而幸运之处在于，故事还有更多的内容。新的增长模式可以给增长带来新的目标：实现各个国家、企业和个人的繁荣。这种新增长模式必须考虑安全与可持续性的关系：从食品和能源安全到经济和健康安全等所有领域。确立包容、可持续和安全增长的目标意味着，我们采取的所有行动都必须是为了创造更加包容、更可持续与更为安全的世界。这固然知易行难，但我们除了尝试，别无选择。

利用技术实现涡轮增压式的增长率进步。从 3 纳米标准的半导体到人工智能支持的聊天软件，强大的新技术和新工具正在推动技术的飞跃。各种新技术的广泛应用可能促进生产率显著提升。事实上，它们已经在经济中的可贸易部门产生了显著效果：从智能手机等制造品，再到金融和咨询等可贸易服务业。不过，促进生产率显著提升还要求把新技术推广到经济中的非贸易部门，该部门目前占据就业人数的 80% 与产出的三分之二，包括政府、教育、医疗、传统零售业和餐旅业等。利用技术进步来提升非贸易部门的生产率有望产生更大的收益。此外，技术推广还有助于给城市区域之外的偏远落后人群提供更多类型的服务，为包容性增长模式创造机会。

增强式技术进步，而非追求完全自动化。技术进步（尤其是人工智能）有可能达到一个临界点，使此前长期停滞的一些重要部门的生产率明显提升。然而采用数字工具不会也不应该导致教师被取代，而应该帮助他们提高效率。例如，利用视频会议来提供校外辅导，利用先进的程序来监测学习状况，找出学生的学习瓶颈。医院和看护中心采用监测设备，能够及早发现病人站立不稳、需要帮助的情况。零售业的先进软件则可以给存储和采购流程提供参考意见，减少可能导致打折处理的过量储备。在所有这些以及类似的情景中，技术都应该成为赋能而非替代的工具。从这个角度看，我们迫切需要的是增强式而非劳动节约型人工智能。

克服供给侧约束。 我们今天身处供给约束型的世界，这种情形不太会很快得到改变。各国的中央银行、政策制定者乃至市场起初都把此类压力视为暂时性的，相信疫情导致的供给侧失衡和堵塞最终会消失，后疫情时代的需求暴涨会退潮。虽然运输成本和木材价格已经下降，但由于长期因素的影响，从全球化的碎裂到能源转型、人口老龄化、全球劳动力人口减少，整体状况并未完全恢复，没有实现向低通胀和充足流动性的均值回归。我们面临的挑战是增加供给弹性，让厂商能灵活响应需求变化，同时减少增长面临的供给侧约束。提升各国国内的劳动参与率，并打开那些急于加入全球经济的被忽略国家（尤其是非洲国家）的市场，以增加全球劳动力供给，也能够有效改善供给侧约束。

依靠技术提升生产率 — 增强式技术进步 — 克服供给侧约束

长期危机的解药：经济管理

"给我任何一个单词，我都可以给你指出它的词根如何来自希腊语。"这是格斯·波托卡洛斯在电影《我盛大的希腊婚礼》中，手拿着清洁剂瓶子，给屏幕上的女儿所做的早期教育。如果让格斯来写本书这个章节，他或许会指出英语里的经济（economy）一词来自希腊语 oikonomia，本意为"家政管理"。[1] 我们对地球村大家庭的账目管理，可以做得比目前好得多。

对经济管理的重新构想。 在这些日子里，"经济管理"一词颇有些自相矛盾的意味。通胀居高不下，衰退阴影挥之不去，银行出现倒闭，居民家庭深受其苦，成功的管理到哪里去了？政策制定机构与中央银行家们需要用开放心态来对待新的思考视角，以缓解群体趋同思维的危险，并减少定性错误（如"暂时性"通胀的判断）的出现。

提升经济决策制定者的认知多样性，这不仅是重要的价值取向，也是可以改进政策效果的现实目标。必须加强合作与问责，不仅在各国政府内部，也包括在它们之间，以及促进更高效的公私合作伙伴关系的发展。为克服基础设施与创新面临的阻碍，设立更多的国内基础设施银行可能是一个积极的办法，将其作为对区域和多边国际组织的补充，用以刺激私人部门的活动，分散风险承担，分享专家经验。此外，可以把国家经济委员会和财政部借款咨询顾问委员会等机构的模式作为广泛推广的架构设计，并给各国政府更好地开展合作提供"安全地带"。英格兰银行把独立外部人士纳入关键的政策制定委员会，这种模板值得他国借鉴。另外最明显的一点是，领导力需要得到改进。承认政策失误，把"我们错了"纳入经济学家的词汇表，这有助于恢复信心，让感受到政策冲击的人们重建信任。

对经济理论框架的反思。 新的经济管理模式可以更进一步，重新思考过时的经济理论框架，这些理论框架削弱了反应功能，导致财政政策与货币政策之间反复出现矛盾。首先，各国中央银行必须从根本上改造货币政策框架，因为现有的蓝图是植根于已经过去的量化宽松、廉价货币的时代，而非受供给侧约束的新常态时代。其次，类似美国联邦公开市场委员会这样封闭的政策制定机构应该扩大范围，纳入资历合格的外部人士，包括市场专家和行为科学家等。如果有更多双眼睛参与监控，由货币政策引发的金融动荡（如2023年的银行业危机）以及非银行金融机构的问题等将会更容易被及早发现。容纳多样化的决策者本身不是目的，而是为了改进风险管理。再次，美联储应该带头，并最好与其他经济体的中央银行同步，也包括通过二十国集团，以慎重而逐步的方式调整通胀目标，例如从目前不现实的2%提升到未来数年更为合适的3%左右。

如果不根据今天的现实需要修改政策理论框架，并增加决策层的认知多样性，美联储（更不用说其他经济体的中央银行）会发现几乎不可能实现维持价格和金融稳定以及最大程度保证就业的目标。各国中央银行家需要停止像瑞普·凡·温克尔[*]那样做事，仿佛刚从为期数十年的休眠中苏醒，自以为周期性均值回归的低通胀、宽松货币时代仍将继续。瑞普·凡·温克尔的世界已经一去不复返了。

关注人类与地球而不只是利润。经济政策总是在应对我们周围的现实挑战，而不太关注远方潜伏的隐患。在全球金融危机与新冠疫情之后，我们把资产负债表扩充到前所未有的规模，负债

---

[*] 瑞普·凡·温克尔是美国作家华盛顿·欧文创作的文学人物。——译者注

达到数万亿美元，流动资金充斥着全世界的金融体系。尽管我们针对面前的问题投入了如此多的资金（或恰恰是因为这一做法），伴随着单位现金的边际效应递减，不平等仍继续恶化。是时候重建经济韧性了，以便让世界对日趋频繁和剧烈的外部冲击做更好的准备，之前的建议也提到了这点。我们必须在财政政策中纳入实现可持续性要付出的成本，目前知道的提升可持续性的价签为每年4万亿美元以上。然而从GDP预测到通胀预期，这一切还必须考虑到面对各种挑战如果无所作为会带来的成本，从愈演愈烈的气候灾难到全球债务成本激增等。无所作为带来的损失远高于采取行动付出的成本，这一现实必然会改变世界的支出方式。

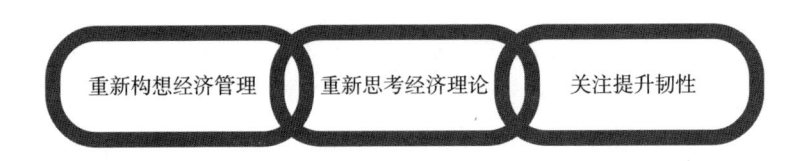

重新构想经济管理　重新思考经济理论　关注提升韧性

长期危机的解药：改造全球秩序

没有人会认为，气候变化或战争是局限于个别国家内部的问题。金融传染会很快从一个经济体蔓延至下一个，某个银行部门的流动性危机可能造成全球市场的破坏。其他形式的传染，如新冠病毒，同样容易跨国传播，病菌会搭乘飞机、火车和汽车，迅速占领全球。我们处在一个相互联结、相互依存的世界之中，全球性问题需要全球性解决方案。

妥善管理的轻度全球化。全球化必须得到妥善管理，让我们在各国民众追求的自主权与他们需要的国际合作之间找到恰当的平衡。许多国家在感受到全球资金流动的脆弱性时，本能反应是奉行自给自足的策略以及把资金用于民族主义的目的。要想消除孤立狭隘，恢复开放，以追求贸易、增长、投资和繁荣的改善，我们就必须做出心态上的调整。

我们首先需要认识到：不再把自己理解为自给自足的本国经济孤岛，而是必须顺利运行的全球体系的组成部分，这样的视角意味着什么？每个国家都有邻国和盟国，通常也是重要的贸易伙伴。但除此之外，我们同其他国家也保持着联系，尽管程度没有那么密切。所以，我们必须找到一条"我们联合他们"的前进道路，而不是"我们对抗他们"。我们并不需要破坏性、敌对性的民族主义，而是需要摆脱了狭隘民族视角的爱国主义，在热爱自己祖国的同时，又能接受多种身份认同。

国际组织的重生。全球化带来了开放经济，但不是包容性的经济。除非能够在开放的同时实现包容性，否则我们的全球化仍会走向失败。实现包容性愿景的最佳办法是立足于多极世界的现实，通过国际组织来发挥作用，对二战后形成的原有组织架构做彻底改造。

中国和美国可以带头在利益一致的领域开展合作，以防范走向"一个世界，两种制度"的未来。世界银行能够也应该拓展提供全球公共品的使命，这必然要求增加它的资本金。国际货币基金组织必须把业务领域拓展到最后贷款人之外，并更好地承担起全球经济监控机构的极其关键的职责。这两个国际组织都必须摆脱把领导职位保留给特定国家代表的落后做法。二十国集团应该建立常设秘书处，以确保在主席国轮换的安排下改善工作的连续性。世界贸易组织与联合国安理会则应该减少西方领导下的俱乐部色彩，而变成真正的全球联盟。上述改革可以促进合作，减轻困扰最贫困国家的债务危机，鼓励为应对气候危机提出创造性的解决方案，并打通关键的人道主义援助。

融资创新。预算反映了我们的价值观，力图用全球公共品来解决全球公共问题（从气候变化到公共教育、公共卫生等等）的全球性支出目前极度短缺。在需要数万亿美元投入的地方，我们往往只争取到数十亿美元的承诺，真正及时投入的甚至不过数百万美元。我们的挑战和任务是找到用杠杆方式撬动公共资金的更好办法，例如创新性的国际融资机制，以及通过风险分层的合作关系动员私人部门的闲置资金等。要想实现可持续发展目标，政策制定者就必须说服众多投资人：不仅要开发促进经济增长的创新，还要挤入资本，承担在多个领域（从清洁能源转型到全民教育普及）提供更多资金的责任。

妥善管理的全球化 — 升级改造的国际组织 — 创新的融资手段

我们能够做到

长期危机是 2022 年的年度词汇。当我们在 2023 年执笔写作时，我们自然会预测 2024 年的年度词汇将是什么。回归？合作？复苏？这些都是更美好、更有希望的词语。它们不是花哨的新创合成词，却代表着对真实民众的真实好处。它们给这个迫切需要重振增长、改善经济管理、革新全球秩序的世界带来了希望。这样的词语不是因为修辞华丽被选中,而是缘于它们反映的欣欣向荣的景象。

总的来说,我们建议推动的改革和行动是强力的螺栓剪,需要用它们来打破景气和韧性下降、多重均衡与合作低迷的周期循环。这些措施可以恢复我们急需的稳定锚,以支持高速并可持续的增长、可靠的国内经济管理以及共赢的全球政策协调。

创新融资方式不仅能促进繁荣,还可以改进民众的韧性。改善经济管理不仅可以帮助我们迎战下一轮经济冲击,也有利于趋近全球目标,创造更加包容和平等的世界。充分利用技术成果,结合更多人力资源投入,以改善生产率和缓解供给侧约束,不仅能够降低成本,帮助控制通胀,还能刺激发达国家的增长加速,并成为发展中国家在经济阶梯上向上攀登的得力工具。

这里是真正有价值的地方:我们建议采纳的措施能够产生初始动能,使得难度更大的其他挑战在未来更易解决。有些人或许认为,当前的长期危机是不可能逃离的。但历史上有过不同的教训。

在臭氧层遭到破坏的时候,全世界团结起来,一致批准了旨在消除有害物质排放的《蒙特利尔议定书》。这一行动不仅阻止了臭氧层继续被破坏,还使其最终得到修复。在欧洲核子研究中心开展的物理学研究中,来自100多个国家的数千名科学家携手合作,帮助我们深化对宇宙诞生的最初时刻的认识,并促进了万维网技术的兴起。我们如果仰望星空,会发现国际空间站把友好和敌对国家的人们聚集在一起,共同参与科学研究与太空探索的任务。这样的合作案例在我们周围比比皆是。

面对长期危机的世界,最主要的解决方案就是全球合作,包括国内层面与国际层面的合作。要恢复增长活力、改善经济管理、避免气候灾难、减少不平等以及重塑全球秩序，合作是我们最为需要并且能够做到的。

我们正站在历史的转折点上。

我们在本书开篇请读者们想象，一个变化了的世界会是什么样子。

想象一个由增长带来繁荣，并走向更加可持续的平衡发展的世界。

想象一个政策制定者不是疲于应付一个接一个的危机，而是能积极防止危机爆发，更好地管理未来，让更多群体而非极少数人获益的世界。

想象一个沿着加法和乘法而非减法与除法去构建的全球秩序。

想象这样的世界并不困难，实现它也完全有可能性。唯一阻拦我们的只有我们自己。依靠自己的力量，我们完全可以摆脱当前的长期危机。

致　谢

本书表达了我们一致的观点，但作者各自有感恩的对象，我们想借此机会致谢为本书问世给予支持的人。

戈登·布朗：马苏德·艾哈迈德（Masood Ahmed）以及全球发展中心的团队成员，拯救儿童项目英国负责人凯文·沃特金斯（Kevin Watkins），来自公益组织 Theirworld 和全球教育商业联盟（Global Business Coalition）的贾斯廷·范佛里特（Justin van Fleet）为我厘清思路提供了宝贵帮助。另外还要感谢罗纳特·科恩（Ronald Cohen）、阿萨德·贾马尔（Asad Jamal）、尼古拉斯·沃恩（Nicholas Vaughan）、佩德罗·阿尔巴（Pedro Alba）与伯格鲁恩研究所（Berggruen Institute）的巨大支持。

感谢美国南加州大学，尤其是政治未来研究中心（Center for the Political Future）的支持，包括我的老朋友罗伯特·施勒姆（Robert Shrum）以及斯蒂芬·雷梅（Steven Lamy）教授和安柏·米勒（Amber Miller）主任。感谢戈登与莎拉·布朗办公室的玛丽·贝利（Mary Bailey）、彼得·托姆金斯（Peter Tompkins）、罗斯·克里斯蒂（Ross Christie）、卡梅尔·诺兰（Carmel Nolan）、埃迪·巴恩斯（Eddie Barnes）与亨利·斯坦纳德（Henry Stannard）的贡献。

最主要的还要感谢家人们给我的爱和支持，谢谢莎拉、约翰和弗雷泽。

穆罕默德·埃尔－埃里安：我欠家人们的太多。拥有安娜、乔治亚、萨米娅和我们的小狗博萨，是我一生之幸。我的感谢和爱意完全无法用语言充分表述。

在过去三年中，我把剑桥大学王后学院当作自己的家。那里的学生、员工和研究员是力量和创造的源泉。回到王后学院还让我回想起所有指导我走上经济、金融和政策从业道路的人。我要特别感谢早年在剑桥大学和牛津大学的老师与同事，感谢宾夕法尼亚大学沃顿商学院与劳德研究所在当前与我的交流，以及我在国际货币基金组织15年任职期和太平洋投资管理公司14年任职期中的同事与朋友。

我的父母生前对于教育的改造力量深信不疑，并付出了极大牺牲来帮助我和兄弟姐妹有机会获得丰富的学习研究经历。这一切都来源于他们的爱、远见、智慧与奉献。

迈克尔·斯宾塞：首先要感谢我的家人们，妻子茱莉亚娜和五个孩子，格拉汉姆、卡特莉娜、玛莉亚、亚历山德罗和琪娅拉，以及我的兄弟兰迪和阿兰的爱与支持。他们给我的生活、研究与写作赋予了意义。

非常感谢我的老师们的智慧和友谊，尤其是三位导师：肯尼斯·阿罗（Kenneth Arrow）、托马斯·谢林（Thomas Schelling）与理查德·泽克豪泽（Richard Zeckhauser）。我在斯坦福的同事与朋友戴夫·布拉迪（Dave Brady）帮助我认识和理解了政治及政治经济互动关系的重要性。在我与丹尼·利浦泽格（Danny Leipziger）共同担任增长与发展委员会主席期间，委员会秘书罗伯托·扎加（Roberto Zagha）在发展经济学领域给了我有益的指导。我要特别感谢比尔·福特（Bill Ford）、胡祖六和马克·沃尔夫森（Mark Wolfson）关于全球经济和金融体系的深刻观点。谷歌公司的詹姆斯·马尼卡（James Manyika）以及斯坦福大学的李飞飞教授在现代数字技术方面给了我宝贵指导，尤其是在人工智能领域。

我的父母为我和兄弟们付出了爱与支持，有时还有巨大的牺牲。他们交给我们的无价礼物是一切皆有可能的理念，以及无所畏惧前行的信心。

几位作者共同表达： 友谊让我们相互交流，柯蒂斯·布朗集团（Curtis Brown）的乔尼·盖勒（Jonny Geller）鼓励我们写作，西蒙与舒斯特出版社（Simon & Schuster）给这些文字赋予了生命。对于这些还有其他许多人的宝贵支持，我们感激不尽。

注 释

引言 长期危机——2022 年年度词汇

1 "The Collins Word of the Year 2022 Is...", Collins Dictionary, accessed 28 November 2022. https://bit.ly/3GQMfj9.
2 Jon Henley, "Hunger stones, wrecks and bones: Europe's drought brings past to surface", *Guardian*, 19 August 2022. https://bit.ly/3EE2Gws.
3 "The Cost of Sequencing a Human Genome", National Human Genome Research Institute, accessed 12 August 2022. https://bit.ly/2JHdHlK.
4 Garrett Hardin, "The Tragedy of the Commons", *Science*, 162:3859 (13 December 1968), 1243–1248. http://www.jstor.org/stable/1724745.
5 Michael Spence, "Some Thoughts on the Washington Consensus and Subsequent Global Development Experience", *Journal of Economic Perspectives*, 35:3 (2021), 67–82.
6 Mohamed A. El-Erian, "Jay Powell is focusing too much on the present", *Financial Times*, 27 August 2022. https://on.ft.com/3RnwuTa.
7 Pierre-Olivier Gourinchas, "A more fragmented world will need the IMF more, not less", International Monetary Fund, June 2022. https://bit.ly/3Db0nRz.

第 1 章 增长的顺风

1 Todd Matthews, "Costco CEO Craig Jelinek on Shareholders, Costco.com, and Hot Dogs", *425 Business*, 18 April 2018. https://bit.ly/3QlFqcn.
2 Ibid.

3   Nicolas Vega, "'Lightning just struck me': Why Costco's CFO says the price of the $1.50 hot dog and soda combo is 'forever'", CNBC, 26 September 2022. https://cnb.cx/3ZeV2SK.
4   "GDP based on PPP, share of world", International Monetary Fund, accessed 4 January 2023. https://bit.ly/2OC7TxK.
5   "International Yearbook of Industrial Statistics: Edition 2022", United Nations Industrial Development Organization, 2022. https://bit.ly/3G0vdNo.
6   "GDP per capita (current US$) – China", World Bank, accessed 27 December 2022. https://bit.ly/3jy0HDe.
7   Mark J. Perry, "Chart of the Day (century?): Price Changes 1997 to 2017", American Enterprise Institute, 2 February 2018. https://bit.ly/2lJB6d1.
8   Randy Alfred, "March 25, 1954: RCA TVs Get the Color for Money", *Wired*, 25 March 2008. https://bit.ly/3i1GsNE.
9   "Urban Development", World Bank, accessed 5 January 2023. https://bit.ly/3GIH6ZY.
10 "Digital Technology and Inclusive Growth: Luohan Academy Report 2019 Executive Summary", Luohan Academy, 2019. https://bit.ly/3WUMgrB.
11 Frank Swain, "The device that reverses CO2 emissions", BBC, 11 March 2021. https://bbc.in/3Qdx7Pu.
12 "Net Zero by 2050", International Energy Agency, May 2021. https://bit.ly/3IsugjV.
13 Michael Spence, "Is It Time to Give Up on 1.5°C?", Project Syndicate, 23 December 2022. https://bit.ly/3GEln5p.
14 "For a livable climate: Net-zero commitments must be backed by credible action", United Nations, accessed 4 January 2023. https://bit.ly/3CnWVTj.
15 "Climate Change 2022: Mitigation of Climate Change", Intergovernmental Panel on Climate Change, 2022. https://bit.ly/46nAECs
16 Steve Lohr, "Universities and Tech Giants Back National Cloud Computing Project", *New York Times*, 30 June 2020. https://nyti.ms/3vUvZH8.
17 Benjamin Weiser, "Here's What Happens When Your Lawyer Uses ChatGPT", *New York Times*, 27 May 2023. https://www.nyti.ms/3CJwWpd.
18 John Markoff, "How Many Computers to Identify a Cat? 16,000", *New York*

Times, 25 June 2012. https://nyti.ms/2IsBAOP.
19 Fei-Fei Li et al., *ImageNet*, accessed 11 January 2023. https://image-net. org/about.php.
20 "Number of smartphone subscriptions worldwide from 2016 to 2021, with forecasts from 2022 to 2027", Statista, accessed 4 January 2023. https:// bit.ly/3QfDrGg.
21 Michael Spence, "Lessons from Digital India", Project Syndicate, 25 November 2021. https://bit.ly/3qal3lP.

第2章　增长的阻力

1 Christian Martinez, "Why your favorite Girl Scout cookie is in short supply in Southern California", *Los Angeles Times*, 28 February 2022. https://lat.ms/3VrGwnQ.
2 Kenneth Hall, "Modern luxury vehicles claimed to feature more software than a fighter jet", Motor Authority, 5 February 2009. https://bit. ly/3VrbFrd.
3 Ondrej Burkacky, Stephanie Lingemann and Klaus Pototzky, "Coping with the auto-semiconductor shortage: Strategies for success", McKinsey and Company, 27 May 2021. https://mck.co/3jmwve3.
4 Emma Roth, "Ford to ship and sell Explorer SUVs with missing chips", *The Verge*, 13 March 2022. https://bit.ly/3Z5SSFh.
5 Sean O'Kane, "GM drops wireless charging from some SUVs due to chip shortage", *The Verge*, 13 July 2021. https://bit.ly/3FSFpHU.
6 Annabelle Timsit, "Elon Musk says Tesla's car factories are 'gigantic money furnaces'", *Washington Post*, 23 June 2022. https://wapo.st/3WwcnF6.
7 Michael Wayland, "Ford's supply chain problems include blue oval badges for F-Series pickups", CNBC, 23 September 2022. https://cnb.cx/3Gnj72r.
8 "Hurricane", *Station Eleven*, created by Patrick Somerville, season 1, episode 3, 2021, Viacom CBS.
9 "Global container freight rate index from January 2019 to November 2022", Statista, accessed 27 December 2022. https://bit.ly/3Wqu6xO.
10 Fareed Zakaria, "The Rise of the Rest", *Newsweek*, 12 May 2008. https://bit.ly/2EzZnZR.

11 Paulo Afonso B. Duarte et al., eds, *The Palgrave Handbook of Globalization with Chinese Characteristics*, Singapore: Palgrave Macmillan, 2023.

12 Nicole Maestas, Kathleen J. Mullen and David Powell, "The Effect of Population Aging on Economic Growth, the Labor Force and Productivity", National Bureau of Economic Research, July 2016. https://bit.ly/3PXKT8O.

13 "Janus Henderson Sovereign Debt Index Edition 2", Janus Henderson Investors, April 2002. https://bit.ly/3I445Qx.

14 Tom Rees, "Want a Pay Raise? Work Five Days a Week in the Office", Bloomberg, 27 January 2023. https://bloom.bg/3l28UAs.

15 Jose Maria Barrero, Nicholas Bloom and Steven J. Davis, "Long Social Distancing", National Bureau of Economic Research, October 2022. http://www.nber.org/papers/w30568.

16 Spencer Kwon, Yueran Ma and Kaspar Zimmermann, "100 Years of Rising Corporate Concentration", *Business Concentration*, accessed 3 January 2023. https://businessconcentration.com/.

17 "The US productivity slowdown: an economy-wide and industry-level analysis", US Bureau of Labor Statistics, April 2021. https://bit.ly/3IpkkHU.

18 Mohamed A. El-Erian, "Fragmented Globalization", Project Syndicate, 8 March 2023. https://bit.ly/3M1pxrm.

19 "Low income", World Bank, accessed 31 January 2023. https://bit.ly/40fF2AD.

20 对战后增长和发展的经验分析，参见：Michael Spence, *The Next Convergence: The Future of Economic Growth in a Multispeed World*, Farrar, Straus and Giroux, 2011。

21 "Population growth 2012–2021", World Data, accessed 31 January 2023. https://bit.ly/3YdFnC8.

22 "2022 Ibrahim Index of African Governance", Mo Ibrahim Foundation, January 2023. https://bit.ly/3jrodSx.

第3章 可持续性与安全

1 Toby Luckhurst, "Iceland's Okjokull glacier commemorated with plaque", BBC, 18 August 2019. https://bbc.in/2THcXjy.

注 释 273

2 Ban Ki-moon, "Remarks at Summit for the Adoption of the Post-2015 Development Agenda", United Nations, 25 September 2015. https://bit.ly/3HX6mwP.

3 "The Millennium Development Goal Report: 2015", United Nations, 2015. https://bit.ly/2uJRuv3.

4 Ibid.

5 John Kenneth Galbraith and Andrea D. Williams, eds, *The Essential Galbraith*, Boston: Mariner, 2001.

6 Lydia Saad, "Global Warming Concern at Three-Decade High in US", Gallup, 14 March 2017. https://bit.ly/3BV3Gfl.

7 "Devastating floods in Pakistan", UNICEF, accessed 26 December 2022. https://uni.cf/3hQaggn.

8 "GDP growth (annual %) – China", World Bank, accessed 26 December 2022. https://bit.ly/3BYZfA4.

9 "FACTBOX: China's Economic Development since 2002", Embassy of the People's Republic of China, 24 September 2012. https://bit.ly/3WIu6sv.

10 "China's share of global economy rises to over 18%: Official", State Council Information Office: People's Republic of China, 12 May 2022. https://bit.ly/3WMVt4D.

11 Rupa Duttagupta and Ceyla Pazarbasioglu, "Miles to Go", International Monetary Fund, Summer 2021. https://bit.ly/3Gjohwt.

12 "Global Financial Stability Report", International Monetary Fund, October 2022. https://bit.ly/3WOsnSJ.

13 "Ending Poverty", United Nations, accessed 26 December 2022. https://bit.ly/3PTrAgR.

14 Homi Kharas and Meagan Dooley, "The evolution of global poverty, 1990–2030", Brookings, 2 February 2022. https://bit.ly/3JuRaXF.

15 "Yes, Global Inequality Has Fallen. No, We Shouldn't Be Complacent", World Bank, 23 October 2019. https://bit.ly/2BAU363.

16 "Newborn Mortality", World Health Organization, 28 January 2022. https://bit.ly/3I7HSRs.

17 "GHE: Life expectancy and health life expectancy", World Health

Organization, accessed 26 December 2022. https://bit.ly/3FX1zsq.

18 "Poliomyelitis (polio)", World Health Organization, accessed 26 December 2022. https://bit.ly/3FS7QWx.

19 "Drinking water", UNICEF, accessed 26 December 2022. https://bit.ly/3jpRm05.

20 "Literacy rate, adult total (% of people ages 15 and above)", World Bank, accessed 26 December 2022. https://bit.ly/2stQLzO.

21 "The Education Commission: Creating a Learning Generation 2021 Impact Report", International Commission on Financing Global Education Opportunity, 2021. https://bit.ly/3GjisyY.

22 "Inequality – Bridging the Divide", United Nations, accessed 27 December 2022. https://bit.ly/3C3uD0a.

23 Lucas Chancel (lead author) with Thomas Piketty, Emmanuel Saez and Gabriel Zucman, "World Inequality Report 2022", World Inequality Lab, 2022. https://bit.ly/3YQeghu.

24 Dianne Feinstein, "Women in Politics and Business", United States Senator for California Dianne Feinstein, 22 March 2006. https://bit.ly/3I31xC4.

25 Chancel et al., op. cit.

26 Ibid.

27 Hannah Ritchie and Max Roser, "CO2 Emissions", Our World In Data, accessed 27 December 2022. https://bit.ly/3Vqv6AD.

28 Kathryn Tso, "How much is a ton of carbon dioxide?" MIT Climate Portal, 2 December 2020. https://bit.ly/3VtNgRQ.

29 "The evidence is clear: the time for action is now. We can halve emissions by 2030", IPCC, 4 April 2022. https://bit.ly/3C32VRr.

30 Michael Spence, "Is It Time to Give Up on 1.5°C?", Project Syndicate, 23 December 2022. https://bit.ly/3FhCwks.

第4章 生产率与增长

1 "Basics of Space Flight", NASA, accessed 5 January 2023. https://go.nasa.gov/3vJoeUB.

2 "About Us", Kenya Space Agency, accessed 5 January 2023. https://bit.

ly/3ZgHVAs.

3. "The Uhuru Satellite", NASA, 24 September 2020. https://go.nasa.gov/3Gc7xFW.

4. "New satellite market forecast anticipates 1,700 satellites to be launched on average per year by 2030 as new entrants and incumbents increase their investment in space", Euroconsult, 8 December 2021. https://bit. ly/3IsdVMb.

5. "Is Marsabit County Kenya's Next Spaceport Hub?", Kenya Space Agency, 18 November 2021. https://bit.ly/3VJalA9.

6. Ben Payton, "Chinese and American interests vie for Kenyan spaceport", *African Business*, 16 August 2022. https://bit.ly/3IpQNOk.

7. "African Space Strategy: For Social, Political and Economic Integration", African Union, 2019. https://bit.ly/3Zblj4u.

8. "Nigeria and Rwanda: First African Nations Sign the Artemis Accords", US Department of State, 13 December 2022. https://bit.ly/3QeEzKt.

9. Albert Haque, Arnold Milstein & Li Fei-Fei, "Illuminating the dark spaces of healthcare with ambient intelligence", *Nature* 585 (2020), 193–202. https://doi.org/10.1038/s41586-020-2669-y.

10. Oleg Bestsennyy and Greg Gilbert, "Telehealth: A quarter-trillion-dollar post-COVID-19 reality?", McKinsey and Company, 9 July 2021. https:// mck.co/3GKfd43.

第5章　改变增长方程式

1. Dashka Slater, "Who Made That Charcoal Briquette?" *New York Times*, 26 September 2014. https://nyti.ms/3GhEIrV.

2. "Ford Motor Company Iron Mountain Plant Sawmill and Power House, circa 1920", The Henry Ford, accessed 3 January 2023. https://bit. ly/3IogT4i.

3. Slater, op. cit.

4. "1924 Ford Motor Company Institutional Message Advertising Campaign, 'For the People and Posterity'", The Henry Ford, accessed 3 January 2022. https://bit.ly/3D3PnFz.

5. Erik Brynjolfsson, Danielle Li and Lindsey R. Raymond, "Generative AI at Work", National Bureau of Economic Research, April 2023. http://www. nber.

org/papers/w31161.

6　James M. Manyika, ed., *Dædalus* 151: 2 (2022). https://bit.ly/3pXQa7N.

7　"The American Upskilling Study: Empowering Workers for the Jobs of Tomorrow", Gallup, 2021. https://bit.ly/3UWEbAP.

8　Sara Ruberg, "KLM Bans Checked Bags on Connections Through Amsterdam", *Wall Street Journal*, 21 July 2022. https://on.wsj.com/3X9cTZF.

9　Geneva Abdul, "British Airways suspends Heathrow short-haul ticket sales", *Guardian*, 1 August 2022. https://bit.ly/3ZiqcZp.

10　"The Growth Report: Strategies for Sustained Growth and Inclusive Development", Commission on Growth and Development, 2008. https://bit.ly/400vtVP.

第6章　世界变化之快

1　Adam Fisher, "Sam Bankman-Fried Has a Savior Complex – And Maybe You Should Too", Sequoia Capital, 22 September 2022. https://bit.ly/3h9pZqj.

2　Cecile Vannucci, "Sam Bankman-Fried Says He Has 'Close to Nothing' Left After $26 Billion Wipeout", Bloomberg, 30 November 2022. https://bloom.bg/3uxi1dQ.

3　Joanna Ossinger, "Crypto World Hits $3 Trillion Market Cap as Ether, Bitcoin Gain", Bloomberg, 8 November 2021. https://bloom.bg/3iQHlZt.

4　Fisher, op. cit.

5　Herbert Stein, "A Symposium of the 40th Anniversary of the Joint Economic Committee, Hearings Before the Joint Economic Committee, Congress of the United States, Ninety-ninth Congress, First Session; Panel Discussion: The Macroeconomics of Growth, Full Employment, and Price Stability", p.262. https://bit.ly/3Dff9Xk.

6　Hannah Miller and Olga Kharif, "Sam Bankman-Fried Turns $2 Trillion Crypto Rout Into Buying Opportunity", Bloomberg, 19 July 2022. https://bloom.bg/3Hm9bqI.

7　Kadhim Shubber and Bryce Elder, "Revealed: the Alameda venture capital portfolio", *Financial Times*, 6 December 2022. https://on.ft.com/3HgZ5aO.

8　Jesse Pound, "Dimon calls crypto a 'complete sideshow' and says tokens are 'pet rocks'", CNBC, 6 December 2022. https://cnb.cx/3VLWIRG.

9 Kalley Huang, "Why Did FTX Collapse? Here's What to Know", *New York Times*, 10 November 2022. https://nyti.ms/3BmQcc1.

10 Matt Egan, "Bankrupt crypto exchange FTX may have over 1 million creditors as 'dozens' of regulators probe collapse", CNN, 15 November 2022. https://cnn.it/3UKEC0W.

11 John Kenneth Galbraith, *The Great Crash*, Boston: Houghton Mifflin, 1995.

12 Jesse Pound, "A full recap of the Fed's market-moving decision and Powell's press conference", CNBC, 3 November 2021. https://cnb.cx/3BmwBs.

13 Namrata Narain and Kunal Sangani, "The market impact of the Fed press conference", Centre for Economic Policy Research, 21 March 2023. https://bit.ly/40wpuI5.

第7章　经济管理的出色表现

1 John Weinberg, "The Great Recession and Its Aftermath", Federal Reserve History, 22 November 2013. https://bit.ly/3Bn9LRu.

2 "The Causes and Effects of the Lehman Brothers Bankruptcy: Hearing before the Committee on Oversight and Government Reform", 6 October 2008, US Government Printing Office. https://bit.ly/3uEeomd.

3 Richard Baldwin, "The great trade collapse: What caused it and what does it mean?", Centre for Economic Policy Research, 27 November 2009. https://bit.ly/3VJCHLG.

4 Patrick Wintour and Larry Elliott, "G20: Gordon Brown brokers massive financial aid deal for global economy", *Guardian*, 2 April 2009. https://bit.ly/3UOXc8e.

5 "Speech by Mario Draghi, President of the European Central Bank at the Global Investment Conference in London", European Central Bank, 26 July 2012. https://bit.ly/3YakmZD.

6 "The Treaty of Rome", European Commission, 25 March 1957. https://bit.ly/3Fi3yYe.

7 "Credit and Liquidity Programs and the Balance Sheet", Federal Reserve, accessed 11 December 2022. https://bit.ly/3Bt9jB3.

8 "Annual consolidated balance sheet of the Eurosystem", European Central Bank, accessed 11 December 2022. https://bit.ly/3BqOtlO.

9 Fred Imbert and Thomas Franck, "Dow plunges 10% amid coronavirus fears for its worst day since the 1987 market crash", CNBC, 11 March 2020. https://cnb.cx/3iYk8VC.

10 Pippa Stevens, Yun Li and Fred Imbert, "Stock market live Monday: Dow drops 13%, Trump says recession possible, trading halted at open", CNBC, 16 March 2020. https://cnb.cx/3W6lDPF.

11 Jesse Pound, "Watch the full interview with Bill Ackman on the coronavirus threat to economy – 'shut it down now'", CNBC, 18 March 2020. https://cnb.cx/3PxKqu5.

12 Maggie Fitzgerald, Pippa Stevens and Fred Imbert, "Stock market live Wednesday: Dow drops 1,300, trading halted again, Ackman says shut down country", CNBC, 18 March 2020. https://cnb.cx/3iTytT7.

13 Nick Timiraos, "March 2020: How the Fed Averted Economic Disaster", *Wall Street Journal*, 18 February 2022. https://on.wsj.com/3BmXNHh.

14 Ibid.

15 "Federal Reserve issues FOMC statement", Federal Reserve, 23 March 2020. https://bit.ly/3uFkin9.

16 William Watts, "The stock market hit its COVID low 2 years ago today. Here's how its performance since then stacks up", *MarketWatch*, 23 March 2022. https://on.mktw.net/3W6AJ7U.

17 Heather Stewart, "'Whatever it takes': chancellor announces £350bn aid for UK businesses", *Guardian*, 17 March 2020. https://bit.ly/40chhZu.

18 Timiraos, op. cit.

19 埃里安记得，当他的女儿和大约其他1亿人一样收到另一张支票时非常吃惊，因为她在疫情期间一直在工作且有收入。

20 "Credit and Liquidity Programs and the Balance Sheet", Federal Reserve, accessed 11 December 2022. https://bit.ly/3Bt9jB3.

21 "Annual consolidated balance sheet of the Eurosystem", European Central Bank, accessed 11 December 2022. https://bit.ly/3BqOtlO.

22 Mohamed A. El-Erian, *The Only Game in Town: Central Banks, Instability,*

and *Avoiding the Next Collapse*, New York: Penguin Random House, 2016.

23　Andrew Ross Sorkin, "Looking Back at Wall Street's Behavior in 2009", interview by Jeffrey Brown, PBS, 28 December 2009. https://to.pbs.org/3lxcKlw.

第8章　糟糕和丑陋的经济管理

1　Michael S. Barr, "Review of the Federal Reserve's Supervision and Regulation of Silicon Valley Bank", Board of Governors of the Federal Reserve System, 28 April 2023. https://bit.ly/3Ljpipx.

2　Laura Noonan, "European regulators criticise US 'incompetence' over Silicon Valley Bank collapse", *Financial Times*, 15 March 2023. https://on.ft.com/3yHq8GO.

3　Sam Jones and Oliver Ralph, "Swiss regulator defends $17bn wipeout of AT1 bonds in Credit Suisse deal", *Financial Times*, 23 March 2023. https://on.ft.com/42Erv6H.

4　Jim Tankersley, Jeanna Smialek and Emily Flitter, "Fed Blocked Mention of Regulatory Flaws in Silicon Valley Bank Rescue", *New York Times*, 16 March 2023. https://nyti.ms/3yLHn9W.

5　Barr, op. cit.

6　Karl Russell and Christine Zhang, "3 Failed Banks This Year Were Bigger Than 25 That Crumbled in 2008", *New York Times*, 1 May 2023. https://nyti.ms/3Lp2ULh.

7　Edward Luce, "The world is starting to hate the Fed", *Financial Times*, 12 October 2022. https://on.ft.com/3VGh27Q.

8　"The Fed That Failed", *The Economist*, 23 April 2022. https://econ.st/3HL95Zg.

9　"Annual Message to the Congress on the State of The Union, speaking copy, 11 January 1962", JFK Library, accessed 11 December 2022. https://bit.ly/3VN98Jd.

第9章　改善经济管理的三个步骤

1　Ulysses S. Grant, *The Personal Memoirs of Ulysses S. Grant*, New York:

Cosimo. Classics, 2006.
2   Ron Chernow, *Grant*, New York: Penguin Books, 2017.
3   Ibid.
4   Atul Gawande, *The Checklist Manifesto*, New York: Metropolitan Books, 2009.
5   Mohamed A. El-Erian, "Navigating the New Normal in Industrial Countries", Per Jacobsson Foundation Lecture, International Monetary Fund, 10 October 2010. https://bit.ly/3PqexFF.
6   Christine Lagarde labeled it "the new medicore" in 2015 when she was the Managing Director of the International Monetary Fund. https://bit.ly/3pevaJR.
7   Mohamed A. El-Erian, "Another Annus Horribilis for the Fed", Project Syndicate, 19 December 2022. https://bit.ly/3Pu3NpH.
8   Rufus E. Miles, "The Origin and Meaning of Miles' Law", *Public Administration Review* 38:5 (1978), 399–403. https://doi.org/10.2307/975497.
9   Larry Elliott and Rowena Mason, "Kwarteng accused of reckless mini-budget for the rich as pound plummets", *Guardian*, 23 September 2022. https://bit.ly/3FOenCS.
10 Cathy Newman, "Economy was potentially hours away from meltdown, says Bank of England governor", Channel 4 News, 3 November 2022. https://bit.ly/3WbHmpj.
11 Harry Taylor and Andrew Sparrow, "Liz Truss apologises for going 'too far and too fast' with economic changes – as it happened", *Guardian*, 17 October 2022. https://bit.ly/3VUyRPV.

第10章 更好的出路

1   "Trade and Logistics", Los Angeles County Economic Development Corporation, accessed 13 December 2022. https://bit.ly/3UXxgHN.
2   Fox Chu, Sven Gailus, Lisa Liu and Liumin Ni, "The future of automated ports", McKinsey, 4 December 2018. https://mck.co/3hmi5tZ.
3   "High road training partnership: project overview", California Workforce Development Board, June 2019. https://bit.ly/3FRtcEL.
4   Jeremy Hunt, "Speech at Bloomberg", 27 January 2023. https://bit.

ly/3JuRuFR.

5 Benoit B. Mandelbrot and James R. Wallis, "Noah, Joseph, and Operational Hydrology", *Water Resources Research* 4:5 (1968), 909–18. https://doi.org/10.1029/WR004i005p00909.

6 "2020 Statement on Longer-Run Goals and Monetary Policy Strategy", Federal Reserve, 27 August 2020. https://bit.ly/3V0Bqi1.

7 James Bullard, "The Fed's New Monetary Policy Framework One Year Later", Federal Reserve Bank of St Louis, 12 August 2021. https://bit.ly/3PqJO9k.

8 "Guide to changes in the 2020 Statement on Longer-Run Goals and Monetary Policy Strategy", Federal Reserve, 27 August 2020. https://bit.ly/3FvkqK.

9 Mohamed A. El-Erian, "Next year's unpleasant choices facing the Fed", *Financial Times*, 11 December 2021. https://on.ft.com/44b6KiU

10 "Personal Saving Rate", St Louis Fed, accessed 14 December 2022. https://bit.ly/3UTREcB.

11 Richard H. Thaler and Cass R. Sunstein, *Nudge*, New York: Penguin Books, 2009.

12 Jan Strupczewski, "EU to subsidise household fuel prices surging amid Ukraine crisis", Reuters, 15 March 2022. https://reut.rs/3USogUg.

13 Cass Sunstein and Lucia Reisch, eds, *The Economics of Nudge*, London: Routledge, Critical Concepts of Economics Vol. 4, 2017.

14 "Tokyo encourages residents to wear turtlenecks to save energy", *Japan Times*, 19 November 2022. https://bit.ly/3FwWbvR.

第11章 新异态

1 Atthar Mirza et al., "How the *Ever Given* was freed from the Suez Canal: A visual analysis", *Washington Post*, 2 April 2021. https://wapo.st/3RiDvVk.

2 Anna Cooban, "Ikea furniture is still stuck on the *Ever Given* alongside $550,000 worth of wearable blankets, 2 months after the ship was freed from the Suez Canal", *Business Insider*, 16 June 2021. https://bit.ly/3TLD1ci.

3 Luke O'Reilly, "UK experiences garden gnome shortage due to Suez Canal blockage and lockdown", *Evening Standard*, 16 April 2021. https://bit.ly/3cOEzBt.

4   Alex Christian, "The untold story of the big boat that broke the world", *Wired*, 22 June 2021. https://bit.ly/3U9IwAP.
5   "United Nations Charter", United Nations. https://bit.ly/3NpL1g5.
6   Scott Barrett, *Why Cooperate: The Incentive to Supply Global Public Goods*, New York: Oxford University Press, 2007.
7   J. Frieden, M. Pettis, D. Rodrik and E. Zedillo, "After the Fall: The Future of Global Cooperation", *Geneva Reports on the World Economy* 14 (2012). Copy at https://tinyurl.com/ybmcm8yq.
8   David Mitrany, "The Functional Approach to World Organization", *International Affairs* 24:3 (1948), 350–63.
9   Ibid.
10 Robert O. Keohane and Joseph S. Nye, "Globalization: What's New? What's Not? (And So What?)", *Foreign Policy* 118 (2000), 104–19. https://doi.org/10.2307/1149673.
11 Martin Wolf, *Why Globalization Works*, New Haven: Yale University Press, 2004, p.19.
12 Thomas Friedman, *The World is Flat*, New York: Farrar, Straus and Giroux, 2005.
13 William Shakespeare, *Richard II*, Folger Shakespeare Library, 2016, Lines 725–32.
14 Adam Tooze, *Crashed: How a Decade of Financial Crises Changed the World*, Penguin Books, New York, 2019, p.8.
15 Paul Hannon, "U.N. Calls On Fed, Other Central Banks to Halt Interest-Rate Increases", *Wall Street Journal*, 3 October 2022. https://on.wsj.com/3ygm28u.
16 "Global trade hits record high of $28.5 trillion in 2021, but likely to be subdued in 2022", United Nations Conference on Trade and Development, 17 February 2022. https://bit.ly/3VZNAth.
17 "Executive Summary – World Trade Report 2019: The future of services trade", World Trade Organization, 2019. https://bit.ly/311aNxh.
18 Richard Baldwin, "The peak globalisation myth: Part 4 – Services trade did not peak", Center for Economic Policy Research, 3 September 2022. https://bit.ly/3TRWuHD.

19 Elaine Dezenski and John C. Austin, "Rebuilding America's economy and foreign policy with 'ally-shoring'", Brookings, 8 June 2021. https://brook.gs/3X5ZNwV.

20 Alfred, Lord Tennyson, "Ulysses". https://bit.ly/3Ru5CAw.

21 Henry Farrell and Abraham L.Newman, "Weaponized Interdependence: How Global Economic Networks Shape State Coercion", *International Security* 44:1 (2019), 42–79. https://doi.org/10.1162/isec_a_00351.

22 "Meta Reports Third Quarter 2022 Results", Meta, 26 October 2022. https://bit.ly/3ENgeWK.

23 Ron Miller, "As overall cloud infrastructure market growth dips to 24%, AWS reports slowdown", *TechCrunch*, 28 October 2022. https://tcrn.ch/3ARgUJq.

24 "SWIFT FIN Traffic & Figures", SWIFT, accessed 29 October 2022. https://bit.ly/3UccLXv.

25 Farrell and Newman, op. cit.

26 "China fails Micron's products in security review, bars some purchases", Reuters, 22 May 2023. https://bit.ly/43ELvWr.

27 Debby Wu, Ian King and Vlad Savov, "US Deals Heavy Blow to China Tech Ambitions With Nvidia Chip Ban", Bloomberg, 2 September 2022. https://bloom.bg/3UTYVdA.

28 Foo Yun Chee, "EU agrees to curb takeovers by state-backed foreign firms", Reuters, 30 June 2022. https://reut.rs/3Xk0H9f.

29 Taylor Rains, "Airlines are flying up to 40% longer routes to avoid Russia, with one handing out 'diplomas' to passengers flying over the North Pole", Insider, 23 March 2022. https://bit.ly/3AXjUUF.

30 "A short history of America's economy since World War II", Wilson Center, 23 January 2014. https://bit.ly/3AzUJaJ.

31 Peter T. Kilborn, "Japan Invests Huge Sums Abroad, Much of It in U.S. Treasury Bonds", *New York Times*, 11 March 1985. https://nyti.ms/3OeoZ07.

32 Aparajit Chakraborty, "India sees enhanced strategic cooperation with China, Russia, experts say", *China Daily*, 8 April 2022. https://bit.ly/3TUzXcl.

33 Subrahmanyam Jaishankar, *The India Way: Strategies for an Uncertain World*, New York: HarperCollins, 2020.

34 David Adler and Guillaume Long, "Lula's foreign policy? Encouraging a multipolar world", *Guardian*, 1 January 2023. https://bit.ly/3X8AWbF.

35 Rodrigo Castillo and Caitlin Purdy, "China's Role in Supplying Critical Minerals for the Global Energy Transition", Leveraging Transparency to Reduce Corruption, July 2022. https://bit.ly/3NIhD77.

36 Gordon Brown, "Nationalism is the ideology of our age. No wonder the world is in crisis", *Guardian*, 15 November 2022. https://bit.ly/3Nx8tbL.

37 George Orwell, "Notes on Nationalism", The Orwell Foundation, accessed 18 October 2022. https://bit.ly/2PJaq52.

38 Benny Kleinman, Ernest Liu and Stephen J. Redding, "International Friends and Enemies" (July 2020), NBER Working Paper No. w27587. Available at SSRN. https://ssrn.com/abstract=3661079.

39 Thomas Friedman, "Foreign Affairs Big Mac I", *New York Times*, 8 December 1996. https://nyti.ms/448LYkk.

40 Elliot Smith, "Russia faces "economic oblivion" despite claims of short-term resilience, economists say", CNBC, 2 August 2022. https://cnb.cx/3sSmKWF.

41 Chrystia Freeland, "How democracies can shape a changed global economy", speech at the Brookings Institution, Washington, DC, 11 October 2022. https://brook.gs/3gXs9cn.

42 "The steam has gone out of globalisation", *The Economist*, 24 January 2019. https://econ.st/2FQwomj.

43 Jake Sullivan, "Remarks by National Security Advisor Jake Sullivan on Renewing American Economic Leadership at the Brookings Institution", White House, 27 April 2023. https://bit.ly/3HPgKG6.

44 "Fact Sheet: CHIPS and Science Act Will Lower Costs, Create Jobs, Strengthen Supply Chains, and Counter China", White House, 9 August 2022. https://bit.ly/3CAHVC8.

45 Lauren Feiner, "Micron to spend up to $100 billion to build a computer chip factory in New York", CNBC, 4 October 2022. https://cnb.cx/3SYcMOh.

46 Kristalina Georgieva, "Confronting Fragmentation Where It Matters Most: Trade, Debt, and Climate Action", IMF, 16 January 2023. https://bit.ly/3XyzTkY.

47 "Remarks by Secretary of the Treasury Janet L. Yellen at LG Sciencepark", US Department of the Treasury, 19 July 2022. https://bit.ly/3EhX78A.

48 Jake Sullivan, "Remarks by National Security Advisor Jake Sullivan on Renewing American Economic Leadership at the Brookings Institution", White House, 27 April 2023. https://bit.ly/3HPgKG6.

49 Georgieva, op. cit.

50 Ibid.

51 Maria Grazia Attinasi and Mirco Balatti, "Globalisation and its implications for inflation in advanced economies", European Central Bank, April 2021. https://bit.ly/44Dz3rj.

52 Bryce Baschuk and Cagan Koc, "WTO Chief Calls the Outlook for Global Trade 'Not Promising'", Bloomberg, 6 September 2022. https://bloom.bg/3y5mHtx.

53 "Sharp Slowdown in Growth Could be Widespread, Increasing Risks to Global Economy | World Bank Expert Answers", World Bank, 10 January 2023. https://bit.ly/3XxxuqP.

54 Pierre-Olivier Gourinchas, "Global Economic Recovery Endures but the Road Is Getting Rocky", IMF Blog, 11 April 2023. https://bit.ly/3AOz3Hy.

第 12 章　轻度全球化：美味而减量

1 Justin Hale, "Boeing 787: from the ground up", *Aero Magazine – the Boeing Company*, 4th Quarter, 2006. https://bit.ly/3RBlzVv.

2 Chris Sloan, "Ten years on, is the Boeing 787 Dreamliner still more dream than nightmare?", CNN Travel, 28 October 2021. https://cnn.it/3e9c81R.

3 "Opening New Routes", Boeing 787 Dreamliner commercial, Boeing, accessed. 4 October 2022. https://bit.ly/2IXusbF.

4 Steve Denning, "What Went Wrong at Boeing?", *Forbes*, 21 January 2013. https://bit.ly/3Eh7Rnt.

5 Bill Rigby and Tim Hepher, "FACTBOX: Global supply chain for Boeing's 787", Reuters, 8 September 2008. https://reut.rs/3yfejrt.

6 James Allworth, "The 787's Problems Run Deeper Than Outsourcing", *Harvard Business Review*, 30 January 2013. https://bit.ly/3e3AHgK.

7 "A Rocky Path for the 787 Dreamliner", *New York Times*, accessed 4 October 2022. https://nyti.ms/3RGaNgC.

8 Sloan, op. cit.

9 Doug Cameron, "Boeing CEO Wants Incremental Innovation, Not 'Moon Shots'", *Wall Street Journal*, 21 May 2014. https://on.wsj.com/3e9AOaA.

10 "The steam has gone out of globalisation", *The Economist*, 24 January 2019. https://econ.st/2FQwomj.

11 *Syriana*, Stephen Gaghan, Warner Brothers Pictures, 2005.

12 "The structure of the world's supply chains is changing", *The Economist*, 16 June 2022. https://econ.st/3SZSeoN.

13 Ann Koh and Anuradha Raghu, "The World's 2-Billion-Ton Trash Problem Just Got More Alarming", Bloomberg, 11 July 2019. https://bloom.bg/2JwWnOI.

14 José María Figueres, "Here's how we can reduce shipping industry emissions", World Economic Forum, 23 October 2020. https://bit.ly/3RKeL7Q.

15 James Traub, "The U.N. (as We Know It) Won't Survive Russia's War in Ukraine", Foreign Policy, 4 November 2022. https://bit.ly/3EejM49.

16 John Micklethwait and Adrian Wooldridge, "Putin and Xi Exposed the Great Illusion of Capitalism", Bloomberg, 23 March 2022. https://bloom.bg/3X6B4sA.

17 Ibid.

18 Thomas L. Friedman, "How China Lost America", *New York Times*, 1 November 2022. https://nyti.ms/3GkBjtZ.

19 Adam S. Posen, "The End of Globalization?", *Foreign Affairs*, 17 March 2022. https://fam.ag/3AiP3l8.

20 G. John Ikenberry and Anne-Marie Slaughter, "A bigger Security Council, with power to act", *New York Times*, 26 September 2006. https://nyti.ms/3Am5lKa.

21 Traub, op. cit.

22 Ibid.

23 Ted Piccone, "The awkward guests: Parsing the Summit for Democracy invitation list", Brookings, 7 December 2021. https://brook.gs/3XU7sPw.

24 Richard N. Haass and Charles A. Kupchan, "The New Concert of Powers",

Foreign Affairs, 23 March 2021. https://fam.ag/3GkXb8G.

25 Ibid.

26 Zbigniew Brzezinski, "The Group of Two that could change the world", *Financial Times*, 13 January 2009. https://on.ft.com/3zzpKuQ.

27 Henry M. Paulson, "Remarks by Henry M. Paulson, Jr., on the Delusions of Decoupling", Paulson Institute, 21 November 2019. https://bit. ly/3g6eIH0.

28 Gordon Brown, *Seven Ways to Change the World*, London: Simon and Schuster, 2021.

29 Brigit Katz, "Pando, One of the World's Largest Organisms, Is Dying", *Smithsonian Magazine*, October 2018. https://bit.ly/3BQLNgK.

30 Dani Rodrik and Stephen Walt, "How to Construct a New Global Order", Harvard Kennedy School, 24 May 2021. https://bit.ly/3VjzEcp.

31 Ibid.

第13章 国际组织的重生

1 Graham Allison, *Destined for War: Can America and China Escape Thucydides's Trap?*, Boston: Mariner Books, 2017, xvi.

2 Allison, viii.

3 Sabine Siebold and Philip Blenkinsop, "EU should treat China more as a competitor, says diplomat chief", Reuters, 17 October 2022. https://reut.rs/3UvSHj8.

4 António Guterres, "Address to the Opening of the General Debate of the 75th Session of the General Assembly", United Nations, 22 September 2020. https://bit.ly/3CtaAI2.

5 Henry Kissinger, "Lessons From History Series: A Conversation With Henry Kissinger", Council on Foreign Relations interview by Richard Haass, 30 September 2022. https://on.cfr.org/3G2I7fK.

6 Gordon Brown and Daniel Susskind, "International cooperation during the COVID-19 pandemic", *Oxford Review of Economic Policy* 36:S1 (2020), S64–S76.

7 "Report shows increase in trade restrictions amidst economic uncertainty, multiple crises", World Trade Organization, 6 December 2022. https:// bit.

ly/3llCSzV.

8   Kristalina Georgieva, "Confronting Fragmentation Where It Matters Most: Trade, Debt, and Climate Action", IMF, 16 January 2023. https://bit.ly/3XyzTkY.

9   Alessandro Nicita and Carlos Razo, "China: The rise of a trade titan", United Nations Conference on Trade and Development, 27 April 2021. https://bit.ly/3SUEwnC.

10 "USTR Releases Annual Report on China's WTO Compliance", Office of the United States Trade Representative, 16 February 2022. https://bit.ly/3CsoQAW.

11 Jeffrey J. Schott and Euijin Jung, "In US-China Trade Disputes, the WTO Usually Sides with the United States", Peterson Institute for International Economics, 12 March 2019. https://bit.ly/3VnzfpZ.

12 "Statement from USTR Spokesperson Adam Hodge", Office of the United States Trade Representative, 9 December 2022. https://bit.ly/3JvmEO7.

13 Ngaire Woods, "The End of Multilateralism?" In *Europe's Transformations: Essays in honour of Loukas Tsoukalis*, edited by Helen Wallace, George Pagoulatos and Nikos Koutsiaras, Oxford: Oxford University Press, 2021.

14 Tobias Sytsma, "RCEP Forms the World's Largest Trading Bloc. What Does This Mean for Global Trade?", Rand Corporation, 9 December 2020. https://bit.ly/3ONUjmW.

15 Xi Jinping, "Let the Torch of Multilateralism Light up Humanity's Way Forward", Ministry of Foreign Affairs for the People's Republic of China. Speech delivered at the World Economic Forum Virtual Event of the Davos Agenda, 25 January 2021. https://bit.ly/3MoSBXQ.

16 Ngozi Okonjo-Iweala, "National Foreign Trade Council: Strengthening the WTO and the global trading system", speech at the World Trade Organization, 27 April 2022. https://bit.ly/3OfKhMM.

17 Simon Lester, "Ending the WTO Dispute Settlement Crisis: Where to from here?", International Institute for Sustainable Development, 2 March 2022. https://bit.ly/3XeB8X8.

18 Marianne Schneider-Petsinger, "Reforming the World Trade Organization:

Prospects for transatlantic cooperation and the global trade system", US and the Americas Programme, Chatham House, September 2020. https://bit.ly/3Ti3zAy.

19 Dani Rodrik, "The WTO has become dysfunctional", *Financial Times*, 5 August 2018. https://on.ft.com/2OKntnq.

20 "About the G20", G20, accessed 14 July 2023. https://bit.ly/3qXbKtk.

21 "Dag Hammarskjöld Remembered: A Collection of Personal Memories", Dag Hammarskjöld Foundation, accessed 22 November 2022. https://bit.ly/3GzWybn.

22 Kevin Rudd, "UN 2030: Rebuilding Order in a Fragmenting World", Independent Commission on Multilateralism, August 2016. https://bit.ly/3EUDpiZ.

23 G. John Ikenberry and Anne-Marie Slaughter, "A bigger Security Council, with power to act", *New York Times*, 26 September 2006. https://nyti.ms/3Am5lKa.

24 "Funding the United Nations: How Much Does the U.S. Pay?", Council on Foreign Relations, 4 April 2022. https://on.cfr.org/3Xozu5f.

25 Rudd, op. cit.

26 Danny Lewis, "Reagan and Gorbachev Agreed to Pause the Cold War in Case of an Alien Invasion", *Smithsonian Magazine*, 25 November 2015. https://bit.ly/3Wk3UVY.

27 Joseph S. Nye, *Peace in Parts*, Lanham: University Press of America, 1987.

第14章　给未来筹资

1 James A. Michener, *Hawaii*, New York: Random House Publishing Group, 2013, p.415.

2 Janet Yellen, "Joint IMFC and Development Committee Statement by Secretary of the Treasury Janet L. Yellen", U.S. Department of the Treasury, 13 October 2022. https://bit.ly/3yTokuN.

3 Marta Schoch et al., "Half of the global population lives on less than US$6.85 per person per day", World Bank Blogs, 8 December 2022. https://bit.ly/3HjWCdZ.

4 Vitor Gaspar, Paulo Medas and Roberto Perrelli, "Global Debt Reaches a

Record $226 Trillion", IMF Blog, 15 December 2021. https://bit. ly/3kVaJis.

5   David Lawder, "World Bank's new chief wants 'better bank' before pushing for bigger bank", Reuters, 15 June 2023. https://reut.rs/44251wS.

6   "CEOs Explore Solutions to Bridge Annual USD 4.3 Trillion SDG Financing Gap", International Institute for Sustainable Development, 19 October 2022. https://bit.ly/3OrwNMm.

7   Lawrence H. Summers, "A New Chance for the World Bank", Project Syndicate, 10 October 2022. https://bit.ly/3rLNZS6.

8   Ajay Banga, "What the World Bank needs to do now", *Financial Times*, 16 March 2023. https://on.ft.com/3ZZheAx.

9   "From Billions to Trillions: Transforming Development Finance: Post-2015 Financing for Development: Multilateral Development Finance", 2 April 2015. https://bit.ly/3pbSdVG.

10   Charles Kenny, "If We Want the World Bank to Solve Global Challenges, It Has to Be Bigger – but Also More Cuddly", Center for Global Development, 26 August 2022. https://bit.ly/3pbSdVG.

11   Roberta Gatti and Aakash Mohpal, "Investing in Human Capital: What Can We Learn from the World Bank's Portfolio Data?" Policy Research Working Paper, No. 8716, World Bank, 2019. https://bit.ly/3rAFPyY.

12   "Q&A: Innovative Finance Facility for Climate in Asia and the Pacific (IFCAP)", Asian Development Bank, 2 May 2023. https://bit.ly/3pZZacE.

13   "World Bank Announces New Steps to Add Billions in Financial Capacity", World Bank, 17 July 2023. https://bit.ly/3DvRgL3.

14   "Take Action for the Sustainable Development Goals", United Nations, accessed 27 October 2022. https://bit.ly/3SKDXfd.

15   Paul Tucker, *Global Discord: Values and Power in a Fractured World Order*, Princeton: Princeton University Press, 2022.

16   "Global Monitoring Report on Non-Bank Financial Intermediation", Financial Stability Board Report, 16 December 2021. https://bit.ly/3UPSUhH.

17   Mark Plant, Ronan Palmer and Dileimy Orozco, "The IMF's Surveillance Role and Climate Change", Center for Global Development, 11 January 2022. https://bit.ly/3CLoENt.

18 Mantek Singh Ahluwalia et al., "Multilateral Development Banking for This Century's Development Challenges", Center for Global Development, 2016. https://bit.ly/3MMSR3l.

19 "World Has 28% Risk of New Covid-Like Pandemic Within 10 Years", Bloomberg, 13 April 2023. https://bloom.bg/3NmsH7Z.

20 James Kynge and Jonathan Wheatley, "China emerges as IMF competitor with emergency loans to at-risk nations", *Financial Times*, 10 September 2022. https://on.ft.com/3Jt6p3n.

21 Kristalina Georgieva, "Confronting Fragmentation Where It Matters Most: Trade, Debt, and Climate Action", IMF, 16 January 2023. https://bit.ly/3XyzTkY.

22 Martin Chorzempa and Adnan Mazarei, "Improving China's Participation in Resolving Developing-Country Debt Problems", Peterson Institute for International Economics, May 2021. https://bit.ly/3LW392d.

第15章　实现我们的全球目标

1 Paul Ehrlich, *The Population Bomb*, New York: Ballantine Books, 1968.

2 N.E. Borlaug, "The Human Population Monster", *European Demographic Information Bulletin* 9 (1978), 108–11. https://doi.org/10.1007/BF02917806

3 J.Y. Smith, "William Gaud, Advocate of 'Green Revolution' at AID, Dies", *Washington Post*, 8 December 1977. https://wapo.st/3hhwhUE.

4 William S. Gaud, "The Green Revolution: Accomplishments and Apprehensions", Remarks before the Society for International Development, Washington, DC, 8 March 1968, AgBioWorld. https://bit.ly/3FPqMqp.

5 Norman Borlaug, "The Green Revolution, Peace, and Humanity", Nobel Lecture delivered 11 December 1970. https://bit.ly/3E5wPpp.

6 "Facilitating the flow of remittances", United Nations, accessed 22 November 2022. https://bit.ly/3rufNxy.

7 "Closing the SDG Financing Gap in the COVID-19 era", OECD and UNDP, 24 February 2021. https://bit.ly/3i5uFO6.

8 "World Energy Investment 2022: Overview and key findings", International Energy Agency, 2023. https://bit.ly/3Obav2M.

9　Kenza Bryan, "COP27: Mark Carney clings to his dream of a greener finance industry", *Financial Times*, 8 November 2022. https://bit. ly/474mZkr.

10　"Tracking development assistance for health and for COVID-19: a review of development assistance, government, out-of-pocket, and other private spending on health for 204 countries and territories, 1990–2050", *The Lancet* 398:10308 (2021), 1317–43. https://doi.org/10.1016/ S0140-6736(21)01258-7.

11　Ibid.

12　Ibid.

13　Bill Gates, *How to Prevent the Next Pandemic*, New York: Knopf, 2022.

14　Alex Wooley, "Belt and Road bailout lending reaches record levels, raising questions about the future of China's flagship global infrastructure program", AidData, 27 March 2023. https://bit.ly/3PWB8cY.

15　Aloysius Uche Ordu, ed., "Foresight Africa: Top Priorities for the Continent in 2023", Brookings: Africa Growth Initiative, 2022. https:// bit.ly/3XrYeKt.

16　Ibid.

17　"Free Trade Pact Could Help Lift Up to 50 Million Africans from Extreme Poverty", World Bank, 30 June 2022. https://bit.ly/40qIpEY.

结语

1　Dotan Leshem, "Retrospectives: What Did the Ancient Greeks Mean by Oikonomia?" *Journal of Economic Perspectives* 30:1 (2016), 225–38.